Sebo Ebbens / Simon Ettekoven

Unterricht entwickeln

Band 2
Kooperatives Lernen

Deutsche Übertragung:

Friederike Preller und Hartmut Börner

Schneider Verlag Hohengehren GmbH

Umschlaggestaltung:

PE-Mediendesign, Elke Boscher, 88521 Ertingen

Titelbild:

Rigmor-Ulrike Börner

Dieses Buch wurde mit Unterstützung des Institutes für Didaktische und Pädagogische Fortbildung in Holland (APS Utrecht) und des Thüringer Institutes für Lehrerfortbildung, Lehrplanentwicklung und Medien (ThILLM Bad Berka) erarbeitet.

Übersetzerin: Magdalena Glatzel

Gedruckt auf umweltfreundlichem Papier (chlor- und säurefrei hergestellt).

Bibliografische Information der Deutschen Nationalbibliothek

Die Deutsche Nationalbibliothek verzeichnet diese Publikation in der Deutschen Nationalbibliografie; detaillierte bibliografische Daten sind im Internet über ›http://dnb.d-nb.de‹ abrufbar.

ISBN: 978-3-8340-0923-4

Schneider Verlag Hohengehren, Wilhelmstr. 13, D-73666 Baltmannsweiler

Hompage: www.paedagogik.de

Inhaltsverzeichnis

Teil 2: „Kooperatives Lernen" mit der Klasse als Ganzes

Vorwort

Die niederländischen Autoren dieses Buches haben umfangreiche Erfahrungen als Lehrkräfte und Ausbilder in einem Projekt des holländischen Fortbildungsinstitutes APS. Dieses Projekt fand über mehrere Jahre mit mehr als 60 niederländischen Schulen verschiedener Schularten statt und hatte das aktive Lernen aller Schüler zum Ziel. Die dabei gemachten Beobachtungen und gesammelten Erfahrungen führten zum Entstehen von drei Büchern über das Lernen der Schüler und das Lehrerhandeln.

Die Bücher heißen: *„Effektiv Lernen, Basisbuch"; „Kooperativ Lernen, Praxisbuch"* und *„Aktiv Lernen, Quellenbuch"*.

Seit 1992 pflegt unser Institut (APS) Kontakt zu verschiedenen Experten auf dem Gebiet des „Kooperativen Lernens" (cooperative learning) in Kanada und den USA. Seitdem haben wir uns selbst von der Wirksamkeit dieser Instruktionsstrategie bei der Gestaltung von Lernprozessen für Lehrer und Schüler überzeugt, indem wir damit arbeiteten, vielfältige positive Erfahrungen sammelten und Lehrer zum Einsatz des kooperativen Lernens weiterbildeten und trainierten.

Dieses Buch enthält die Summe all unserer Erfahrungen, die wir seit Beginn der Einführung des kooperativen Lernens in Schulen und anderen Einrichtungen gesammelt haben. Auf diese Weise haben viele Lehrer am Zustandekommen dieses Buches mitgewirkt. Wir schulden all diesen Lehrern Dank für ihr Mitdenken, ihren Enthusiasmus, die Erprobung vielfältiger Aspekte im Unterricht, ihre konstruktive Kritik, ihre Ideen und ihre Freundlichkeit, uns ihren Unterricht besuchen zu lassen. Dank dieser Beiträge basiert unser Buch auf vielfältigen praktischen Erfahrungen. Wir bezeichnen es daher als ein Praxisbuch.

Das hier vorliegende Buch „Kooperativ Lernen" steht in einer Reihe mit zwei weiteren Büchern der Autoren („Effektiv Lernen – Basisbuch", 2005 und „Aktiv Lernen – Quellenbuch" 2005). Diese drei Bücher können unabhängig voneinander verwendet werden. Im Kapitel 4 des Buches „Effektiv Lernen" wird kurz in das kooperative Lernen eingeführt.

Dieses Buch ist eine gründlich überarbeitete Version einer früheren Ausgabe von 1996. Es wurden zwei Kapitel hinzugefügt, das Kapitel 8 über das Unterrichtslerngespräch und das Kapitel 9 über das Lernen in einer Lerngemeinschaft. Das Kapitel 10 mit der Übersicht über die Zusammenarbeitsstrukturen haben wir erweitert. Die übrigen Kapitel wurden umgeschrieben, an aktuelle Entwicklungen angepasst und mit weiteren Praxisbeispielen versehen.

Wir danken Evelien Janssens, Karel Vlak und Lian Staal sowie allen Mitarbeitern des APS für das Lesen und Kommentieren dieser neuen Version.

Die deutsche Fassung dieses Buches entstand auf der Grundlage einer langjährigen engen Zusammenarbeit zur Schul- und Unterrichtsentwicklung und in der Lehrerfortbildung zwischen den Lehrerfortbildungsinstituten in den Niederlanden (APS) und in Thüringen (ThILLM).

Wir wünschen den Lesern viel Freude beim Studieren dieses Buches und viel Erfolg beim Ausprobieren der Instruktionsstrategie „Kooperatives Lernen" in der Unterrichtspraxis. Wir haben versucht, ein anwenderfreundliches Buch zu schreiben, ein Buch, welches die Praxis unterstützt. Wir hoffen, dass dieses Buch Lehrer dazu anregt, ihren Schülern gemeinsam effektiveres Lernen und eine wachsende eigene Beteiligung an diesem Prozess zu ermöglichen, und für sich selbst als Lehrer ein erweitertes Rollenverständnis im pädagogischen Prozess zu gewinnen.

Der von uns in diesem Buch verwendete Begriff „Lehrer" bezieht sich auf Lehrkräfte und Dozenten an Schulen, Hochschulen und anderen Bildungseinrichtungen, mit „Schüler" meinen wir Kinder, Jugendliche und erwachsene Lernende. Im Sinne einer besseren Lesbarkeit haben wir auf die Bezeichnungen „Lehrerinnen und Lehrer" sowie „Schülerinnen und Schüler" verzichtet.

Einleitung

Dieses Buch beschreibt, was wir unter der Instruktionsstrategie „Kooperativ Lernen“ verstehen und welche Rolle der Lehrer dabei hat. Nach unserem Dafürhalten bietet diese Unterrichtsform den Lehrern wichtige Möglichkeiten, das Lernen der Schüler zu fördern. Das Wesentliche dieser Unterrichtsform liegt darin, dass die Schüler die Verantwortung für das Lernen in der Gruppe zunehmend übertragen bekommen und übernehmen. Das erfolgt unter Beachtung von fünf Schlüsselbegriffen. Wenn diese fünf Schlüsselbegriffe befolgt werden, dann wird das gemeinsame Lernen effektiver als das individuelle Lernen sein.

Das kooperative Lernen bietet den Lehrern die Möglichkeit, unterschiedlich komplexe Lernsituationen im Unterricht zu ermöglichen. Die Komplexität der Unterrichtssituationen wird dabei bestimmt durch die Arbeitszeit, die Gruppengröße (kleine Gruppen bis hin zur ganzen Klasse), die Aufgabenstellung und den Grad der Übertragung der Verantwortung für das Lernen an die Schüler.

Für die Umsetzung dieser Möglichkeiten liefern wir in diesem Buch (viele) Anregungen und Hinweise.

Im ersten Band von „Unterricht entwickeln“ („Effektiv Lernen“; Ebbens & Ettekoven, 2009) haben wir bereits das „Kooperative Lernen“ vorgestellt und als einen fundamentalen Schritt hin zum aktiven Lernen bezeichnet. Im vorliegenden Buch, das unabhängig vom ersten Band „Effektiv lernen“ benutzt werden kann und doch auf ihm aufbaut, gehen wir weiter in die Tiefe.

Einteilung des Buches

In den ersten sieben Kapiteln dieses Buches stellen wir die verschiedenen Aspekte des kooperativen Lernens dar.

Im Kapitel 1 stellen wir Argumente vor, die für die Instruktionsstrategie kooperatives Lernen sprechen.

Im Kapitel 2 erläutern wir anhand der fünf Schlüsselbegriffe die Voraussetzungen dafür, dass kooperatives Lernen für das Lernen der Schüler effektiv sein wird.

Im Kapitel 3 geben wir praktische Hinweise, wie die Lehrer den Unterricht für das gemeinsame Lernen organisieren können.

Im Kapitel 4 erörtern wir fünf elementare Zusammenarbeitsstrukturen, mit denen die Lehrer mit dem kooperativen Lernen in ihrem Unterricht beginnen können.

Im Kapitel 5 beschreiben wir, wie Lehrer dem zweiten Ziel der Einführung des kooperativen Lernens (Entwicklung sozialer Fertigkeiten der Schüler) besonders Beachtung schenken und wie sie Gruppenprozesse bewusst erkennen und steuern können.

Im Kapitel 6 erfolgt eine Beschreibung der von den Lehrern während des kooperativen Lernens auszufüllenden Rollen.

Im Kapitel 7 besprechen wir, wie Lehrer den Prozess und die Ergebnis beim kooperativen Lernen beurteilen können.

Alle Kapitel ergänzen wir durch Hintergrundinformationen. Diese bestehen teils aus Untersuchungsergebnissen, teils aus Literaturauswertungen und aus Erläuterungen zu unseren eigenen Auffassungen. Wir wollen mit den Hintergründen aufzeigen, dass dieses Buch nicht allein auf unseren eigenen Interessen und Erfahrungen gegründet ist, sondern dass die Angaben und Fakten in diesem Buch auch wissenschaftlich fundiert sind. Nach Kapitel 7 folgt das erste Hintergrundkapitel, welches die bisherigen Inhalte in neun Fragen bündelt. Diese Fragen und mögliche Antworten darauf unterstützen den Lehrer bei der Planung von kooperativen Lernformen.

In den Kapiteln 8 und 9 beschreiben wir eine erweiterte Sicht auf das kooperative Lernen (gezielt auf die Lerngruppe als Ganzes). Im Kapitel 8 besprechen wir, wie Lehrer dem Unterrichtslerngespräch (welches wir als eine Form des kooperativen Lernens betrachten) gemeinsam mit den Schülern strukturieren und gestalten können.

Im Kapitel 9 zeigen wir auf, was Lehrer und Schüler beachten müssen, wenn sie im Klassenverband kooperativ lernen und dabei als wirkliche Lerngemeinschaft handeln wollen.

Im zweiten Hintergrundkapitel im Anschluss an Kapitel 9 erläutern wir die Lerneffekte, die bei einer systematischen Einführung des kooperativen Lernens in der Klasse erreicht werden können. Dabei beziehen wir uns auf Forschungsergebnisse, die wir erläutern und kommentieren.

Im Kapitel 10 geben wir eine Übersicht zu neunzehn Formen kooperativen Lernens und erläutern die folgenden Merkmale:

- Wann sind sie einsetzbar, wann nicht?
- Welche sozialen Fähigkeiten der Schüler werden vorausgesetzt, welche werden gefördert? Welche Merkmale haben diese Fähigkeiten?
- Auf welches Lernniveau zielen sie ab?
- Wie können sie gemeinsam von Schülern und Lehrern aufgebaut und entwickelt werden?

Im Nachwort stellen wir dar, welche Bedeutung die systematische Einführung des kooperativen Lernens auf Team- und Schulebene hat. Eine Veränderung des Unterrichts in diesem Sinn kann nur erfolgreich sein, wenn die Lehrer miteinander und voneinander lernen.

In der Beilage erläutern wir diesem Buch zugrunde liegende Lerntheorie.

Drei Lernniveaus, vier Lernaktivitäten

Wir erläutern die Hintergründe von „Effektiv Lernen“ und „Aktiv Lernen“ mit den dazugehörigen Merkmalen, indem wir drei Lernformen unterscheiden.

1. Lernen, gezielt auf *Einprägen*
   Hier geht es um das Behalten und Erinnern von Informationen, das Beherrschen von Handlungen und das Verstehen von Fakten und Begriffen. Die beiden Lernaktivitäten der Schüler sind hier „Behalten“ und „Verstehen“.
2. Lernen, gezielt auf *Verknüpfen*
   Verknüpfen bedeutet, dass Schüler neue Kenntnisse mit bereits vorhandenen Vorkenntnissen so kombinieren, dass eine passende und dauerhafte Verbindung entsteht. Der Schüler muss dazu erst die Vorkenntnisse aktivieren. Die auf Verknüpfen des Gelernten zielende Lernaktivität der Schüler ist „integrieren“.
3. Lernen, gezielt auf *flexible Konstruktion*
   Hierbei steht die (kreative) Handhabung des Gelernten im Mittelpunkt. Es geht nicht nur darum, dass der Schüler etwas weiß, sondern dass er das Gelernte in einer neuen Situation anwenden kann. Er soll in der Lage sein, unter Anwendung seines erworbenen Wissens ein unbekanntes Problem (eine Aufgabe) auch ohne die Unterstützung des Lehrers zu lösen und neues Wissen zu konstruieren. Die Lernaktivität für die flexible Anwendung ist „kreatives Anwenden.“

Eine entsprechende Übersicht zeigt die Abb.0.1

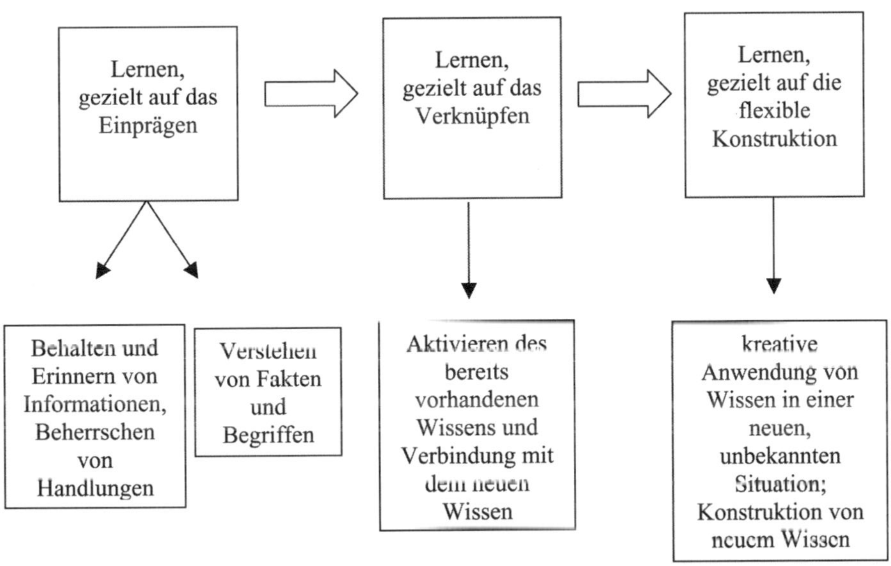

Abb. 0.1 Drei Lernniveaus und vier Lernaktivitäten

Alle drei Niveaus mit den dazugehörigen Lernaktivitäten sind nach unserer Auffassung wichtig. Die Schüler brauchen die Lernaktivitäten „behalten" und „verstehen", um Basiskenntnisse und Fertigkeiten zu erwerben (Einprägen). Sie brauchen die Lernaktivität „verbinden", um neu erworbene Kenntnisse zu ordnen und an bereits vorhandenes Wissen zu koppeln (Vorkenntnisse) oder um bereits früher erlernte Vorkenntnisse zu aktivieren.

Die Lernaktivität „kreative Anwendung" brauchen sie, um die erworbenen Kenntnisse in neuen Situationen zu verwenden (flexible Konstruktion). Die drei Lernformen mit den zugehörigen Lernaktivitäten ergänzen sich. Jede trägt zum effektiven Lernen bei. Wenn die Dozenten nicht alle drei Formen handhaben, vermissen die Schüler etwas. Entweder wissen sie viel, können das Gelernte aber nicht in der weiteren Ausbildung oder in der Berufsausbildung anwenden. Oder sie können viel, kennen aber die Zusammenhänge nicht, wodurch ihr Tun oberflächlich und nicht flexibel anwendbar ist. In der Beilage gehen wir intensiver auf die drei Lernniveaus und die vier Lernaktivitäten ein.

Starke und schwache Seiten dieses Buches

Die Instruktionsstrategie „Kooperatives Lernen" kann man in den drei o.a. Lernformenen einsetzen. Das ist die starke Seite dieser Strategie. *Eben deshalb* kann diese Instruktionsstrategie eine Brücke zwischen den Lernaktivitäten auf niedrigem Niveau (gezielt auf Einprägen) und den Lernaktivitäten auf höherem Niveau (gezielt auf flexible Konstruktion) schlagen. *Eben deshalb* besteht die Möglichkeit, immer mehr Verantwortlichkeit auf die Schüler zu übertragen und zunehmend mehr Freiraum und Interaktion zuzulassen. Bei dem auf „Einprägen" orientierten gemeinsamen Lernen gibt der Lehrer dem gemeinsamen Lernen der Schüler eine klare, eindeutige Struktur. Bei auf „Verknüpfen" orientiertem gemeinsamen Lernen sorgt der Lehrer zusammen mit den Schülern für eine hohe Häufigkeit von auf Aufgaben gerichteten Interaktionen. Bei auf „flexibler Konstruktion" gezieltem gemeinsamen Lernen sorgt der Lehrer sowohl für viel Interaktion, als auch für Problemstellungen, deren Lösungen viel Wissenstransfer erfordern. Unserer Meinung nach sorgt eine klar strukturierte Unterrichtsstunde für ein von klaren Erwartungen und Sicherheit geprägtes Lernklima und bietet dadurch eine gute Grundlage, um den Schülern allmählich oder schrittweise mehr Verantwortung für ihr eigenes Lernen zu übertragen. Dem Lehrer steht dafür eine große Anzahl von kooperativen Lernformen zur Verfügung, welche er in der eigenen Unterrichtslernsituation verwirklichen kann.

Unser Buch bietet die Möglichkeit, alle drei Lernformen in der Unterrichtslernsituation zu realisieren. Dabei stehen die Lernformen 1 und 2 im Mittelpunkt, Sie finden aber auch viele Beispiele für die Lernform 3 – siehe Abb. 0.2.

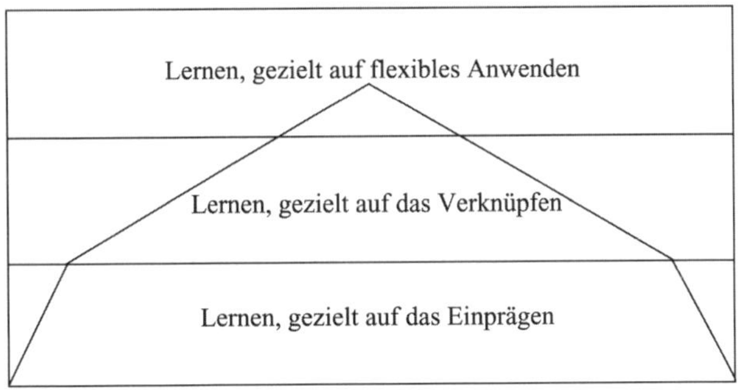

Abb. 0.2 zeigt, welche Beachtung die drei Lernformen in diesem Buch erfahren.

„Kooperatives Lernen“ kann, wenn es richtig angewendet wird, bei den Schülern viele Lerneffekte erzielen. Das ist die zweite starke Seite dieses Buches. Informationen dazu erhalten Sie vor allem in den Hintergrundkapiteln.

Ein Nachteil dieses Buches besteht darin, dass es nur das kooperative Lernen im Fokus hat. Unserer Meinung nach ist es weder erwünscht noch notwendig, die Unterrichtslernsituationen nur mit kooperativem Lernen auszufüllen. Nach unserer Auffassung umfasst eine gute Unterrichtsstrategie viele Herangehensweisen. Das betrifft sowohl eine aktivierende Instruktion, eine klare (und spannende) Darlegung des Lernstoffes, diverse Formen des Aktivierenden Lernens (wozu auch das gemeinsame Lernen zählt) sowie Perioden individuellen Lernens – und das nicht nur in der Schule, sondern auch außerhalb der Klasse und Schule.

Die drei Bücher zusammen bieten als inhaltliche und aufeinander aufbauende Einheit mehr Möglichkeiten.

Ein weiterer Nachteil dieses Buches: Es wird dem Schaffen eines effektiven Lernklimas wenig Beachtung geschenkt. Ein solches Lernklima brauchen die Schüler für das Übernehmen von mehr Verantwortlichkeit für ein aktiveres Gestalten ihres eigenen Lernens. Die einzelnen Aspekte eines positiven Lernklimas und wie es im Klassenzimmer als Grundlage für erfolgreiches Lernen und Lehren entwickelt werden kann, beschreiben wir in Band 1 „Effektiv lernen“.

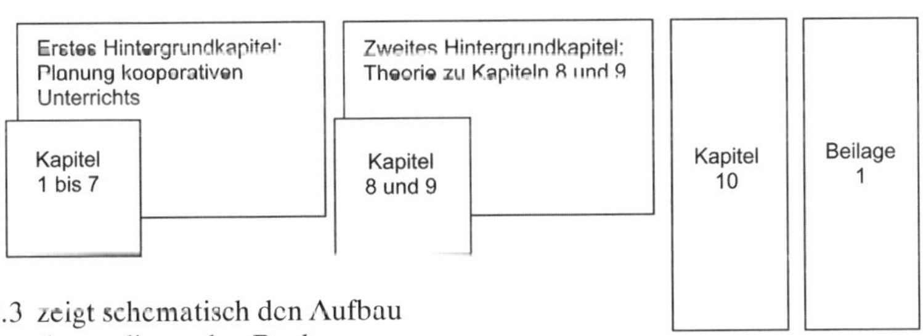

Abb. 0.3 zeigt schematisch den Aufbau des vorliegenden Buches.

Wir wiederholen nochmals (wahrscheinlich überflüssigerweise), dass allein das Lesen dieses Buches nicht ausreicht, um die genannten Resultate zu erzielen. Oberflächliches Studieren des Textes könnte den Eindruck erwecken, dass es sich hier um eine Sammlung netter Arbeitsformen handelt. „Effektiv lernen" ist mehr als das. Nur eine Kombination aus dem Studium des Inhaltes dieses Buches, begleiteten Übungen in einer Trainingssituation und dem Ausprobieren in einer Klasse mit Observation des Unterrichts und Feedback sowie Analysen und Diskussionen mit Fachkollegen führen zur Beherrschung dieser Instruktionsstrategien.

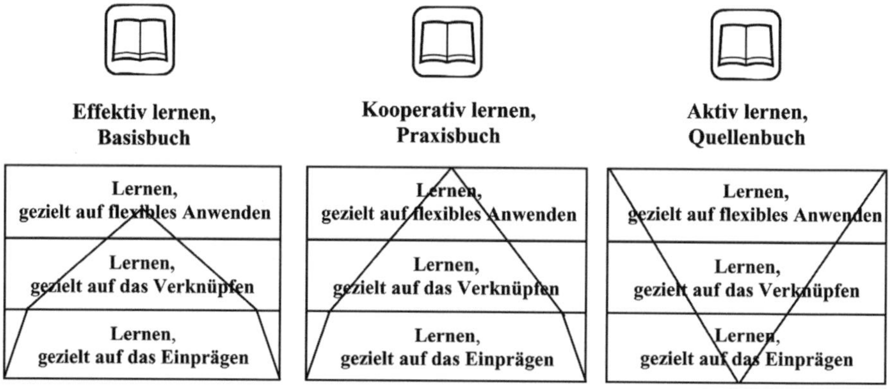

Abb. 0.4 Übersicht der drei Bücher in Beziehung zu den drei Lernaktivitäten

Das vorliegende Buch *Effektiv lernen, Basisbuch* behandelt das „Lernen, gezielt auf Anwenden", gibt erste Informationen zum zweiten Lernniveau, dem „Lernen, gezielt auf das Verknüpfen" und präsentiert Bausteine für die Realisierung eines optimalen Lernklimas in der Klasse.

Das Buch *Kooperativ lernen, Praxisbuch* ist auf alle drei Lernniveaus ausgerichtet, schwerpunktmäßig auf das „Einprägen" und „Vernetzen".

Das Buch *Aktiv lernen, Quellenbuch* konzentriert sich auf das Lernniveau „Lernen, gezielt auf die flexible Anwendung".

In der Abbildung 0.4 kann man deutlich erkennen, wie die drei Lernniveaus und dementsprechend auch die drei dazu gehörigen Bücher miteinander in Verbindung stehen und aufeinander aufbauen. Insbesondere wird in jedem Band beschrieben, was für die Realisierung dieser Formen in Unterrichtslernsituationen erforderlich ist.

Jedes Buch ist auch einzeln zu verwenden.

Teil 1:

Kooperatives Lernen in Gruppen

1 Warum kooperativ Lernen?

1.1 Fünf Argumente für kooperatives Lernen

„Soziale Fertigkeiten haben einen großen Einfluss auf das Funktionieren der Menschen in der Gesellschaft.“ *(Zitat aus diesem Kapitel)*

In zahlreichen Schulen lernen Schüler miteinander, auch dann, wenn der Lehrer sie nicht dazu anhält. Während der „normalen“ Stunden stehen die Tische selten einzeln, meistens stehen zwei oder mehr Tische zusammen. Wenn der Lehrer den Schülern im Verlauf der Stunde Aufgaben gibt, entstehen „gewollt oder ungewollt, allerlei Formen gemeinsamen Lernens zwischen den Schülern. Die Erfahrung lehrt, dass diese informelle Zusammenarbeit nicht immer sehr effektiv ist. Dazu bedarf es mehr. Immer mehr Lehrer lassen daher die Schüler nicht „zufällig“ zusammenarbeiten. Sie wollen in ihren Unterrichtsstunden systematisch und strukturiert vorgehen.

Es gibt viele Argumente für das Zusammenarbeiten. In Gesprächen über Unterricht spielt das Argument „Schüler müssen es lernen, gut zusammen zu arbeiten.“ eine wichtige Rolle. Die Gesellschaft verlangt zunehmend nach Menschen, die in Gruppen effektiv arbeiten können. Das wird in Stellenanzeigen ebenso deutlich wie in der Politik von Unternehmen. Diese erwarten von ihren Mitarbeitern, dass sie sich nicht nur individuell entwickeln, sondern gleichzeitig die Entwicklung des Teams und des ganzen Unternehmens zum Ziel haben.

Es gibt jedoch noch mehr Argumente, um für Lernaktivitäten eine sorgfältig strukturierte Zusammenarbeit der Schüler zu wählen. In Abschnitt 1.1 erörtern wir diese Argumente. Danach erfolgt eine kurze Zusammenfassung.

1.1 Fünf Argumente für kooperatives Lernen

Wir unterscheiden fünf Argumente für die Anwendung von kooperativem Lernen in der Klasse:

1. Klassenorganisation
2. aktiv lernende Schüler
3. Entwicklung des Lernens der Schüler
4. Entwicklung des selbstständigen Lernens der Schüler
5. gesellschaftliche Argumente

Zu 1: Klassenorganisation

Ein erstes Argument ergibt sich aus der heutigen Lehrpraxis. Auch Lehrer, die Zusammenarbeit nicht systematisch handhaben, lassen die Schüler regelmäßig im Unterricht gemeinsam etwas tun. Schüler lösen oft in Zweiergruppen Rechenaufgaben, erledigen in Dreiergruppen Praktikumsaufträge, bearbeiten zu viert einen Gemeinschaftsauftrag. Im Sportunterricht spielen sie in größeren Gruppen. Diese gemeinsame Arbeit ist oft nicht bewusst strukturiert. Wir bezeichnen diese Form mit „Zusammen sitzen". Dabei können, unbemerkt vom Lehrer, zahlreiche Effekte auftreten, die sich negativ auf das Lernen der Schüler auswirken. Manche Schüler z. B. werden wiederholt während des gemeinsamen Arbeitens abgewiesen, andere werden zu Trittbrettfahrern. Sie profitieren von der Zusammenarbeit, ohne selbst einen Beitrag zu leisten. Nicht selten entstehen Reibungen und Konflikte, die das Lernklima und das Lernprodukt negativ beeinflussen. Würden die Lehrer das kooperative Lernen entsprechend der fünf Schlüsselbegriffe des gemeinsamen Lernens strukturieren, blieben viele dieser unerwünschten Nebeneffekte weitgehend aus. Das Strukturieren macht kooperatives Lernen zu einer starken Stütze für die Organisation in der Klasse. Wenn die Schüler durch die teilweise Delegierung des Lernens vom Lehrer „gelöst" sind und der Lehrer auf die Effektivität des Lernens der Schüler vertrauen kann, dann kann er speziellen Schülern oder Schülergruppen helfen. Durch die Zusammenarbeit zwischen den sich effektiv helfenden Schülern bekommt der Lehrer „die Hände frei" für gezielte Unterstützung. Das will nicht heißen, dass der Lehrer die Schüler ihrem Schicksal überlässt. Er kann die Schüler gezielt aufeinander verweisen, während er selbst mit den Schülern arbeitet, die besondere Hilfe benötigen.

Die wichtigsten Unterschiede zwischen dem oben beschriebenen „Zusammen sitzen" und einer strukturierten Zusammenarbeit (kooperativ Lernen) sind in Abbildung 1.1 wiedergegeben.

„Zusammen Sitzen"	„Kooperativ Lernen"
Schüler werden zur Lösung der Aufgabe in Gruppen aufgeteilt	Lehrer schafft positive gegenseitige Abhängigkeit: sorgt dafür, dass die Schüler einander brauchen
homogene Gruppen, immer nach freier Wahl der Schüler	heterogene Gruppen, oft vom Lehrer bestimmt
ein oder zwei Schüler ergreifen die Initiative	jeder ist mitverantwortlich und liefert seinen Beitrag
große Chance für Trittbrettfahrer	klare Aufgaben- und Rollenverteilung in der Gruppe
jeder Schüler nur für sich selbst verantwortlich	gemeinsame Verantwortung geteilte Führung
Lehrer greift oft in die Arbeit der Gruppen ein, da diese die Verantwortung nicht übertragen bekommen haben	Schüler übernehmen abwechselnd die regulierende Rolle des Lehrers, Lehrer hilft nur bei Fragen

einheitlicher Auftrag	vollständige Instruktion zu Aufgabe, Arbeitsweise, Zusammenarbeit und individuellem Beitrag
soziale Fertigkeiten einfach vorausgesetzt	soziale Fertigkeiten werden unmittelbar und gezielt mit vermittelt
Lehrer negiert die Gruppe als Gruppe	Lehrer beobachtet, begleitet und interveniert, wenn notwendig
wenig Beachtung der Gruppenprozesse	regelmäßige und systematische Beachtung und Reflexion der Gruppenprozesse

Abb. 1.1 Unterschiede zwischen „Zusammen Sitzen“ und „Kooperativ Lernen“

Zu 2: Aktiv lernende Schüler

Lernende Schüler tun mehr, als sich lediglich über Bücher zu beugen und den Ausführungen des Lehrers zu folgen. Die Schüler lernen, indem sie selbst aktiv sind und wenn sie ihrem eigenen Lernen Sinn verleihen können. Die aktive Teilnahme der Schüler, das laute Denken und ein schülerorientiertes Lernklima sind wesentliche Voraussetzungen für das effektive Lernen aller Schüler.

Neue Lerntheorien und verschiedene Untersuchungsergebnisse aus den vergangenen Jahren zeigen, dass passives Lernen eigentlich nicht möglich ist. Die Schüler müssen sich den Stoff selbst zu Eigen machen. Dem größten Teil der Schüler wird der Lehrer nicht allein mit seiner Darstellung des Lernstoffs gerecht. Er wird die Lernstoffdarstellung mit Aktivitäten ergänzen müssen, damit die Schüler die Gelegenheit erhalten, sich den Lernstoff wirklich anzueignen. Es scheint in der Unterrichtspraxis oft beschwerlich zu sein, alle Schüler aktiv in den Prozess einzubeziehen. Bei Unterrichtsbesuchen sehen wir und bei Nachgesprächen hören wir von den Lehrern, dass sie bei Mangel an Alternativen den Verlauf der Unterrichtslernsituation selbst überwachen und notfalls ihre Fragen selbst beantworten. Viele Lehrer würden es gern anders machen, wissen jedoch nicht, wie sie das bewerkstelligen sollen.

Die hier aufgezeigten kooperativen Lernformen mit den Anweisungen zur Organisation der Klasse und die Beachtung der in diesem Buch genannten Fertigkeiten stellen Hilfsmittel für ein aktiveres Einbeziehen der Schüler in den Unterricht dar. Für Schüler ist es oft anziehend und verlockend, wenn sie gemeinsam über ihr Lernen beraten, mehr Verantwortlichkeit erhalten, von Mitschülern während des Lernens oder bei Misserfolgen unterstützt werden. Dadurch wird der Schulalltag abwechslungsreicher.

Mit dem Einführen des kooperativen Lernens ändert sich aber auch die Rolle des Lehrers in der Klasse. Den Rollen „Darstellung des Lernstoffs", „Fragen stellen", „Instruktionen erteilen" und „Einbringen von Sachverstand" werden die Rollen des „Organisierens" und des „Begleitens" des Lernprozesses der Schüler hinzugefügt. Dadurch wird auch der Unterrichtstag des Lehrers abwechslungsreicher. Das schätzen sowohl Schüler, als auch viele Lehrer sehr. Zahlreiche Lehrer äußern, dass sie mehr Energie daraus schöpfen können und nicht so schnell müde werden. Die Erfahrung lehrt: Die Lehrer bleiben aktiver.

In Abbildung 1.2 wird anhand eines Beispiels verdeutlicht, wie Schüler in einer strukturierten Zusammenarbeitform aktiver am Unterricht teilnehmen (müssen). Sie sind mehr gefordert.

Diskussion in Gruppen	**Drei-Schritte-Interview**
Schritte Der Lehrer stellt der Klasse eine Frage, über die sich die Schüler kurz beraten (Übereinstimmung ist nicht gefordert). Die Schüler besprechen die Frage in Vierergruppen.	*Schritte* Die Schüler bilden Duos innerhalb der Vierergruppen. Im Duo interviewt der erste Schüler den zweiten. Die Rollen werden getauscht, der zweite Schüler interviewt den ersten. Vierergruppe: die Schüler berichten einer nach dem anderen über die Ergebnisse der Interviews.
Merkmale Die Teilnahme der verschiedenen Schüler ist ungleich. Nicht alle Schüler arbeiten mit, es gibt Möglichkeit zum „Sich drücken". Etwa 25% der Klasse arbeiten zum gleichen Zeitpunkt.	*Merkmale* Alle Schüler nehmen gleichermaßen teil. Alle Schüler arbeiten mit, weil es kaum möglich ist, sich zu drücken. An die 50% der Klasse arbeiten zum gleichen Zeitpunkt.

Abb. 1.2 Unterschied zwischen allgemeiner und strukturierter Zusammenarbeit

Zu 3: Entwicklung des Lernens der Schüler

Für das Lernen der Schüler ist ihre aktive Beteiligung am Unterricht Voraussetzung.

Viele Lehrer machen die Erfahrung, dass das rein sprachliche Vermitteln von Wissen eine uneffektive Art der Kenntnisübertragung darstellt. Nur für wenige Schüler ist das Zuhören eine effektive Methode zum Aneignen von Wissen. Die Konzentration ist nach zehn- bis fünfzehnminütigem echtem aktivem Zuhören erschöpft. Die Informationen können besser verarbeitet werden, wenn die Schüler auch tatsächlich mitarbeiten. Erst wenn die angebotenen Informationen von den Schülern selbst bearbeitet, geübt, angewendet, erneut formuliert werden, kann man von einem „Sich-zu-eigen-Machen“ des Wissens sprechen.

Ein wichtiger Grund dafür, die Schüler in der Klasse zusammenarbeiten zu lassen, besteht darin, dass der Prozess der Kenntnisaneignung beim kooperativen Lernen der Schüler nachhaltiger abläuft als bei einem „stillen“, oft unsichtbaren Verarbeitungsprozess. Durch das Zusammenarbeiten wird der Lernprozess sowohl für die Schüler als auch für die Lehrer besser sichtbar, weil die Schüler u. a. zum lauten Denken oder zum Austausch wichtigen Lernstoffs gezwungen werden. Hinzu kommt, dass die Schüler die Denkweise und Erkenntnisse von anderen Schülern erfahren. Dadurch können sie inspiriert werden, sich davon distanzieren oder die neuen Erkenntnisse anwenden. Das Lernen entwickelt sich in einem sozialen Kontext besser als in einem nur individuellen. Deshalb stellt dieses Argument für uns den wichtigsten Grund für die Anwendung der Lern- und Instruktionsstrategie kooperatives Lernen in der Klasse dar. Vorausgesetzt, dass diese Strategie zum richtigen Zeitpunkt und in der richtigen Weise eingesetzt wird, kann sich das Lernen des einzelnen Schülers durch vielfältigen Einsatz von interaktiven kooperativen Lernformen verbessern. Durch den Einsatz dieser kooperativen Lernformen werden die Schüler gezwungen, ihr Verständnis vom neuen Lernstoff mündlich oder schriftlich darzustellen, damit sie dazu Feedback von anderen Schülern oder vom Lehrer erhalten. Das ist für das Lernen besonders effektiv.

Zu 4: Entwicklung des selbstständigen Lernens von Schülern

Indem der Lehrer die Schüler auf strukturierte Weise gemeinsam arbeiten lässt, kann er sie mehr für ihren Lernprozess verantwortlich machen. Im Rahmen verschiedener kooperativer Lernformen ist es möglich, den Schülern Aufgaben zu übertragen, durch die sie ihren Lernprozess im Auge behalten. So kann z. B. einer der Schüler die Einhaltung der vorgegebenen Zeit überwachen, ein anderer sorgt dafür, dass jeder Schüler einen Beitrag liefert, ein dritter kann die Verantwortung für die Planung übernehmen. Es gibt unzählige Möglichkeiten, die Schüler in ihren eigenen Lernprozess einzubinden, ihnen allmählich mehr Verantwortung für Teile des Lernprozesses zu geben. In dem Maße, wie die Aufgaben für die Steuerung des Lernprozesses essenzieller werden, kann man mehr und mehr von selbstständigem Lernen sprechen. Lehrer können das eigenverantwortliche Lernen der Schüler durch den Einsatz geeigneter kooperativer Lernformen steuern und fördern. Manche Strukturen sind „geschlossen“ und eignen sich für einen lehrerzentrierten Unterricht. Bei anderen müssen Schüler ihr Lernen mehr selbst steuern (schülerorientierter Unterricht). Durch gezielten Umgang mit diesen Lernformen verfügt der Lehrer praktisch über Mittel, den Übergang zu steuern: von einer durch den Lehrer gesteuerten Herangehensweise zu einem Vorgehen, in dem Schüler auch selbst bestimmen können, welche Form ihr eigenes Lernen bekommt.

Der Lehrer kann die Entwicklung der Selbststeuerung durch die Schüler auch dadurch fördern, indem er das Thema der Zusammenarbeit anpasst. Man spricht von selbstständigem Lernen, wenn die Schüler ihr Lernen selbst steuern. Sie müssen sich dabei ihrer Arbeits- und Lernmethoden bewusst sein. Der Lehrer kann das mit den Schülern entwickeln, wenn er sie z. B. nach einem abgeschlossenen Zusammenarbeitsauftrag gemeinsam über die Vorgehensweise, die Planung und die Aufgabenverteilung reflektieren und über die Zusammenarbeit und das Lernen während ihrer Arbeit an dem Auftrag nachdenken lässt. Eine solche Reflexion hat nur Sinn, wenn die Schüler aktiv miteinander über die Vorgehensweise und gegenseitige Aufgabenverteilung gesprochen haben. Durch derartige Aufträge werden sich die Schüler ihrer eigenen Lernweise und Individualität im Vergleich zu ihren Mitschülern bewusst. Sie erkennen, dass bestimmte Arbeits- und Lernweisen in bestimmten Situationen effektiver sind als andere. Die Reflexion über die eigenen Erfahrungen fördert die Selbstständigkeit der Schüler und führt zu besseren Arbeitsergebnissen, wenn die Schüler im Anschluss analoge Aufträge selbstständig ausführen müssen. Wenn der Lehrer sie dann noch auf die Ergebnisse der Reflexion hinweist, ist das sehr hilfreich.

Zu 5: Gesellschaftliche Argumente

Das letzte Argument zugunsten des kooperativen Lernens im Unterricht besteht im Bedarf der Gesellschaft an Menschen mit sozialen und kommunikativen Fertigkeiten. Die Erfahrung hat gezeigt, dass Schüler während ihres Lernens in unstrukturierter Zusammenarbeit kaum soziale Fertigkeiten entwickeln. Mehr noch, nicht selten werden wenig soziale Verhaltensweisen angeregt und gefestigt. Dann verwundert es nicht, wenn die Schüler keine Bereitschaft zeigen, sich auf andere Menschen einzulassen. Soziale Fertigkeiten haben auf das Funktionieren des gesellschaftlichen Lebens großen Einfluss. Arbeitgeber konstatieren, dass mehr Menschen für bestimmte Funktionen aufgrund unzureichend entwickelter sozialer und kommunikativer Fertigkeiten und nicht wegen zu geringen Wissens ungeeignet sind. Man findet kaum ein Stellenangebot, in dem nicht die Forderung nach der Fähigkeit zur Team-Arbeit und guten Kommunikationsfertigkeiten gestellt wird. In einer Diskussion über das gemeinsame Lernen von Van der Linden und anderen (2000) wird berichtet, dass „der Arbeitsmarkt nach Arbeitnehmern mit kommunikativen Fertigkeiten verlangt, die sich im Team bewähren und auf dem Gebiet der kommunikativen und Informationstechnologien bewandert sind“. Die Strategie kooperatives Lernen wird explizit der Entwicklung solcher Fertigkeiten bei den Schülern gerecht. Damit vergrößert sich die Chance für einen Erfolg der Schüler auf dem Arbeitsmarkt.

Auf der Basis dieser Argumente behandeln wir in den folgenden Kapiteln die Instruktionsstrategie kooperatives Lernen und die sich daraus ergebenden Konsequenzen für die tägliche Praxis.

Zusammenfassung

Wir fassen die verschiedenen Argumente aus diesem Kapitel zusammen und formulieren sie aus der Sicht der Schüler und der Lehrer.

Für die Schüler bedeutet kooperatives Lernen, dass sie:

- durch die Zusammenarbeit mit Mitschülern (gemeinsames Überlegen, gegenseitiges Unterstützen) aktiv mit ihrem Lernen beschäftigt sind,
- sich durch lautes Formulieren eigener Gedanken ihres eigenen Denkens bewusst werden, wodurch der Lernstoff auch besser haften bleibt,
- Verantwortung für das eigene Lernen und das der anderen Gruppenmitglieder übernehmen,
- lernen, wie sie mit anderen zusammenarbeiten (aktives Zuhören, gemeinsames Planen, als Gruppe präsentieren usw.),
- einen methodisch abwechslungsreichen und damit interessanteren Unterricht erleben.

Für den Lehrer bedeutet kooperatives Lernen, dass er:

- gezielt Hilfe anbieten kann, weil er seine Hände öfter „frei" hat,
- mehr Einblick in und Sicht auf das Lernen und Denken der Schüler erhält,
- unterschiedliche Lehrerrollen in der Klasse einnehmen kann und dadurch mehr Zeit und Gelegenheit für die Begleitung gewinnt,
- die Möglichkeit hat, die Verantwortung für das Lernen auf die Schüler zu übertragen,
- eine weniger zentrale Position in der Klasse einnimmt.

2 Schlüsselbegriffe für erfolgreiches kooperatives Lernen der Schüler

2.1 Kooperativ, individuell und konkurrierend lernen

2.2 Fünf Schlüsselbegriffe für kooperatives Lernen

> „Der Erfolg des einzelnen Schülers innerhalb eines Teams wird stark vom Erfolg der anderen bestimmt.“ *(Zitat aus diesem Kapitel)*

Kooperatives Lernen hat vornehmlich dann eine Chance auf Erfolg, wenn in der Unterrichtslernsituation den fünf Schlüsselbegriffen entsprochen wird. Es ist nicht entscheidend, ob in Zweier- oder Fünfergruppen oder in der Klasse als Ganzes gemeinsam gelernt wird, ob die Schüler viel oder wenig Erfahrung mit dem kooperativen Lernen haben, ob die Lehrer eine der kooperativen Lernformen aus diesem Buch handhaben oder eine eigene Struktur einsetzen. Wird die Zusammenarbeit der Schüler den fünf Schlüsselbegriffen gerecht, kann man von einer effektiven, zur Verbesserung des Lernens *aller* Schüler führenden Zusammenarbeit sprechen. Bei Nichtbeachtung dieser Schlüsselbegriffe sitzen die Schüler nur zusammen. Das ist im Allgemeinen für das Lernen wenig effektiv.

In diesem Kapitel beschreiben wir unter 2.1 die allgemeinen Merkmale von kooperativem Lernen und unter 2.2 die fünf Schlüsselbegriffe. Am Ende des Kapitels erfolgt eine Zusammenfassung der Schlüsselbegriffe in Form von Empfehlungen für die Lehrer.

2.1 Kooperativ, individuell und konkurrierend lernen

In Abb. 2.1 beschreiben wir die Merkmale von kooperativem Lernen.

Kooperatives Lernen hat folgende Merkmale:

- Alle Schüler arbeiten zielgerichtet. Sie wissen also, was von ihnen erwartet wird. Der Auftrag und das Lernziel sind klar und eindeutig.
- Alle Schüler fühlen sich dafür verantwortlich, den Auftrag gemeinsam zu einem guten Ende zu führen.
- Die Schüler brauchen einander, um eine Lösung der Aufgabe herbeizuführen. Die Schüler verfügen über die dazu benötigten Fertigkeiten oder sie erlernen diese Fertigkeiten.
- Alle Schüler erreichen sowohl das individuelle als auch das gemeinsam zu erarbeitende Lernziel.
- Die Schüler führen die Aufgabe selbstständig aus, wobei der Lehrer den Arbeitsprozess als Coach (Hilfe bei Problemen, welche die Gruppe nicht lösen kann und Evaluieren der Gruppenprozesse) begleitet.

Natürlich ist ein sicheres und stimulierendes Lernklima die Voraussetzung für erfolgreiches kooperatives Lernen.

Abb. 2.1 Merkmale kooperativen Lernens

Um die Merkmale von kooperativem Lernen zu verdeutlichen, ist es sinnvoll, zwischen dieser Lernform sowie individuellem Lernen und konkurrierendem Lernen zu unterscheiden.

Kooperatives Lernen	Wir sitzen alle in einem Boot. Ich kann mein Ziel nur erreichen, wenn du dein Ziel erreichst. Wir brauchen einander. Wir arbeiten zusammen, damit wir dadurch gemeinsam besser werden. Bedingungen/Merkmale: siehe Abb. 2.1
Individuelles Lernen	Ich stehe allein da. Das Erreichen meines Zieles hat nichts mit dem Erreichen deines Zieles zu tun. Bedingungen / Merkmale: • separate Plätze zum Lernen • gesondertes Lernmaterial für jeden • der Lehrer ist die wichtigste Quelle • das gestellte Lernziel ist allein zu erreichen.
Konkurrierendes Lernen	Ich schwimme, wenn du untergehst, oder ich gehe unter, wenn du schwimmst. Wenn ich mein Ziel erreiche, kannst du es nicht erreichen. Wenn du dein Ziel erreichst, kann ich meins nicht erreichen. Das heißt: ich gegen dich. Bedingungen/Merkmale: • kleine, homogene Gruppen • maximale Anzahl an Siegen ist das Ziel • Wettbewerb von Schülern mit gleichem Niveau • Beurteilung durch Vergleich der Leistungen von verschiedenen Schülern

Abb. 2.2 Merkmale kooperatives Lernen, individuelles Lernen und konkurrierendes Lernen

Obwohl individuelles und konkurrierendes Lernen funktionell sein können, sprechen wir uns in diesem Buch besonders für das kooperative Lernen aus. Der systematische, ausbalancierte und kombinierte Einsatz dieser drei Lernformen kann für den Lernprozess von Schülern besonders effektiv sein. Dabei ist anzustreben, dass die Schüler alle Fertigkeiten für ein effektives Arbeiten in jeder der drei Lernformen besitzen. Eine positive und sichere Lernatmosphäre ist nach unserer Auffassung Bedingung für Konkurrierendes Lernen. Das ist z.B. der Fall, wenn Schüler gleichen Niveaus miteinander wetteifern und es mehrere „Sieger" geben kann. Ohne diese Sicherheit wird es nicht um das Lernen, sondern ums Überleben gehen. Die Zusammenarbeitsstruktur „Teamturnier" (siehe Kapitel 10) basiert auf einem solchen Wettbewerb.

Adäquates kooperatives Lernen muss fünf Schlüsselbegriffen gerecht werden. Unter 2.2 erläutern wir diese fünf Schlüsselbegriffe.

2.2 Fünf Schlüsselbegriffe für kooperatives Lernen

Die fünf Schlüsselbegriffe lauten:

1. Positive gegenseitige Abhängigkeit
2. Individuelle Ansprechbarkeit
3. Direkte Interaktion
4. Beachtung der Entwicklung sozialer Fertigkeiten
5. Beachtung des Gruppenprozesses

Wir erläutern die Schlüsselbegriffe.

Zu 1: Positive gegenseitige Abhängigkeit

Positive gegenseitige Abhängigkeit bedeutet, dass die Schüler einander bei der Ausführung ihres Arbeitsauftrages brauchen und dass sie die Lernsituation auch in diesem Sinne wahrnehmen. Eine Voraussetzung dafür ist, dass der Erfolg des einzelnen Schülers in einem Team sehr vom Erfolg der anderen Teammitglieder bestimmt wird. Daraus resultiert der Lernzuwachs (Mehrwert) beim gemeinsamen Lernen im Gegensatz zum individuellen Lernen. Bei positiver gegenseitiger Abhängigkeit kann der eine Schüler nicht ohne den anderen erfolgreich arbeiten und umgekehrt. Die Schüler müssen wissen, worin die gegenseitige Abhängigkeit besteht, welche Form sie hat. Dann erst fühlen sie sich für ihr gemeinsames Lernen verantwortlich. Dann erst sprechen wir von positiver gegenseitiger Abhängigkeit. Wenn Schüler das verstehen, wissen sie, dass:

- jedes Gruppenmitglied sich für das Erzielen eines adäquaten Gruppenergebnisses im Rahmen des gemeinsamen Lernens anstrengen muss,
- jedes Gruppenmitglied im gemeinsamen Arbeitsprozess einen einzigartigen eigenen Beitrag zu leisten hat, eigene Quellen verwendet oder andere Verantwortlichkeiten (Gruppenrollen) wahrnimmt.

Oft wird dieser Schlüsselbegriff in Unterrichtslernsituationen nicht genügend beachtet. Nicht selten müssen Schüler Aufträge gemeinsam ausführen, die sie besser und schneller allein hätten erledigen können. Wenn die gegenseitige Abhängigkeit (bei der Lösung einer Aufgabe) nicht in Inhalt und Form festgelegt und den Schülern verdeutlicht wird, gibt es immer Schüler, die sich von der Gruppe abwenden und allein lernen. Außerdem ergibt sich daraus Widerstand gegen das gemeinsame Lernen.

Wir zeigen nun einige Möglichkeiten für das Entwickeln Positiver gegenseitiger Abhängigkeit auf und verweisen auf andere Kapitel, die genauere Informationen dazu geben.

Positive gegenseitige Abhängigkeit durch:

a. Die *gewählte Struktur* des gemeinsamen Lernens: die Zusammenarbeitsstruktur sorgt dafür, dass die Schüler einander brauchen.

■ **Beispiel**

Die kooperative Lernform „Expertenpuzzle“ fördert und fordert die positive gegenseitige Abhängigkeit in besonderem Maße. Bei dieser Lernform erhalten einzelne Schüler innerhalb einer Gruppe (Stammgruppe) unterschiedliche Informationen, welche sie in anderen Gruppen (Expertengruppe) für die Präsentation in ihrer Gruppe (Stammgruppe) vorbereiten. Diese Informationen erläutern sie danach in ihrer eigenen Gruppe (Stammgruppe). Weil sich das Endergebnis aus der Summe aller in den Expertengruppen erarbeiteten Teilergebnisse zusammensetzt, sind also alle Schüler voneinander abhängig.

b. *Das Ziel:* Die Gruppe erhält vom Lehrer ein gemeinschaftliches Ziel, welches sie miteinander, also in der Gruppe, erreichen soll.

■ **Beispiel**

Der Lehrer erteilt einen Auftrag, für den

- in der Gruppe gemeinsam nach *einer* Lösung gesucht werden soll
- die Gruppe Übereinstimmung betreffs der Lösung (Antwort) erreichen soll
- die Gruppe eine Gemeinschaftsarbeit abgeben soll
- die Gruppe gemeinsam eine Präsentation vorbereiten und durchführen soll.

c. *Die Aufgabenverteilung:* Die Aufgaben werden in der Gruppe so verteilt, dass gemeinsam effektiver und schneller gelernt wird als beim individuellen Lernen, bei dem die Schüler allein an den Aufgaben arbeiten würden.

■ **Beispiel**

Der Lehrer bittet die Schüler,

- eine Aufgabe in Teilaufgaben zu zerlegen
- eine Arbeit anzufertigen, in der mindestens vier Teilgebiete bearbeitet werden sollen
- jeweils zwei der acht vergebenen Aufgaben individuell zu lösen und dann einen Erfahrungsaustausch zum Lernfortschritt der individuellen Gruppenmitglieder durchzuführen.

In den genannten Lernsituationen kann man von positiver gegenseitiger Abhängigkeit durch Aufgabenverteilung sprechen. Auf diese Weise ist die Zusammenarbeit effektiver als das individuelle Arbeiten der einzelnen Schüler (siehe „Expertenpuzzle“ in Abschnitt 4.1 oder „Gemeinsam-gemeinsam“ im Kapitel 10).

d. *Das Material:* die Schüler sind voneinander abhängig, da das Material begrenzt und gemeinsam zu nutzen ist.

■ **Beispiel**

Der Lehrer übergibt einer Gruppe

- lediglich ein Aufgabenblatt für die ganze Gruppe
- ein Ergebnisblatt für die ganze Gruppe
- ein Mikroskop für die ganze Gruppe
- eine Schere oder ein Buch für die ganze Gruppe.

Das Material ist also nur begrenzt vorhanden, so dass sich die Schüler in seine Nutzung teilen müssen (und damit in die Bearbeitung des Arbeitsauftrages).

e. *Ergänzende Rollen:* verschiedene Schüler nehmen innerhalb der Gruppe verschiedene Rollen ein. Alle Rollen zusammen sind für eine gute Zusammenarbeit funktionell.

■ **Beispiel**

Ein Lehrer kann die Verteilung der Rollen in einer Gruppe anweisen oder durch die Schüler selbstständig durchführen lassen. So kann z. B. ein Schüler die Zeit im Auge behalten, während ein anderer die Antworten notiert, ein nächster darauf achtet, dass alle Gruppenmitglieder zu Wort kommen. Die verschiedenen Rollen helfen, den Gruppenprozess zu verbessern (siehe Abschnitt 3.3).

f. *Belohnung:* die Gruppe wird für die Gruppenpräsentation belohnt. Außerdem kann eine individuelle Belohnung/Beurteilung der einzelnen Gruppenmitglieder erfolgen. Diese Form der positiven Abhängigkeit ist eines der „Stimuli" innerhalb des kooperativen Lernens, über deren Einsatz kontrovers diskutiert wird.

■ **Beispiel**

Der Lehrer beschließt, dass neben einer individuellen Note auch eine Gruppennote für die Präsentation vergeben wird. Er legt fest, dass die Schüler hiermit ihre individuelle Note auf- oder abrunden können.

■ **Beispiel**

Der Lehrer verspricht der Gruppe, dass sie zwei der fünf erteilten Hausaufgaben nicht zu erledigen brauchen, wenn alle Schüler sämtliche Gleichungen richtig gelöst haben und alle Schüler auch gut erklären können, wie sie zum Ergebnis gelangt sind. Die Schüler dürfen dann individuell auswählen, welche zwei Aufgaben sie weglassen möchten.

g. *Identität:* Wenn Gruppenmitglieder eine gemeinschaftliche Identität besitzen, auf die sie stolz sind, erfahren sie das Gefühl der Zusammengehörigkeit. Damit identifizieren sie sich mit der Gruppe.

• **Beispiel**

Wenn eine Periode längeren Lernens und Arbeitens in den Gruppen beginnt, macht der Lehrer den Vorschlag, sich einen Gruppennamen auszudenken, ein eigenes Motto zu finden oder ein eigenes Logo zu kreieren. Hierdurch fördert der Lehrer den Zusammenhalt in der Gruppe und das Zusammengehörigkeitsgefühl. Das gemeinsame Lernen wird dadurch unterstützt und verbessert.

Indem die Lehrer der positiven gegenseitigen Abhängigkeit (egal in welcher Form) Beachtung schenken, können sie vermeiden, dass Schüler während des Zusammenarbeitens wenig miteinander arbeiten, dass jeder sich nur für sich selbst verantwortlich fühlt und nicht für das Gruppenresultat, dass einzelne Gruppenmitglieder die ganze Arbeit machen, während sich manche Schüler einfach ausklinken.

Zu 2: Individuelle Ansprechbarkeit

Dieser Schlüsselbegriff beinhaltet, dass der Lehrer oder auch Schüler jeden Mitschüler sowohl auf den eigenen Beitrag in der Gruppe, als auch auf das Ergebnis der Gruppe ansprechen kann. Das bedeutet, dass ein Schüler weiß, in welcher Form er zum Gruppenergebnis beigetragen hat. Er kann das Gruppenresultat individuell verantworten, indem er es erläutert und präsentiert. Das Gruppenresultat kann sowohl ein individuelles Endergebnis sein (alle Schüler verstehen etwas davon), als auch ein Ergebnis der ganzen Gruppe, ein gemeinschaftliches Produkt. Auch dieser Schlüsselbegriff ist kein Ziel. Er funktioniert, wie die anderen Schlüsselbegriffe, im Zusammenhang. Das Ziel des gemeinsamen Lernens ist nicht die Zusammenarbeit schlechthin, sondern die Verbesserung des Lernens der individuellen Gruppenmitglieder durch das gemeinsame Lernen. Kooperatives Lernen muss einen Zugewinn an Lernen gegenüber dem Individuellen Lernen bringen. Anders gesagt: „Was Schüler heute gemeinsam tun, können sie morgen allein."

Das heißt, als Ergebnis der Zusammenarbeit muss der einzelne Schüler eine identische oder analoge Aufgabe besser ausführen können, als vor der Periode des gemeinsamen Lernens. Die individuelle Ansprechbarkeit garantiert, dass alle Schüler durch die Zusammenarbeit besser lernen. Die individuelle Ansprechbarkeit ist eng mit der positiven gegenseitigen Abhängigkeit verbunden, beide bedingen und ergänzen einander.

Die individuelle Ansprechbarkeit wird in Unterrichtslernsituationen oft nicht realisiert. Das zeigt sich besonders dann, wenn einzelne Schüler die Rolle von Trittbrettfahrern einnehmen, die sich von den aktiven Schülern, den „Zugpferden", transportieren lassen und die Arbeitsergebnisse übernehmen, ohne dazu wirklich beigetragen zu haben. Viele Lehrer sehen darin ein großes Hemmnis bei der Einführung bzw. Handhabung von kooperativem Lernen.

Sie können sich damit nicht abfinden, wenn nur ein Teil der Gruppe zum Endergebnis beigetragen hat. Und das zu Recht! Das Trittbrettfahren führt dazu, dass sich die aktiven Schüler gegen bestimmte Gruppenzusammenstellungen wehren, weil sie keine Lust dazu haben, immer die gleichen Schüler ins Schlepptau nehmen zu müssen.

Fehlt die individuelle Ansprechbarkeit, dann wird die Passivität bestimmter Schüler ermöglicht. Also muss sie vom Lehrer planvoll gesichert werden, was auf verschiedene Art und Weise erfolgen kann.

Wir zeigen einige Möglichkeiten für das Fördern der individuellen Ansprechbarkeit in Unterrichtslernsituationen.

■ **Beispiele**

- Die Schüler werden während der Vor- und Nachbesprechungen der Aufgaben willkürlich aufgerufen. Sie wissen, dass der Lehrer jemanden anweisen wird, im Namen der Gruppe das Ergebnis zu nennen. Der Lehrer wird nach der Antwort dieses Schülers die anderen Mitglieder seiner Gruppe hinsichtlich des Ergebnisses überprüfen. Dann wird ersichtlich, ob gemeinsam gelernt wurde oder nicht.
- Die Schüler wissen, dass sie nach der Beendigung der Zusammenarbeit hinsichtlich ihres Beitrags für die Gruppe als Ganzes individuell beurteilt werden.
- Die Schüler wissen, dass sie nach Beendigung der Lektion individuell eine Prüfung oder Leistungskontrolle absolvieren müssen. (Was allerdings den Nachteil hat, dass Schüler erst weit nach Ablauf des gemeinsamen Lernens individuell angesprochen werden.)
- Schüler bekommen den Auftrag, einen Teil des Endproduktes zu präsentieren. Ein besonderer Ansporn: die Schüler erfahren erst kurz vor der Präsentation, welchen Teil des Auftrages sie präsentieren müssen.
- Lehrer achten beim Rundenlaufen auf den individuellen Beitrag der Schüler in der Gruppe. Sie geben den Schülern dazu Feedback und Unterstützung.
- Lehrer strukturieren die Aufträge derart, dass Schüler einander ihre Ergebnisse mitteilen müssen, z. B. wenn zwei Schüler innerhalb einer Vierergruppe den anderen beiden ihre Arbeitsresultate präsentieren müssen und umgekehrt.
- Der Lehrer sorgt dafür, dass jedes Mitglied der Gruppe aufgerufen wird, einer nach dem anderen. Ein Schüler darf also erst wieder antworten, wenn die anderen an der Reihe waren.
- Die Schüler arbeiten in der Gruppe mit verschiedenfarbigen Stiften. Der Lehrer kann dann sogleich sehen, wer welchen Beitrag geleistet hat.
- Die Schüler lernen erst individuell, dann in der Gruppe. Dadurch aktivieren sie ihre Vorkenntnisse und haben den anderen Gruppenmitgliedern mehr zu bieten.
- Die Schülergruppe bekommt Bonuspunkte, wenn alle Gruppenmitglieder individuell gute Arbeit liefern.
- Schüler bekommen Aufgaben oder Rollen zugewiesen. Am Ende wird darüber reflektiert, ob sie ihre Rollen gut ausgefüllt haben.

- Schüler evaluieren selbst zusammen mit den Gruppenmitgliedern, ob sie individuell einen ausreichenden Beitrag zum Endergebnis geliefert haben.

Durch die Beachtung der individuellen Ansprechbarkeit wird sichergestellt, dass jeder Schüler seinen eigenen Beitrag leistet und jeder Schüler regelmäßig „sichtbar“ wird. Das gilt sowohl für die Schüler untereinander, als auch für die Wahrnehmung des Schülers durch den Lehrer. In den meisten Fällen wirkt die individuelle Ansprechbarkeit motivierend auf die Schüler. Durch die Beachtung der individuellen Ansprechbarkeit wissen Schüler erstens, wo sie stehen (was die Ergebnisse betrifft), und das kann ihr Selbstvertrauen fördern. Zweitens wird jeder Schüler „gezwungen“, sich selbst zu befragen (in sich zu gehen), anstatt sich hinter dem Gruppenergebnis zu verstecken. Das fördert die Eigenverantwortlichkeit. Die Schüler werden dadurch nicht so schnell die Ursache für Erfolg oder Misserfolg bei anderen suchen.

Zu 3: Direkte Interaktion

Wollen Lehrer die Schüler gemeinsam arbeiten lassen, müssen sie dafür sorgen, dass diese sich direkt gegenüber sitzen. Die Faustregel hierfür lautet: „Auge in Auge, Zehe an Zehe“. Kooperatives Lernen erfordert eine direkte, das Lernen der Schüler aktivierende, Interaktion zwischen den Schülern. Die Platzanordnung ist also sehr wichtig. Sitzen drei Schüler nebeneinander, bedeutet das immer, dass einer der beiden außen Sitzenden weniger in den Austausch einbezogen ist. Um das zu verhindern, müssen die Tische so angeordnet sein, dass direkte Interaktion physisch wirklich stattfinden kann (siehe Abb. 2.3).

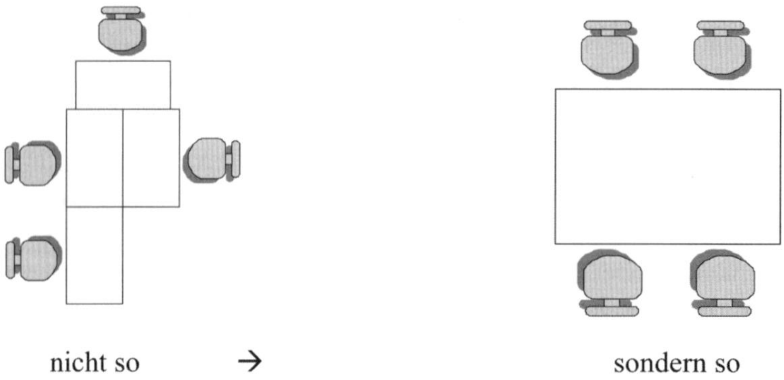

Abb. 2.3 Tischordnungen für das kooperative Lernen

Sind die Tische in einer funktionellen Anordnung positioniert, müssen die Schüler zur gegenseitigen Interaktion angehalten werden. Die positive gegenseitige Abhängigkeit und die individuelle Ansprechbarkeit bewirken das nicht allein.

Schüler müssen so gut wie möglich dazu angeregt werden, einander zu helfen, sich auszutauschen, einander zu unterstützen, einander Feedback zu geben, einander zu loben. Dazu müssen sich die Schüler Auge in Auge gegenüber sitzen. Wenn sie das nicht von selbst tun, dann muss der Lehrer entsprechende Anweisungen geben. Er kann auch Aufträge erteilen, die dazu stimulieren, miteinander zu sprechen. Diese beinhalten z. B., dass jedes Gruppenmitglied auch tatsächlich verbal einen eigenen Beitrag in der Gruppe leisten muss. Hat der Auftrag ein hohes Anforderungsniveau, das schwächere Schüler nicht bewältigen können, dann ist er nicht für heterogene Gruppen geeignet. Auch eine Zuweisung von Rollen und Funktionen kann dazu führen, dass alle Schüler in die Arbeit einbezogen werden und miteinander diskutieren.

- **Beispiele**

- *Anordnung der Tische „Auge in Auge.“* Viele Lehrer finden es lästig, nach Beginn der Stunde noch einmal die Tische in eine für den Austausch geeignete Position verschieben zu lassen. Die Erfahrung zeigt: Hat man diese Prozedur einmal mit den Schülern ausreichend trainiert, kann man ohne viel Mühe innerhalb sehr kurzer Zeit (1 bis 2 Minuten) die Reihenanordnung der Tische in eine Gruppenanordnung „Auge in Auge, Zehe an Zehe“ verwandeln.
- *Tischanordnung „solo“.* Wird mit allerlei verschiedenen Gruppierungen gearbeitet, dann ist die Grundaufstellung „solo“, d. h. einzelne Tische, angeraten. Diese Tischordnung kann jedes Mal angepasst werden.
- *Austausch zum Auftrag.* Der Auftrag „zwingt“ die Schüler zur Beratung, da eine Auswahl aus den von jedem individuell formulierten Argumenten getroffen werden muss. Jeder Schüler erarbeitet z. B. drei Argumente für oder gegen eine bestimmte These. Die Argumente werden nacheinander verglichen (Runde mit individueller Ansprechbarkeit). Die ganze Gruppe trifft eine begründete Auswahl der zwei zugkräftigsten Argumente. Jedes Gruppenmitglied kann betreffs der Argumentation angesprochen werden (individuelle Ansprechbarkeit).

Den Schülern wird durch die Interaktion klar, dass sie einander auch räumlich verbunden sein müssen, um gemeinsam lernen zu können. Die Art der Tischanordnung signalisiert und unterstützt Zusammenarbeit.

Zu 4: Soziale Fertigkeiten

Für die Zusammenarbeit sind soziale Fähigkeiten zum Umgang mit anderen Personen und für die Arbeit in kleinen Gruppen erforderlich. Das betrifft Fähigkeiten wie: einander kennen lernen und einander vertrauen, klar und deutlich kommunizieren (auch zuhören) können, einander akzeptieren und unterstützen, Probleme effektiv lösen. Nicht alle Schüler besitzen diese Fertigkeiten in ausreichendem Maße. Das gilt übrigens nicht nur für die Schüler! Die Annahme, dass diese Fertigkeiten durch das gemeinsame Lernen erworben werden, ist nicht richtig. Lassen Lehrer Schüler, welche diese Fertigkeiten nicht besitzen, in einer Gruppe zusammenarbeiten, können sie kein positives Gruppenergebnis erwarten. Die Lehrer müssen die Schüler diese Fertigkeiten lehren und zwar nicht isoliert, sondern immer gekoppelt an eine inhaltliche Aufgabe.

■ **Beispiel**

Die Fähigkeit des aktiven Zuhörens ist für viele Aufträge unabdingbar. Ist also das aktive Zuhören eine für den Erfolg eines Auftrags bestimmende Fertigkeit, muss das (neben dem Inhalt) Beachtung finden. Das bedeutet, dass der Lehrer diese Fertigkeit (Methode) einführt und sie zunächst in speziellen Unterrichtssituationen üben lässt. Danach nutzt der Lehrer diese Fertigkeit in einfachen kooperativen Lernformen. Während der Ausführung beobachtet der Lehrer, in welchem Maße die Schüler das Gelernte und Geübte beim Zuhören einsetzen können und bespricht (reflektiert) das mit der Klasse.

Im Kapitel 5 besprechen wir ausführlich das Trainieren von sozialen Fähigkeiten im Unterricht. Durch die Thematisierung und das Üben sozialer Fähigkeiten wird den Schülern deutlich, dass sie gemeinsam lernen können, dass es wertvoll ist, in einer freundlichen Art und Weise mit ihren Mitschülern umzugehen und dass sie auch etwas für und über sich selbst lernen, wenn sie miteinander lernen.

Zu 5: Aufmerksamkeit für den Gruppenprozess

Der fünfte Schlüsselbegriff beinhaltet: Lehrer müssen regelmäßig beachten, in welcher Weise die Gruppe gemeinsam gelernt hat, also dem Gruppenprozess beim gemeinsamen Lernen Beachtung schenken. Der Lehrer geht so vor: Gruppenmitglieder besprechen (zunächst regelmäßig unter Leitung des Lehrers) miteinander, wie gut sie ihre Ziele erreicht haben und was ein jeder dazu beigetragen hat. Das ist meistens Reflexion in zweierlei Hinsicht:

1 Welche Aktivitäten von verschiedenen Gruppenmitgliedern scheinen hilfreich, welche weniger hilfreich für die Ausführung des Gruppenauftrages?

2 Welche Schlussfolgerungen ergeben sich daraus für das nächste Mal, wenn in der Gruppe gemeinsam gelernt werden muss?

Durch diese Reflexion, die laut denkend erfolgen muss, werden sich die Schüler mehr ihres eigenen Beitrages und des Beitrages ihrer Mitschüler bewusst und sie lernen zu erkennen, wie kooperatives Lernen funktioniert. Das ist für kommende Situationen, in denen sie wieder gemeinsam etwas erarbeiten, von Bedeutung.

Für den Lehrer bedeutet dieser Schlüsselbegriff, dass er regelmäßig Gemeinschaftsaufträge nachbesprechen muss. Das ist auf zwei verschiedenen Wegen möglich. Entweder kann der Auftrag hinsichtlich des Inhaltes besprochen werden, was in der Unterrichtspraxis gebräuchlich ist. Aber der Lehrer kann auch (wenn auch nur kurz oder hin und wieder) besprechen, in welcher Weise die Zusammenarbeit in der Gruppe organisiert wurde. Auf die verschiedenen Möglichkeiten des Nachbesprechens gehen wir in den Kapiteln 5 und 6 näher ein.

■ **Beispiel**

Nachdem die Aufgaben besprochen worden sind, bittet der Lehrer die Schüler der 1d, ihrer Gruppe eine Note zwischen 0 und 6 für die Qualität der Zusammenarbeit zu geben. Er erfragt diese Noten nach einiger Zeit und lässt immer den jeweiligen Schüler eine kurze Erklärung dazu abgeben. „Eine 1 oder 2", meldet Alfred, „Rebecca hat eigentlich nicht mitgemacht und Mike hat die ganze Zeit seine Antwort reingerufen." „Wenn du eine solch gute Note gibst, möchte ich hören, was dann eigentlich gut gegangen ist", reagiert der Lehrer, „denk darüber nach!" Innerhalb von drei Minuten ist die Runde durch die Klasse gemacht.

Durch die Beachtung der Gruppenprozesse wird den Schülern klar, dass diese nicht einfach von selbst ablaufen. Die Schüler erkennen, dass es Gründe gibt, warum ein Gruppenprozess so oder anders verläuft. Dadurch verstehen sie den Prozess des gemeinsamen Lernens und erkennen die Art und Weise, in der die verschiedenen Gruppenmitglieder dazu beigetragen haben. Sie können gute Vorsätze für das Verbessern des gemeinsamen Lernens entwickeln.

Zwei weitere Schlüsselbegriffe für kooperatives Lernen

Man kann Schlüsselbegriffe für das gemeinsame Lernen auch aus einer anderen Sicht betrachten. Im zweiten Hintergrundkapitel berichten wir über eine große Anzahl von Untersuchungsergebnissen. Wir haben daraus zwei Schlussfolgerungen gezogen, die direkt an die fünf Schlüsselbegriffe anschließen.

- Aus Untersuchungen geht hervor, dass Schüler bei Aufgaben, die nur eine mögliche Lösung (Fakten, Algorithmen) haben, dann besonders erfolgreich sind, wenn das Herangehen gut strukturiert ist. Ein gut gegliedertes Vorgehen ist signifikant besser als ein ungegliedertes, besonders beim Einprägen von Fakten.

Hieraus schlussfolgern wir, dass ein gut gegliedertes Vorgehen effektiv für das Lernen auf niedrigem Niveau ist, also für die Lernaktivitäten „Behalten" und „Verstehen". Für die Lehrer bedeutet das eine klare Instruktion mit wenig Gestaltungsspielraum für die Schüler.

- Untersuchungen haben gezeigt, dass ein weniger gegliedertes Vorgehen für die Entwicklung des Lernens auf hohem Niveau effektiv ist. Das wenig strukturierte Vorgehen führt aber zu schlechteren Erinnerungsleistungen (siehe die erste Schlussfolgerung). Schüler, welche die Möglichkeit bekommen, selbst eine Arbeitsmethode zu entwickeln, erzielen bessere Leistungen als Schüler, welche die Schritte in einer bestimmten Reihenfolge vornehmen müssen. Zu viel Struktur für einen Auftrag scheint beim Lernen auf hohem Niveau nicht funktionell zu sein, weil diese die auf das Konzept gerichtete Interaktion bremst. Die Produktion einer Gruppe ist beim Lernen auf hohem Niveau also größer, wenn viel aufgabenzentrierte Interaktion stattfindet.

Hieraus schließen wir, dass das Stimulieren von aufgabengezielter Interaktion für das Lernen auf hohem Niveau effektiv ist, also für die Lernaktivitäten „Integrieren" und „Kreativ anwenden". Für Lehrer bedeutet das eine Vorgehensweise, bei der viel zur Interaktion angeregt werden muss, z. B. den Schülern der Gruppe Rollen zuweisen, die sie zur Mitarbeit stimulieren.

Diese beiden Ergebnisse stellen eine Ergänzung zu den fünf Schlüsselbegriffen dar. Die Konsequenz aus den zuvor genannten Ergebnissen ist: Die „Individuelle Ansprechbarkeit" und die „Positive gegenseitige Abhängigkeit" können beim Lernen auf niedrigem Niveau hauptsächlich vom Lehrer strukturiert werden. Beim Lernen auf hohem Niveau wird der Lehrer den Schülern sichtlich mehr Freiraum für das Bewältigen intensiver Interaktionen (wie Diskussionen) geben müssen. Das bedeutet, dass den Schlüsselbegriffen 4 und 5 viel Beachtung geschenkt werden muss, da von den Schülern mehr Initiative gefordert wird. Der Schlüsselbegriff „Direkte Interaktion" bleibt in beiden Fällen von Bedeutung.

Zusammenfassung

Wir zählen die fünf Schlüsselbegriffe nochmals in Form von Empfehlungen für Lehrer auf:

1 Der Lehrer formuliert den Auftrag so, dass die Schüler für das Erzielen eines guten Ergebnisses einander brauchen. Dafür kann er verschiedene Strukturen kooperativen Lernens nutzen, das Ziel entsprechend formulieren, Rollen zuteilen, spezifisches Material bereitstellen oder die Gruppe als Ganzes (positive gegenseitige Abhängigkeit) belohnen und bewerten. Der Lehrer macht alle Schüler ansprechbar zu ihrem eigenen Beitrag zur Gruppe und zum ganzen Gruppenresultat. Das erfordert vom Lehrer gezielte Aktionen (individuelle Ansprechbarkeit).

2 Der Lehrer sorgt dafür, dass der Inhalt des Auftrages zur Interaktion einlädt, dass die Tischanordnung die Interaktion fördert (direkte Interaktion).

3 Der Lehrer schenkt der Entwicklung der sozialen Fertigkeiten, welche die Schüler für die Erfüllung des Auftrages benötigen, viel Beachtung. Für Aufgaben, die Lernen auf hohem Niveau erfordern oder für längere Aufgaben ist das wesentlich wichtiger als für Aufgaben, welche das Lernen auf niedrigem Niveau verlangen bzw. für kürzere Aufgaben (Entwickeln von sozialen Fertigkeiten).

4 Der Lehrer sorgt dafür, dass beim kooperativen Lernen nicht nur regelmäßig zum Inhalt, sondern auch zu der Art der Zusammenarbeit reflektiert wird. Das ist besonders dann wichtig, wenn der Lehrer will, dass die Schüler selbstständiger miteinander lernen (Beachtung des Gruppenprozesses).

3 Organisation in der Klasse beim kooperativen Lernen

3.1 Gruppenbildung beim kooperativen Lernen

3.2 Gruppenregeln

3.3 Aufgaben (Funktionen) und Rollen

3.4 Empfehlungen für die Einrichtung des Klassenraumes

> „Sobald Schüler regelmäßig gemeinsam in Gruppen (größer als zwei) lernen, wird sich die Einrichtung des Klassenraumes verändern."
> *(Zitat aus diesem Kapitel)*

Das Einführen des kooperativen Lernens in den Unterricht verlangt vom Lehrer einige Eingriffe in die Organisation der Lernsituation. Ohne diese Eingriffe kann sich die Zusammenarbeit ganz schnell zum bereits erwähnten „Zusammen Sitzen" entwickeln, was Lärm, Trittbrettfahren bestimmter Schüler, geringe oder gar keine Steigerung des Lernertrags zur Folge haben kann. Eine der wichtigsten Empfehlungen in diesem Kapitel lautet deshalb: Bei der Einführung von kooperativem Lernen wird von den Lehrer erwartet, dass sie den Schülern Rahmenbedingungen anbieten, innerhalb derer das gemeinsame Lernen für alle Schüler effektiv ist. Der Freiraum für die Schüler wird durch die vom Lehrer geschaffenen Lernumgebung bestimmt. Haben Lehrer und Schüler wenig Erfahrung mit dem kooperativen Lernen, muss man die Rahmenbedingungen besonders am Anfang genau definieren. Haben der Lehrer und die Klasse reichlich Erfahrung mit erfolgreichem kooperativen Lernen, dann kann der Lehrer den Schülern (innerhalb einer bestimmten Frist) mehr Freiheit zugestehen, weil die Schüler dann in der Lage sein sollten, ihr eigenes Lernen gemeinsam zu organisieren. Dieser Gedanke schließt direkt an unsere Worte in der Einleitung an, dass Steuerung durch den Lehrer die Voraussetzungen für ein gutes Lernklima schafft. Das gilt auch bei der Einführung von kooperativem Lernen.

In diesem Kapitel stellen wir eine große Anzahl von Anweisungen vor, welche für die Lehrer hilfreich bei der Gestaltung des kooperativen Lernens in ihrem Unterricht waren. Es ist nicht beabsichtigt, dass diese Anweisungen blindlings und vollständig befolgt werden müssen. Aber sie können bei der Festlegung der Rahmenbedingungen (vor oder während) des kooperativen Lernens hilfreich sein. Wir besprechen im Kapitel 3.1 die Gruppenbildung, im Kapitel 3.2 die Gruppenregeln, im Kapitel 3.3 die Aufgaben und Rollen beim kooperativen Lernen, im Kapitel 3.4 die Einrichtung des Klassenraumes. Danach erfolgt eine Zusammenfassung in Form von Empfehlungen für Lehrer.

3.1 Gruppenbildung beim kooperativen Lernen

Gruppen können auf verschiedene Weise zusammengestellt werden. Es ist günstig, wenn sich der Lehrer aus bestimmten Gründen bereits vor dem Bilden der Gruppen für eine bestimmte Art der Gruppenbildung bewusst entschieden hat. Wir gehen davon aus, dass der Lehrer in erster Instanz großen Einfluss auf die Zusammenstellung der Gruppen hat, auch wenn er festlegt, dass die Schüler selbst wählen dürfen. Bei freier Gruppenwahl bleiben fast immer ein paar Schüler übrig oder die Schüler wollen aus nicht auf das Lernen gezielten Gründen eine Gruppe bilden. Dies steht im Gegensatz zu den Zielen und Prinzipien des kooperativen Lernens. Möchte ein Lehrer, dass Schüler gemeinsam lernen, muss jeder Schüler in einer Gruppe mitarbeiten.

■ **Beispiel von Marco**

Die Klasse übt heute Morgen in Vorbereitung auf eine Prüfung das Anlegen verschiedener Verbände. Während der Prüfung dürfen sie diese Fähigkeit mit einem Schulkameraden demonstrieren. Der Lehrer will also, dass sie zusammen arbeiten. Während der Stunde üben sie jeweils mit einem Freund, weil dadurch bald eine sichere Übungssituation entsteht. Marco ist das schwarze Schaf in der Klasse. Die Schüler empfinden ihn als Besserwisser und verhehlen das auch nicht. Auch durch sein Verhalten eckt Marco an. Der Lehrer kann sich also gut vorstellen, warum keiner ihn in seiner Gruppe haben möchte. Als die Tandems einander aufsuchen, gibt es ein Problem. Marcos Partner hat sich einem anderen Tandem angeschlossen. Zehn Minuten lang ist die Situation unklar. Der Lehrer ist emsig mit dem Verteilen des Materials und Beantworten von Fragen beschäftigt. Marco hängt ein bisschen in der Nähe seines „alten“ Partners herum und schlendert dann hinter dem Lehrer her, ohne sein Problem wirklich auszusprechen. Als der Lehrer etwas zur Ruhe gekommen ist, fällt ihm Marco auf. Er nimmt ihn mit zum „alten“ Partner und fragt, was los ist. Es gibt wenig Verhandlungsspielraum. Letztendlich macht Marco als Dritter bei einem Tandem mit, bleibt damit aber das fünfte Rad am Wagen.

Aus dem Beispiel geht hervor, wie wichtig es ist, dass der Lehrer große Unterschiede zwischen den Schülern auffängt. Marco, wie im Beispiel beschrieben, hat wenig sozialen Fertigkeiten. Daran muss systematisch in Kooperation aller Lehrer gearbeitet werden, regelmäßiger und häufiger Partner- und Gruppenwechsel sind darüber hinaus für ihn empfehlenswert. Ein fester Kumpel für Marco wäre eher hinderlich für seinen Lernprozess und das Entstehen eines guten Lernklimas in der Klasse.

Wenn Lehrer die Schüler selbst Gruppen bilden lassen, dann kann es passieren, dass sich auch Schüler in Gruppen zusammenfinden, die übrig geblieben sind. In diesem Fall sollte der Lehrer alle Schüler dazu auffordern, neue Gruppen zu bilden, um keinen Schüler auszugrenzen. So wird schließlich jeder der Schüler in eine Gruppe integriert.

3.1.1 Drei Arten der Gruppenbildung

Der Lehrer kann die Gruppen auf dreierlei Art zusammenstellen.

1 Informelle Gruppen

Informelle Gruppen sind Gruppen, die vom Lehrer nur für kurze Zeit und weniger komplexe Aufgaben gebildet werden.

Durch die Bildung informeller Gruppen, die aus zwei bis drei Schülern bestehen, können die Schüler schnell zusammenarbeiten. Dabei kommen die drei Schlüsselbegriffe positive gegenseitige Anhängigkeit, individuelle Ansprechbarkeit und direkte Interaktion besonders zur Geltung. Die übrigen Schlüsselbegriffe „Soziale Fertigkeiten“ und „Beachtung der Gruppenprozesse“ spielen nur eine geringe Rolle. Die Stärke dieser Art der Gruppenbildung liegt in der vom Lehrer vorgegebenen Struktur. Insbesondere arbeiten Lehrer, welche noch wenig Erfahrung mit dem kooperativen Lernen haben, mit dieser Form.

■ **Beispiel**

Die 6c ist eine ausgesprochen schwierige Klasse, lärmend, wenig konzentriert. Der Umgang miteinander ist durch zahlreiche unfreundliche Bemerkungen gekennzeichnet. Die Schüler sitzen zu zweit. Diese Tischordnung ist in vielen Schulen Standard und wird von vielen Lehrern gewohnheitsmäßig eingesetzt. Der Lehrer arbeitet bewusst mit Tandems. Er wählt diese kleinen Gruppen, weil in größeren Gruppen immer Streit entsteht, in jedem Fall mehr Lärm und Trubel als gewünscht. Jedoch bemerkt der Lehrer kaum einen Lerneffekt in den kleinen Gruppen. Mit einigen Tandems hat er keine Probleme. Es gibt aber ein paar Tandems, die kaum etwas tun, die ständig aktiviert werden müssen. Einige Schüler hat er auseinandergesetzt, sie müssen allein arbeiten. Von dem Anliegen gemeinsam zu arbeiten bleibt so wenig übrig.

Eine genauere Beobachtung ergibt, dass durch die Klasse eine strikte Trennlinie zwischen Jungen und Mädchen verläuft. Der Lehrer hat die Schüler selbst bestimmen lassen, neben wem sie sitzen wollen. Dabei waren natürlich „Geselligkeit“ und Sympathie wichtige Auswahlkriterien. Wenn man kooperatives Lernen trainieren will, dann ist diese Konstellation kein geeigneter Ausgangspunkt. Die Schüler arbeiten nicht an ihrem Lernverhalten und ihren sozialen Fähigkeiten. Im Gegenteil, sie verstärken mitunter schwieriges Verhalten noch. Hier wäre es besser, die Sympathie-Gruppen aufzulösen und Tandems zu bilden, deren Zusammenstellung erfolgreicheres Arbeiten ermöglicht.

■ **Beispiel**

In der 9. Klasse einer Realschule lässt der Lehrer die Schüler selbst Gruppen bilden. Er gibt keine Kriterien vor. Es entstehen folgende Gruppen: vier blonde Mädchen, vier Mädchen, die ein Kopftuch tragen, sechs Mädchen von den Antillen, drei türkische Jungen, ein Junge und ein Mädchen bleiben übrig.

2 Aufgabengruppen

Das Bilden von Arbeitsgruppen ist eine erweiterte Form des gemeinsamen Lernens. Bei diesen Gruppen legt der Lehrer die Zusammensetzung für eine längere Zeit fest. Es ist möglich, dass die Schüler die Gruppen selbst zusammenstellen, jedoch greift der Lehrer korrigierend ein. Die Arbeitsgruppe bleibt bestehen, bis der Auftrag erfüllt ist. Das kann einige Unterrichtsstunden, aber auch bis zu einigen Wochen dauern. Es ist selbstverständlich, dass der Lehrer gleichzeitig dem sozialen Aspekt und der Herausbildung der sozialen Fertigkeiten sowie der inhaltlichen Arbeit der Aufgabengruppen Beachtung schenken muss.

■ **Beispiel**

Eine erste Klasse kommt in den Klassenraum, in dem Zweiertische in der bekannten Anordnung stehen. Der Lehrer steht an der Tür und lässt jeden Schüler ein Los in einer bestimmten Farbe ziehen. Damit werden ohne Diskussionen und innerhalb von drei Minuten Arbeitsgruppen gebildet. Schüler mit der gleichen Losfarbe bearbeiten gemeinsam eine Aufgabe.

■ **Beispiel**

Während der Sportstunde müssen die Schüler jeweils zu zweit eine Serie von Übungen durchführen. Die Reihenfolge und die Zeit pro Einzelübung sind freigestellt. Jeder Schüler muss jedoch alle Übungen in dieser Stunde absolvieren. Für jede Übung gibt es eine Anzahl von Regeln. Die Schüler dürfen selbst noch Regeln hinzufügen.

3 Feste Gruppen (Basisgruppen)

Manche Lehrer oder Schulen wählen feste Gruppen für ihre Unterrichtslernsituation. Sie zeigen damit, dass sie kooperatives Lernen zum festen Prinzip machen. Wichtiges Ziel hierbei ist neben dem effektiven Lernen der Schüler auch die Entwicklung des kooperativen Lernens durch die Schüler. Im zweiten Hintergrundkapitel bezeichnen wir das als „Realisieren der Gleichberechtigung der Schüler“. Schüler lernen im Prinzip in einer festen Gruppe, in ihrer Basisgruppe, auch Stammgruppe oder Tischgruppe genannt. Die Gruppenformen können natürlich zeitweilig verändert werden, wenn es für den entsprechenden Auftrag funktionell ist. Dann können homogene oder heterogene, informelle oder Expertengruppen gebildet werden. Oder es wird individuell gelernt. Die sozialen Fertigkeiten werden in der Regel in der Basisgruppe geübt und reflektiert.

Schulen, die nach diesem Modell arbeiten, legen oft in einer Vereinbarung fest, dass Schüler etwa 30% der Zeit in den Basisgruppen arbeiten, 30 bis 40% der Zeit in der Klasse als Ganzes mit Lernstoffdarlegungen, direkten Instruktionen oder Dialogen zubringen und 30 bis 40% der Zeit in anderen Lernformen tätig sind. Fast immer werden heterogene Basisgruppen bevorzugt, z. B. heterogen, was die Lernvoraussetzungen, das Geschlecht oder die soziale Herkunft betrifft.

Wir können aus Erfahrung sagen, dass Basisgruppen nicht von Anfang an die ganze Zeit zusammenarbeiten sollten. Das treffen wir aber oft im Unterricht an. Das Bestreben sollte in der Anfangszeit dahin gehen, dass die Schüler der Basisgruppe auch die Möglichkeit für die Herausbildung der erforderlichen sozialen Fertigkeiten bekommen. Dafür sind wechselnde Gruppenzusammensetzungen sinnvoll und förderlich.

3.1.2 Homogen oder heterogen gruppieren

Im Regelfall stellt der Lehrer die Gruppen zusammen oder übt großen Einfluss auf die Gruppenzusammenstellung aus (evtl. auch, indem er nichts tut). Er entscheidet auf der Basis bestimmter Überlegungen darüber, ob er heterogene oder homogene Gruppen bilden lässt.

Homogen gruppieren

Homogen gruppieren bedeutet: Die Schüler werden hinsichtlich eines identischen Merkmals (z. B. Geschlecht, Lernniveau, Lernstil, Freundschaft) zusammengesetzt. Wenn Schüler selbst wählen dürfen, lassen sie sich von Urteilen lenken wie: „Die finde ich nett", „Mit ihr kann ich gut lernen", oder „Ich will in seine Gruppe, weil ich dann Spaß habe und nicht zu lernen brauche". Ein Vorteil dieser von Schülern selbst zusammengestellten Gruppen besteht darin, dass sie sich gut gegenseitig unterstützen, wenn Schwierigkeiten zu überwinden sind. Ein möglicher Nachteil ist die Gefahr der Ablenkung in diesen oft geselligen Runden. Ein weiterer entscheidender Nachteil besteht darin, dass sozial starke Schüler und Meinungsführer im Vorteil sind und schwächere Schüler sich benachteiligt und abgewiesen fühlen. Ihre ganze Energie gilt dann dem Durchhalten und nicht dem Lernen. Es gibt auch immer eine oder zwei Gruppen, deren Zusammenarbeit wenig effektiv ist, weil die Schüler sich aus anderen Gründen füreinander entschieden haben. Diese erfordern dann besondere Beachtung und Begleitung durch den Lehrer.

Heterogen gruppieren

Heterogen gruppieren bedeutet: Das Kriterium für die Gruppenzusammensetzung sind Unterschiede von Merkmalen und Eigenschaften der Schüler.

Wenn z. B. leistungsstärkere und leistungsschwächere Schüler zusammen arbeiten, dann lernen sie mit- und voneinander, wobei auch der leistungsstärkere Schüler effektiv lernt, weil er den Stoff erklären muss.

Wenn Jungen und Mädchen zusammen sitzen, dann lernen sie, wie man (Hemm-) Schwellen überwindet und mit „dem anderen Geschlecht" zusammenarbeitet.

Wenn Schüler unterschiedlicher sozialer oder unterschiedlicher ethnischer Herkunft zusammen sitzen, dann entwickeln sie ein Verständnis füreinander und es werden Integration, Akzeptanz und Toleranz entwickelt.

Die Bildung heterogener Gruppen basiert auf dem Prinzip, dass alle Schüler mit allen Schülern der Klasse zusammenarbeiten können müssen.

Heterogene Gruppen werden meistens vom Lehrer zusammengestellt (Schüler haben oft andere Beweggründe für die Bildung ihrer Gruppen). Aus Untersuchungsergebnissen geht hervor, dass für ein effektives Lernen der Schüler Unterschiede in den Gruppen vorhanden sein müssen. Den heterogen zusammengesetzten Gruppen wird deshalb der Vorzug gegeben. Ein Vorteil dieser Gruppierungsform besteht darin, dass die Zusammensetzung innerhalb der Gruppen ausgewogener ist, also z. B. leistungsstärkere und leistungsschwächere Schüler über die Gruppen verteilt sind. Ein Nachteil besteht darin, dass Schüler miteinander arbeiten sollen, die einander freiwillig nicht gewählt hätten. Hier muss der Lehrer begleiten und den sozialen Fertigkeiten und Gruppenprozessen viel Beachtung schenken, seine Rolle wird sehr viel wichtiger. Beim Arbeiten in heterogenen Gruppen wird von Lehrern und Schülern mehr verlangt. Wird diese Gruppierungsform adäquat angewendet, dann kann das Unterrichtsziel „Gleichberechtigung" auch wirklich erreicht werden. Voraussetzung dafür ist, dass der Lehrer (oder besser die Schule) sich bewusst dafür entscheiden und planmäßig vorgehen muss (weitere Informationen dazu im Hintergrundkapitel 2).

Zwischenform, Variation

In der täglichen Praxis wenden Lehrer oft Zwischenformen an. Tandems können eine Form von homogener Zusammenarbeit beim kooperativen Lernen sein, die mühelos gebildet werden können, aber eine wichtige Unterstützung bei der Bearbeitung von Aufträgen sind. Nicht immer muss die Heterogenität der Gruppe stark strukturiert werden.

■ Beispiel

Die Schüler arbeiten pro Thema in Vierergruppen. Der Lehrer stellt die Gruppen zusammen, indem er Unterschiede und Gemeinsamkeiten berücksichtigt: nicht allzu unterschiedliche, aber auch nicht nur befreundete Schüler in einer Gruppe. Es wird am Basisstoff gearbeitet. Die Schüler sitzen zwar zu viert beieinander, aber sie arbeiten nicht alle simultan. Sie arbeiten am gleichen Lerngegenstand, sind aber mit unterschiedlichen Stellen im Stoff beschäftigt. Der Lehrer hat eine Regel festgelegt: Der Gruppenleiter, ein wöchentlich wechselndes Amt innerhalb der Basisgruppe, behält im Auge, wie weit jeder gekommen ist und meldet das zu Beginn jeder Stunde dem Lehrer. Fragen dazu oder Probleme werden gemeinsam gelöst. Der Lehrer hilft nur, wenn die Gruppe das Problem nicht aus eigener Kraft lösen kann. Immer wieder sagt er zur Klasse: „Nur was ihr einem anderen erklären könnt, habt ihr richtig verstanden."

Zwei Faustregeln können dem Lehrer beim Zusammenstellen der Gruppen helfen:

1 Eine heterogene Gruppierung funktioniert am besten bei der Erarbeitung von Basisstoff, weil dieser von allen Schülern beherrscht werden muss. Homogene Gruppierung funktioniert am besten bei Wahlthemen. Gerade hierbei müssen Schüler mit gleichem Interesse, Lernstil oder Lernniveau zusammenarbeiten.

2 Es ist wichtig, am Anfang die Zusammensetzung der Gruppen regelmäßig zu verändern. Das Handhaben verschiedener Lernformen hat im allgemeinen Vorteile: Die Schüler lernen z. B. zunächst individuell, etwas später in selbst gebildeten Gruppen (Gruppen nach eigener Wahl) und danach bespricht der Lehrer die Antworten (Lösungen) mit allen Schülern in einem Unterrichtslerngespräch. Einen Tag später lernen die Schüler in einer vom Lehrer zusammengestellten Gruppe, weil es dann um die vertiefende Arbeit am Lernstoffkern geht.

■ **Beispiele für Möglichkeiten des heterogenen Gruppierens:**

- *Zufall:* Heterogene Gruppen können nach den Zufallsprinzip gebildet werden. Beispiele für Auswahlkriterien: In jeweils einer Gruppe arbeiten Schüler mit der gleichen Schuhgröße, dem gleichen Geburtsmonat oder der gleichen Farbe ihrer Pullover bzw. Socken zusammen.
- *Übersicht:* Wenn der Lehrer neue Gruppen bilden lässt, kann er eine Übersicht anfertigen, in welche die Schüler selbst eintragen, mit wem sie zusammengearbeitet haben (z. B. indem er die Gruppenmitglieder in der entsprechenden Spalte unterschreiben lässt.) Es kann dann als Regel festgelegt werden, dass jeder innerhalb von 6 Wochen mit mindestens vier anderen Schülern zusammengearbeitet haben muss. Ab und zu kann dieser Gruppenwechsel reflektiert werden.
- *Rangordnung.* Wenn ein Lehrer die Gruppeneinteilung nach fachlichen Prinzipien gestalten will, geht er am besten nach der Einteilung in Abb. 3.1 vor. Der Lehrer ordnet dazu die Schüler in eine für dieses Thema geeignete Rangordnung von hohem nach niedrigem Niveau, z. B. aufgrund früher erzielter Zensuren in Klassenarbeiten. Als nächstes ordnet er jedem Schüler von oben nach unten jeweils einen Buchstaben zu (alphabetisch von A bis F und alpha-

betisch rückwärts von F bis A, dann wieder vorwärts von A bis F usw., bis alle Schüler bedacht sind). Dann bilden alle „A-Schüler", alle „B-Schüler" usw. jeweils eine Gruppe. Dieses System garantiert eine gerechte Verteilung von leistungsstärkeren und leistungsschwächeren Schülern in allen Gruppen.

	Rangfolge	Gruppenbuchstabe
Schüler mit hohem Leistungsvermögen	1	A
	2	B
	3	C
	4	D
	5	E
	6	F
Schüler mit mittlerem Leistungsvermögen	7	F
	8	E
	9	D
	10	C
	11	B
	12	A
	13	A
	14	B
	15	C
	16	D
	17	E
	18	F
Schüler mit niedrigem Leistungsvermögen	19	F
	20	E
	21	D
	22	C
	23	B
	24	A

Abb. 3.1 Heterogenes Gruppieren nach Niveau

3.1.3 Gruppengröße

Beim kooperativen Lernen besteht eine Gruppe meist aus zwei bis fünf Schülern. Am besten sind Vierergruppen, aber auch Zweiergruppen können besonders im Sprachunterricht sehr zweckmäßig sein. Bei Dreier- oder Fünfergruppen besteht die Gefahr, dass ein Schüler außen vor bleibt. Beim Aufstellen der Gruppen müssen einige Überlegungen berücksichtigt werden (siehe Abb. 3.2).

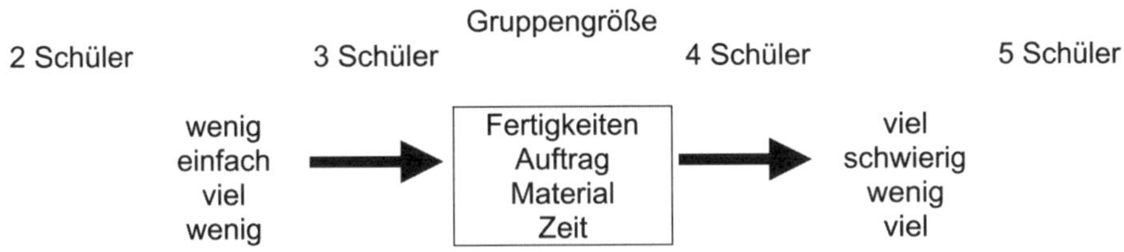

Abb. 3.2 Überlegungen bei der Gruppengröße

Wir werden die verschiedenen Überlegungen im Folgenden kurz beleuchten:

- Haben Schüler und Lehrer wenig Erfahrung mit dem kooperativen Lernen, dann ist die Arbeit mit kleinen Gruppen einfacher als mit großen. Es sollten maximal Dreiergruppen sein.
- Schwierige Aufgaben lassen sich oft einfacher in einer großen Gruppe lösen, weil diese mehr Ideen entwickelt und es mehr Aufgaben zum Verteilen gibt. Eine kleinere Gruppe fährt sich leichter fest, findet keinen Ausweg mehr. Allerdings sollten bei der Bearbeitung von schwierigen Aufgaben sowohl die Schüler, als auch der Lehrer Erfahrungen mit dem kooperativen Lernen haben.
- Falls wenig Material für die gesamte Klasse zur Verfügung steht, ist es besser, mit größeren Gruppen zu arbeiten. Die Mitglieder der größeren Gruppen können das Material dann untereinander verteilen und bei Bedarf einer beim anderen studieren (siehe auch die Zusammenarbeitsstruktur „Expertenpuzzle" im Kapitel 4).
- Steht wenig Zeit zur Verfügung, dann ist eine größere Gruppe ungünstig, weil es z. B. wegen der gegenseitigen Absprachen etwas dauert, bevor die Gruppe in Gang kommt und mit dem Lernen beginnt. Dann ist es zweckmäßiger, Zweier- oder Dreiergruppen zu bilden.

Aus der Abbildung 3.2 wird ersichtlich, dass wir den mit dem kooperativen Lernen beginnenden Lehrer empfehlen, zunächst kleine Gruppen zusammenzustellen, die für eine kürzere Zeit zusammenarbeiten. Das kann z. B. während 10 bis 20 Minuten innerhalb einer Unterrichtslernsituation geschehen. Das werden oft informelle, homogenere Gruppen sein, was die Zusammensetzung betrifft. Es sollte aber die Grundregel gelten, dass *alle* Schüler mit anderen Schülern zusammen lernen. Es dürfen keine Schüler individuell lernen. Nachdem der Lehrer Erfahrungen gesammelt hat, kann er größere Gruppen bilden, die Dauer der Zusammenarbeit verlängern bzw. die Zusammensetzung der Gruppen heterogener gestalten. Das kooperative Lernen wird auf diese Weise zu einer Struktur, die sowohl dem Lehrer, als auch den Schülern genügend Zeit gibt, sich an diese Lernform zu gewöhnen und sie effektiv zu gestalten.

3.2 Regeln in der Gruppe

Bei der Einführung von kooperativem Lernen ist es günstig, eine Auswahl an Grundregeln einzuführen. Der Lehrer hat verschiedene Möglichkeiten, diese dem Schüler klar zu machen. Wir werden zwei erläutern.

Einerseits kann der Lehrer die Regeln selbst festlegen und diese danach an die Schüler weitergeben. Während des Lernprozesses kann er diese den Schülern eingehender verdeutlichen und mit Beispielen illustrieren.

Andererseits kann der Lehrer die Regeln auch gemeinsam mit den Schülern aufstellen. Wenn ein Lehrer das möchte (ein großer Vorteil dieses Vorgehens ist, dass die Schüler dann wissen, warum die Regeln bestehen), kann er dazu eine wie in Abb. 3.3 dargestellte T-Karte verwenden. Die T-Karte besteht aus zwei Spalten, in welche die Schüler (und der Lehrer) eintragen müssen, was sie während des gemeinsamen Arbeitens in der Klasse hören und sehen, was ihnen auffällt. Die T-Karte zwingt Schüler und Lehrer, konkretes Verhalten zu beschreiben.

Die Schüler füllen die T-Karte zunächst in kleineren Gruppen aus. Danach inventarisiert der Lehrer die unterschiedlichen, aus den Gruppen erhaltenen Informationen. Auf der Basis dieser Aussagen legt der Lehrer mit der Klasse die Regeln fest, wobei der Lehrer das Entscheidungsrecht behält, die Schüler aber Mitgestalter sind und sich deswegen besser an die Regeln halten.

Beim Ausfüllen gelten drei Richtlinien:

Die Verhaltensweisen müssen konkret wahrnehmbar (also kontrollierbar) sein, die Verhaltensweisen müssen positiv formuliert werden (nicht: „Keiner darf laut sein“, sondern „In den Gruppen wird leise miteinander gesprochen“). Schließlich darf nur eine begrenzte Anzahl von Regeln aufgestellt werden (Fünf bis sieben Regeln können meistens gut beachtet werden).

Natürlich kann man zunächst mit einer kleineren Auswahl an Regeln beginnen und diese später erweitern und, falls erforderlich, die eine oder andere Regel abschaffen, weil das geregelte Verhalten selbstverständlich geworden ist oder manche Regel nicht mehr zweckmäßig ist.

Viele Lehrer haben übrigens die Erfahrung gemacht, dass es auch möglich ist, erst mit dem Zusammenarbeiten zu beginnen und dann die Regeln stets eindeutiger zu formulieren, um die Schüler für das gemeinsame Lernen zu stimulieren. In Abb. 3.3 zeigen wir eine T-Karte, die ein Lehrer gemeinsam mit seinen Schülern zum Thema kooperatives Lernen ausgefüllt hat.

Kooperatives Lernen	
Was man sieht	Was man hört
• Jeder Schüler bleibt in der eigenen Gruppe und läuft nicht zu anderen Gruppen. • Der Lehrer hilft nur der gesamten Gruppe, nicht einem einzelnen Schüler. • Alle schauen den Schüler an, der das Wort hat. • Keiner sitzt einzeln. • Die Schüler warten nicht, bis Hilfe kommt, sondern arbeiten dann an etwas anderem.	• In jeder Gruppe ist immer nur eine Stimme zu hören. • Die Schüler sprechen mit leiser Stimme. • Ein Schüler bittet im Namen der gesamten Gruppe den Lehrer um Hilfe. • Jedes Gruppenmitglied kann das Ergebnis vorstellen.

Abb. 3.3 Eine ausgefüllte T-Karte

Auf der Grundlage dieser ausgefüllten T-Karte hat der Lehrer einige Regeln festgelegt.

1	Bleibt in eurer Gruppe.
2	Versucht ein Problem zunächst in der Gruppe zu lösen, bevor ihr den Lehrer um Hilfe bittet.
3	Jeder hört zu, wenn ein anderer spricht.
4	Ermuntert euch in den Gruppen gegenseitig zur Mitarbeit.
5	Überprüft, ob jeder in der Gruppe das Gruppenergebnis erläutern kann.
6	Sprecht leise.

Abb. 3.4 Beispiele von Regeln für kooperatives Lernen in der Klasse

Die letztgenannte Regel bezüglich der Stimmlage bzw. der Lautstärke einer Gruppe kann der Lehrer mit den Schülern erweitern. Die Erfahrung hat gezeigt, dass das gemeinsame Lernen manchmal zu einer unakzeptablen Unruhe in einer Gruppe führen kann. Dem gegenüber steht die Tatsache, dass der überwiegende Teil der Schüler besser in einer ruhigen Umgebung lernt.

Das weitere Ausarbeiten der Regel 6 aus Abb. 3.4 kann geschehen, indem der Lehrer gemeinsam mit der Klasse eine T-Karte ausfüllt mit dem, was man hört und sieht, wenn leise überlegt wird. Die Schüler entwickeln gemeinsam mit dem Lehrer eine weitere T-Karte (siehe Abb. 3.5.).

T-Karte „Leises Sprechen“	
Was man sieht	Was man hört
• nahe zusammensitzen • bei der Gruppe bleiben • wenn nötig den Fingen auf die Lippen legen • andeuten, dass es ruhiger werden muss	• flüstern • sich gegenseitig dazu auffordern, leiser zu sprechen

Abb. 3.5 T-Karte

Der Lehrer erläutert danach die unterschiedlichen Lautstärken, die in Abb. 3.6 wiedergegeben sind. Der Lehrer lässt die unterschiedlichen Lautstärken von den Schülern üben, indem er sie auffordert, jede Lautstärke vorzuführen, von Stille bis zum Schreien.

Lautstärke 1:	Du sprichst in dir selbst, niemand kann es hören:	*Stille*
Lautstärke 2:	Du sprichst leise mit dem Nachbarn. Nur er kann hören, was du sagst:	*Flüstern*
Lautstärke 3:	Du sprichst zu deiner Gruppe, eine andere Gruppe kann es kaum hören:	*Sprechen*
Lautstärke 4:	Du sprichst zu allen Schülern der Klasse. Die ganze Klasse kann es hören. Auf dem Gang ist es noch ein bisschen zu hören:	*lautes Sprechen*
Lautstärke 5:	Du spornst das Volleyballteam an und übertönst dabei den Lärm von der Tribüne:	*Schreien*

Abb. 3.6 Lautstärken

Von jetzt an kennt jeder Schüler die einzelnen Lautstärken. Die Liste hängt an der Wand. Der Lehrer gibt bei jedem Zusammenarbeitsauftrag an, mit welcher Lautstärke die Schüler arbeiten dürfen. Und anfangs wird ein Schüler mit der Rolle des Lautstärkebeauftragten betraut.

■ **Beispiel**

Von nun an kann der Lehrer einzelne Schüler oder Schülergruppen beobachten und Kommentare zu den einzelnen Lautstärken geben. Manchmal fragt er die Schüler, wie hoch sie die gegenwärtige Lautstärke einschätzen.

Den Schülern muss klar werden, dass diese Regeln nicht nur bestehen, weil der Lehrer es so will. Dazu ist es notwendig, dass der Lehrer die Regeln mit den Schülern bespricht, diese mit dazu gehörigen Verhaltensweisen illustriert und den Schülern beim Befolgen der Regeln Feedback gibt. So werden diese Regeln allmählich zur Selbstverständlichkeit.

■ **Beispiel**

Ein Lehrer hat die o.g. Regeln (zur Lautstärke) mit den Schülern besprochen. Die Schüler beginnen, sich an diese Regeln zu gewöhnen. Bei einer bestimmten Aufgabe schien das Befolgen z.B. der Lautstärkeregel 2 schwierig zu sein, weil die Lösung der Aufgabe zu hitzigen Diskussionen führte. In der Reflexion wurde durch Schüler und Lehrer festgestellt, dass dieser eine Fall eine Ausnahme bildete, weil die (engagiert diskutierte) Lösung des Problems eine erhöhte Lautstärke auslöste.

3.3 Aufgaben (Funktionen) und Rollen

Durch eine bewusste Einteilung der Gruppen und das Festlegen von Regeln ist schon viel gewonnen. Es ist möglich, und das schließt z.B. an die Regeln 4 und 6 in Abbildung 3.4 an, das kooperative Lernen durch das Einführen von Rollen zu optimieren. So kann der Lehrer oder können die Schüler die Regel 4 ausbauen, indem sie pro Gruppe einen „Ermunterer" benennen. Und Sie können Regel 6 ausbauen, indem sie pro Gruppe einen „Kontrolleur" benennen, der dafür sorgt und kontrolliert, dass jedes Gruppenmitglied in der Lage ist, das Ergebnis zu erläutern. Durch das Zuordnen von Rollen vergrößert der Lehrer die Chance, dass die Schüler lernen, einigen Teilen der Aufgabe und einigen Abschnitten des gemeinsamen Lernens explizit Beachtung zu schenken. Außerdem fördert das die positive gegenseitige Abhängigkeit in der Gruppe.

In Abb. 3.7 führen wir Beispiele für Gruppenrollen auf. Es hängt von der Klasse, dem Auftrag und den persönlichen Vorlieben ab, welche Rollen der Lehrer zuweist.

Rolle	**Aufgaben (Funktionen)**
Schreiber	Der Schüler schreibt. Er notiert z.B. alles auf einem Ergebnisblatt und bittet: *„Sag das bitte noch einmal, damit ich es aufschreiben kann."*
Rechner	Der Schüler bedient den (einzigen) Taschenrechner, womit die Aufgabe gerechnet oder die Lösung kontrolliert wird. Er erläutert dabei, wie er rechnet: *„Erst mache ich das, dann … und dann … Das Ergebnis lautet …"*

Fragensteller	Dieser Schüler darf den Lehrer im Namen der Gruppe (wenn die Gruppe die Frage nicht allein beantworten kann und andere Hilfe nicht verfügbar ist) herbeirufen. *„Wollen wir den Lehrer fragen?“*
Materialchef	Der Schüler besorgt die benötigten Materialien. *„Wollen wir dafür ein … nutzen?*
Organisator	Dieser Schüler verteilt die Aufgaben innerhalb der Gruppe und sorgt dafür, dass sich jeder an die Verteilung hält: *„Mein Vorschlag: Du machst dieses …, du machst das.“ Oder „Ich denke, dass … das besser machen kann, weil …“.*
Kontrolleur	Dieser Schüler kontrolliert, ob jeder alles kann oder verstanden hat: *„Kannst du mir sagen, wie …?“* Oder: *„Erkläre mal, wie wir zu dem Ergebnis gekommen sind.“*
Kritiker	Dieser Schüler darf anderen Schülern unbequeme Fragen stellen: *„Ich glaube, was du sagst, stimmt nicht.“* Und: *„Haben wir wirklich alles berücksichtigt?“*
Sucher	Dieser Schüler benutzt die Nachschlagewerke: *„Ich habe gerade gesehen, dass es doch stimmt was … sagte. Das müssen wir also wählen.“*
Ausführender	Dieser Schüler führt die praktischen Handlungen aus und sagt, was er tut: *„Ich mache zuerst das, dann das und danach das.“*
Schiedsrichter	*Dieser Schüler beschließt bei Meinungsverschiedenheiten: „Ich verstehe euch beide, aber so kommen wir nicht weiter. Mein Vorschlag ist … .“*
Spion	Dieser Schüler darf zu anderen Gruppen gehen, um Lösungen zu kontrollieren oder Ideen zu übernehmen. *„Ich habe bei Gruppe … etwas Geeignetes gesehen, was wir gut anwenden können. Und das ist …“*
Ermunterer	Dieser Schüler spornt jeden an, einen Beitrag zu liefern und er erhält die Laune aufrecht, wenn mal etwas weniger gut läuft. *„Wir schaffen das schon. Was du eben gesagt hast, finde ich sehr gut.“*
Coach	Dieser Schüler hilft den anderen beim Verstehen des Lernstoffs, z.B.: *„Sag das mal mit deinen eigenen Worten.“*

Abb. 3.7 Rollen beim kooperativen Lernen

Der Lehrer kann durch die Zuweisung von Rollen auch „geheime Wünsche“ verwirklichen. Er kann z.B. einem Schüler eine Rolle zuweisen, die dieser auch selbst gewählt hätte, gibt einem ruppigen Schüler eine Rolle, bei der dieser Schüler sich zurückhalten muss, weist einem zurückhaltenden Schüler die Rolle des Ermunterers zu.

■ **Beispiel für eine Coach-Rolle**

In der Sportstunde müssen die Schüler zu dritt so hoch wie möglich an einer Kletterwand klettern. Während der eine Schüler klettert, der zweite die Sicherheit des kletterndes Schülers organisiert, stellt der dritte Schüler Fragen: „Wo hältst du dich jetzt mit deinen Händen fest, wo bekommst du Halt für die Füße?“

Es sind natürlich noch viel mehr Rollen denkbar. Für die Zuweisung der Rollen ist Folgendes wichtig: Sie müssen für das gemeinsame Arbeiten an der Aufgabe funktionell sein; die Rollen müssen regelmäßig gewechselt werden; der Lehrer muss konsequent sein.

■ **Beispiel**

Viele Lehrer finden es schwierig, nur auf die erhobenen Finger der „Fragensteller“ (eine der Rollen) zu reagieren. Sie neigen schnell dazu, allen bittenden Schülern zu helfen. Ist ein „Fragensteller“ benannt, dann muss der Lehrer diesbezüglich konsequent sein.

Dem Übernehmen der Rollen durch die Schüler kann ein Lehrer gezielt Beachtung schenken. Er kann sie die jeweilige Rolle trainieren lassen. Er kann auch für jede Rolle farbige Instruktionskärtchen anfertigen. Dazu ordnet er auf farbigem Papier die verschiedenen Rollen mit den dazugehörenden Beispielen und Aktivitäten an. Der Lehrer kann den Schülern diese Kärtchen austeilen und sie bitten, den Text durchzulesen.

■ **Beispiel einer Rollenkarte für den „Fragensteller“**

- Der „Fragensteller“ ist der einzige aus der Gruppe, der sich melden darf.
- Er stellt fest, was die Gruppe genau wissen will.
- Er kontrolliert, ob ein Gruppenmitglied die Lösung weiß, bevor er den Lehrer ruft.
- Er kontrolliert, ob jeder die Antwort des Lehrers verstanden hat.

Beim Verteilen der Rollen über die verschiedenen Gruppenmitglieder kann der Lehrer kleine „Tricks“ anwenden, z. B. einem Schüler direkt eine Rolle zuweisen. Aber der Lehrer kann eine Rolle auch zuweisen, indem er die Schüler ermitteln lässt, wer am buntesten gekleidet ist, wer gestern Abend am spätesten ins Bett gegangen ist oder wer der Jüngste der Gruppe ist. Hier spricht man von Zufall und die Rollen werden „willkürlich heterogen“ zugewiesen.

■ **Beispiele von Aufgaben (Funktionen) und Rollen**

- Praktisches Lernen: Der Lehrer gibt die Gruppenzusammenstellung bekannt. Die Schüler arbeiten in Dreiergruppen an drei kleinen Experimenten. Dabei sind folgende drei Rollen zu verteilen: *Materialchef, Ausführender* und *Schreiber*. Der Materialchef holt und bringt die benötigten Gegenstände und achtet darauf, dass sie nicht kaputt gehen. Der Ausführende muss das Experiment durchführen, während die beiden anderen dabei zusehen dürfen/müssen (Hände auf dem Rücken!). Der Schreiber notiert alle Daten und Ergebnisse, die für ein Protokoll gebraucht werden. Nach jedem Experiment wechseln die Schüler die Rollen. Im zweiten Teil dieses Unterrichtsblocks erstellt jeder Schüler ein Protokoll zu den drei durchgeführten Experimenten unter Verwendung der Ergebnisse jedes Gruppenmitglieds.

- Die Schüler arbeiten in Dreiergruppen und bekommen 10 Minuten Zeit, um miteinander herauszubekommen, welche Bedeutung die kursiv gedruckten Worte in einem englischen Text haben. Der Auftrag lautet: „Jeder Schüler denkt erst allein nach, was welches Wort bedeutet, danach diskutieren die Gruppenmitglieder ihre Ergebnisse miteinander. Es wird eine Antwort erwartet. Die Schüler müssen sich über diese Antwort einig sein. Jedes Mitglied kann gebeten werden, das Ergebnis zu nennen."
  Pro Gruppe werden drei Rollen verteilt: der *Leser*, der die Sätze liest; der *Schreiber*, der die Ideen der Gruppenmitglieder notiert, der *Ermunterer*, der die Schüler lobt, die etwas einbringen und der dafür sorgt, dass alle Gruppenmitglieder mitarbeiten.

Nach unseren Erfahrungen bekommt der Lehrer durch Aufgabenverteilung die Hände frei. Durch die starke Strukturierung sind nur wenige Bemerkungen zur Disziplin notwendig. Der Lehrer kann mehr Zeit für das Beobachten und Unterstützen der Schülergruppen aufwenden. Er braucht erst dann einzuspringen, wenn es wirklich nötig ist. Durch eine Zuweisung von Rollen wird die Verantwortung für das Lernen an die Gruppen delegiert; die Schüler wissen, was von ihnen erwartet wird. Das unterstützte Delegieren „entlastet" die direkte Verantwortung des Lehrers. Die meisten Schüler fühlen sich dadurch mehr mit ihrer Aufgabe und ihrem Lernen verbunden.

3.4 Empfehlungen für die Einrichtung des Klassenraumes

Sobald Schüler in größeren Gruppen (größer als 2) gemeinsam arbeiten, muss die Anordnung der Tische verändert werden. Der Lehrer wird dann die Schüler regelmäßig die Schultische umstellen lassen.

Wir raten dazu, das ausprobieren und üben lassen.

Ausprobieren

Stellen Sie in einer freien Minute die Tische im Klassenraum in unterschiedlichen Anordnungen auf, um festzustellen, welche Tischanordnung am günstigsten ist.

Beachten Sie, sofern möglich, folgende Punkte:

- Sorgen Sie für ausreichenden Zwischenraum, damit die Lehrer zwischen den Tischen laufen können.
- Lassen Sie, sofern es möglich ist, rundum einen äußeren Rand frei, damit die Lehrer auch außen herum laufen können (wichtig, um die Übersicht zu behalten).
- Sorgen Sie dafür, dass kein Schüler mit dem Rücken zur Tafel sitzt.
- Stellen Sie Ihren Schreibtisch nicht vorn in die Mitte, sondern z. B. an die Seite oder sogar ganz hinten hin.
- Reservieren Sie einen „time-out"-Platz sowie einen Tisch, an dem der Lehrer sitzt und wo Schüler ihn um Hilfe bitten können. Dann ist es eindeutig, dass sie selbstständig lernen und das Wissen anderer Schüler nutzen müssen.

Üben

Möchte ein Lehrer die Tischanordnung regelmäßig wechseln, sollte er die Prozedur der verschiedenen Tischanordnungen mit den Schülern üben. Durch Vorgabe verschiedener Schritte geht das einfach:

- Schultaschen an die Wand stellen
- den Tisch zum neuen Standort räumen
- Stühle zum neuen Standort holen
- Taschen holen und Platz nehmen

Die Erfahrungswerte vieler Lehrer zeigen: Innerhalb von 1 bis 2 Minuten können die Tische ohne viel Lärm umgestellt werden. Die Klasse muss das jedoch einige Male geübt haben.

■ **Beispiel: Tischanordnung wechseln**

Im Klassenraum stehen die Tische in Vierergruppen. Die Schüler wissen, zu welcher Gruppe sie gehören und an welchem Tisch sie sitzen. Der Schwerpunkt der Stunde ist die Topographie der eigenen Provinz. Zunächst müssen die Schüler individuell auf der „blinden" Karte der Provinz einige Eintragungen vornehmen. Im Anschluss daran muss in der Gruppe Konsens über die richtige Lösung erreicht werden. Der Atlas darf zu Hilfe genommen werden. Nach etwa 20 Minuten fügt der Lehrer eine kurze Phase für eine klassenweite Korrektur ein. Jede Gruppe spricht über einen Teil der Aufgabe. Der Lehrer kündigt an, dass er sich nur dann einmischen wird, wenn sich entscheidende Fehler einschleichen. Ohne dass der Lehrer auch nur einmal eingreifen muss, kontrollieren die Schüler ihre Arbeit selbst. Unmittelbar danach erteilt er den Schülern den Auftrag, sich in den „gewohnten Kreis" umzusetzen. Das ist ein großer Kreis von Tischen, an denen im Wechsel ein Junge und ein Mädchen sitzen. Innerhalb von einer Minute und 26 Sekunden sind die Tische umgestellt und die Schüler sitzen im Kreis. Der Lehrer zeichnet den Umriss der Provinz auf den Fußboden und bittet die Schüler, sich der Reihe nach auf den Ort Platz X zu stellen oder den Kanal Y abzulaufen.

Am obigen Beispiel kann man erkennen, dass Übergänge in der Unterrichtslernsituation ohne viel Lärm möglich sind. Es geht so ruhig zu, dass nicht einmal etwas im benachbarten Klassenraum bemerkt wird. Viele Lehrer erfüllt die Änderung der Tischanordnung mit Schrecken. Auf unsere Fragen hin gaben sie die doppelte Zeit für die Umstellung der Tische an, als dies wirklich gedauert hat. Sicher verursacht das zum Umräumen gehörende Gelaufe und Gewühl etwas Unruhe. Einen Übergang zu einer anderen Tischanordnung während des Unterrichts empfindet der Lehrer als großen Aufwand. Wir haben festgestellt, wenn ein Lehrer anfangs etwas mehr Zeit für das Üben der Tischumstellung investiert, dann geht es die nächsten Male zunehmend besser und schneller. Mit etwas Geduld und Übung sowie eindeutigen Regeln kann man dieses Problem rasch lösen. Man kann eine Klasse z. B. bitten, eine Tischumstellung anstatt in zwei Minuten in einer Minute und 15 Sekunden zu schaffen. „Wollen wir das probieren?

Zusammenfassung

Es folgt eine kurze Zusammenfassung dieses Kapitels in Form von Empfehlungen für Lehrer:

- Der Lehrer spricht gemeinsam mit den Schülern Grundregeln für das kooperative Lernen ab.
- Lehrer können beim Bilden der Gruppen auf einige Faustregeln zurückgreifen. Eine lautet: Bei wenig Erfahrung, einfachen Aufgaben, viel Material und wenig verfügbarer Zeit sind kleine Gruppen zweckmäßig. Große Gruppen sind funktionell bei viel Erfahrung, schwierigeren Aufgaben, mehr Zeit und wenig Material.
- Lehrer haben drei Möglichkeiten für die Gruppenzusammenstellung: informelle Gruppen, Aufgabengruppen (Funktions-) oder feste Gruppen. Sie können die Gruppen homogen oder heterogen zusammensetzen.
- Lehrer können durch Zuweisen von Aufgaben und Rollen das gemeinsame Lernen unterstützen. Erfolgt das funktionell und eindeutig, dann können die Schüler mehr Verantwortung für ihr Lernen übernehmen. Der Lehrer hat dann einen Teil der Verantwortung für das Lernen an die Schüler abgegeben und bekommt damit die Hände frei für individuelle Beobachtung und Unterstützung.
- Lehrer sollten die Einteilung des Klassenraumes für das kooperative Lernen der Schüler im Vorfeld ausprobieren. Die Tischanordnung muss dem gemeinsamen Lernen gerecht werden. Das Umstellen der Tische zu einer neuen Ordnung sollte der Lehrer mit den Schülern üben.

4 Fünf elementare Zusammenarbeitsstrukturen

4.1 Fünf elementare Zusammenarbeitsstrukturen

4.2 Hinweise zur Durchführung der kooperativen Lernformen

> „Das Einführen von kooperativem Lernen kostet Zeit und erfordert besonders am Anfang viel Sorgfalt. Für die Schüler ist es einfacher, wenn sie das kooperative Lernen mit einer inhaltlich weniger komplexen Aufgabe beginnen. Die Zusammenarbeit an einer einfacheren Aufgabe kann der Lehrer besser auswerten, weil die Inhalte an sich in der Nachbesprechung weniger Zeit beanspruchen." *(Zitat aus diesem Kapitel)*

In diesem Kapitel beschreiben wir fünf elementare kooperative Lernformen. Entsprechend unseren Erfahrungen können Lehrer mit Hilfe der fünf Zusammenarbeitsstrukturen oder mit einer Kombination daraus viele Zusammenarbeitssituationen inszenieren. Wir erläutern sie, wissen jedoch, dass der Lehrer sie nicht allein durch Studieren dieses Buches erlernen kann. Um sie beherrschen und adäquat im Unterricht anwenden zu können, muss der Lehrer sie in verschiedenen Unterrichtslernsituationen erproben. Er kann die Strukturen ändern und an seinen eigenen Lehrstil anpassen. Auf die Weise macht der Lehrer sich die Zusammenarbeitsstrukturen zu Eigen und integriert sie in sein Methodenrepertoire. Ist das der Fall, werden Lehrer diese oder jene Zusammenarbeitsstrukturen schnell, fast ohne Vorbereitung, auf die aktuelle oder gewünschte Situation zuschneiden können.

Nach der Beschreibung der fünf Zusammenarbeitsstrukturen (Kapitel 4.1) geben wir noch einige Hinweise für deren Ausführung in der Klasse (Kapitel 4.2) und eine kurze Zusammenfassung.

4.1 Fünf elementare Zusammenarbeitsstrukturen

Die nach unserer Meinung elementaren fünf Zusammenarbeitsstrukturen sind:

1. Kontrolle im Tandem
2. Nummerierte Köpfe
3. Denken – Austauschen – Besprechen
4. Drei-Schritte-Interview
5. Expertenpuzzle

Zu 1: Kontrolle im Tandem

Diese Zusammenarbeitsstruktur ist geeignet für das Arbeiten an und das Vergleichen von Aufgaben, die eine eindeutige Lösung erfordern.

Diese Zusammenarbeitsstruktur läuft wie folgt ab:

1 ***Individuelle Arbeit:*** **Der Lehrer lässt jeden Schüler zunächst individuell an der Aufgabe arbeiten (das kann auch in Form einer Hausaufgabe sein). Die Mitglieder des Tandems können erst dann ihre Ergebnisse austauschen, wenn jeder die Aufgabe selbst gelöst hat.**

2 ***Kontrolle im Tandem:*** **Jeder Schüler vergleicht seine eigenen Ergebnisse oder Antworten mit denen seines Tandempartners. Dabei einigen sich die Schüler über die richtige Lösung der Aufgabe, die sie in unterschiedlicher Weise erzielt haben.**

3 ***Check mit einem anderen Tandem (optional):*** **Das Tandem kann seine Ergebnisse noch mit einem anderen Tandem vergleichen. Auch hier geht es wieder um das Besprechen der von allen Gruppenmitgliedern erzielten Ergebnisse. Dieser Schritt kann evtl. übersprungen werden. Hat dieser Schritt stattgefunden, ist der folgende Schritt nur erforderlich, wenn die beiden Tandems sich nicht auf ein Ergebnis einigen konnten.**

4 ***Kontrolle in der Klasse:*** **Der Lehrer überprüft, bei welcher Aufgabe die Tandems keine Übereinstimmung erreicht haben und bespricht diese mit der Klasse. Eventuell erfolgt noch eine kurze Aufzählung der richtigen Ergebnisse.**

Die Zusammenarbeitsstruktur „Kontrolle im Tandem" ist dann funktional, wenn man schnell und effizient Ergebnisse zu Aufgaben, bei denen nur eine Lösung möglich ist, überprüfen will. Das wären z. B. Rechenaufgaben, Aufgaben mit Antwortauswahl, wobei es nur eine richtige Lösung gibt oder Grammatik- und Orthografieaufgaben.

Die Struktur eignet sich für kleinere und größere Aufgaben, die in der Hauptsache auf Beherrschen des Lernstoffes ausgerichtet sind. Es betrifft hier die beiden Lernaktivitäten „Behalten" und „Verstehen".

Beim Vergleichen der Hausaufgaben kann diese Zusammenarbeitsstruktur ebenfalls sehr effektiv sein. Der Lehrer muss nicht mehr alle Aufgaben besprechen. Es brauchen nur Aufgaben erläutert werden, bei denen Unklarheiten bestehen.

▪ Beispiele von Aufgaben für „Kontrolle im Tandem"

Französisch:	Übersetze folgende Wörter mit Hilfe des Wörterbuchs!
Erdkunde:	An welche Länder grenzt Bolivien?
Sport:	Wann spricht man von „second dribble"?
Chemie:	Notiere die Formeln dieser fünf Stoffe!
Englisch:	Schreibe zu diesen fünf Verben die Perfektformen auf!
Technik:	Welcher dieser Apparate hat die größte Leistung?
Musik:	Welche Instrumente hörst du in diesem Musikstück?

■ **Beispiel für eine Instruktion zur Kontrolle im Tandem**

„Kontrolliert in Zweiergruppen die Hausaufgaben. Sind eure Ergebnisse unterschiedlich, dann erklärt euch gegenseitig, wie ihr zu eurem Ergebnis gekommen seid bzw. wo ihr die Lösung gefunden habt. Es ist nur eine Lösung möglich. Könnt ihr euch nicht einigen, gebe ich euch ein Zeichen, dass ihr mit dem hinter euch sitzenden Tandem die Aufgaben besprechen könnt. Solltet ihr dann noch keine Einigkeit erzielt haben, besprechen wir die Hausaufgaben mit der ganzen Klasse."

Zu 2: „Nummerierte Köpfe"

Wichtigstes Merkmal dieser Zusammenarbeitsstruktur: Die individuelle Ansprechbarkeit der Schüler wird bei der Ausführung eines Auftrages größer. Die individuelle Ansprechbarkeit zählt zu den fünf Schlüsselbegriffen für das kooperative Lernen.

Bei dieser Zusammenarbeitsstruktur erhalten alle Schüler eine Nummer oder einen Buchstaben. Obwohl die Schritte in verschiedener Weise gesetzt werden können, werden meistens Zahlen für die Verteilung der Rollen und Aufgaben innerhalb der Gruppe verwendet. Diese Struktur kann für viele verschiedene Lernziele eingesetzt werden. Sie eignet sich jedoch besonders gut für Aufgaben, die Übereinstimmung der Lösungen oder der Antworten erfordern.

Diese Zusammenarbeitsstruktur läuft wie folgt ab:

1 *Instruktion:*
Der Lehrer erteilt den Auftrag und gibt gleichzeitig jedem Schüler eine Nummer (oder einen Buchstaben) oder er lässt die Schüler sich selbst nummerieren. Die Anzahl der Nummern entspricht der Anzahl der Gruppenmitglieder. Die Gruppen müssen daher (etwa) die gleiche Größe haben.

2 *Benennen der individuellen Ansprechbarkeit:*
Die Instruktion zur Aufgabe wird mit der Mitteilung abgerundet, dass jedes Gruppenmitglied das gestellte Ziel erreichen muss, dass jeder erklären können muss, wie die Gruppe zu dem Ergebnis gekommen ist. So verwirklicht der Lehrer die *individuelle Ansprechbarkeit.*

3 *Nummerierte Köpfe bei der Arbeit:*
Die Schüler arbeiten zunächst individuell, vergleichen danach ihre Ergebnisse und versuchen sich durch Argumentieren über das Ergebnis zu einigen.

4 *Nachbesprechung:* Der Lehrer legt zu Beginn der Nachbesprechung fest, welche „Nummern" einer jeden Gruppe zuerst das Wort erhalten. Der entsprechende Schüler aus jeder Gruppe kommt kurz zu Wort (individuelle Ansprechbarkeit). Danach dürfen alle Schüler der Gruppe etwas ergänzen. Eventuell folgt nun eine Diskussion oder der Lehrer gibt das richtige Ergebnis bekannt und begründet es.

Manche Schüler haben Probleme damit, unerwartet aufgerufen zu werden. Sie können das sogar als Bedrohung auffassen. Der Lehrer muss damit umgehen können. Er kann z. B. die Gruppenmitglieder dem Schüler, der einen Blackout hat, helfen lassen, oder die Schüler dürfen zu zweit agieren, oder einer darf im Namen des anderen das Wort ergreifen.

Die Zusammenarbeitsstruktur nummerierte Köpfe ist für längere Aufgaben (Dauer mehr als 10 Minuten) geeignet. Die Aufgaben müssen aber innerhalb einer bestimmten Zeit gelöst werden. Da die Schüler sich über das Ergebnis einigen müssen, sollten es Aufgaben mit nur einer möglichen Lösung sein. Diese Zusammenarbeitsstruktur ist auf das Lernniveau „Einprägen" ausgerichtet, also für die Lernaktivitäten „Behalten" und „Verstehen".

Diese Zusammenarbeitsstruktur kann gut mit der Zuweisung von Rollen kombiniert werden (siehe Kapitel 3). Entweder vergibt der Lehrer die Rollen oder die Schüler dürfen selbst die Rollen verteilen. Beim Abfragen der Ergebnisse kann der Lehrer auf Nummern oder Buchstaben oder bestimmte Rollen zurückgreifen, um beliebige Schüler aufzurufen.

Die starke Seite der Zusammenarbeitsstruktur nummerierte Köpfe liegt in der großen individuellen Ansprechbarkeit. Der Lehrer muss von Anfang an klarstellen, dass *jeder* Schüler das Ergebnis nennen können muss, wenn er aufgerufen wird. Auch eine mögliche (bewusste oder unbewusste) Voreingenommenheit betreffs der Fähigkeiten der Schüler spielt hier eine Rolle. Ungewollt ruft der Lehrer manche Schüler öfter auf, als andere. Das kann er durch das Vergeben von Nummern und anschließende Aufrufen beliebiger Nummern umgehen.

■ Beispiele von Aufgaben für „Nummerierte Köpfe"

Sozialkunde	„Nach Fertigstellung dieses Auftrags weiß jedes Gruppenmitglied, wie die Überweisung einer Rechnung erfolgt. Ich rufe aus jeder Gruppe willkürlich jemanden auf, der den Vorgang beschreibt."
Deutsch	„Nach Beendigung der Übung rufe ich jemanden auf, der im Namen eurer Gruppe über Fragesätze spricht."
Geschichte	„Ich lose aus, wer aus eurer Gruppe die drei Hauptursachen des Zweiten Weltkrieges aufzählen soll."
Lernstrategien	„Ich rufe gleich ein Gruppenmitglied auf, welches euer Herangehen an das Problem verteidigt."
Mathematik	„Nach Lösung der Rechenaufgaben werden diese vorgerechnet. Ein Gruppenmitglied demonstriert die Aufgabe 1, ein anderes die Aufgabe 2 und ein drittes die Aufgabe 3. Ich sage dann an, wer welche Aufgabe vorrechnen soll."

- **Beispiel für eine Instruktion zu „Nummerierte Köpfe"**

„Lest Kapitel 6. Beantwortet gemeinsam die am Ende des Kapitels angeführten Fragen. Dafür bekommt ihr 20 Minuten Zeit. Danach erfrage ich die Antworten. Aber bedenkt, dass jeder aufgerufen werden kann. Also sorgt dafür, dass jeder die Antworten weiß. Ihr bekommt eine Nummer. Jede Nummer entspricht einer bestimmten Rolle (Funktion), die ihr für die Gruppe ausüben müsst. Nummer 1 sind die Zeitkontrolleure, Nummer 2 die Protokollführer, Nummer 3 die Schiedsrichter und Nummer 4 die Ergebnisüberprüfer.

Wer hat alles die Nummer 4? Bitte die Finger hoch. Linda, erzähle uns mal, was die Aufgaben des Ergebnisüberprüfers sind. ... Na, dann legt mal los!"

Zu 3: „Denken – Austauschen – Besprechen"

Diese Zusammenarbeitsstruktur kann in vielen Lernsituationen angewendet werden, in denen der Lehrer offene Fragen (mehrere Lösungen sind möglich) stellt.

Diese Zusammenarbeitsstruktur verläuft wie folgt:

1 **Der Lehrer erläutert zunächst das Vorgehen und stellt dann allen Schülern eine Aufgabe.**

2 ***Denken:* Die Schüler bekommen Zeit, um in Ruhe individuell über die Aufgabe nachzudenken. Für einfache Denkaufgaben sind mindestens 10 Sekunden, für das Formulieren abzuwägender Lösungen einige Minuten erforderlich. Diese Zeit sollte der Lehrer gewähren.**

3 ***Austauschen:* Danach besprechen die Schüler jeweils in Tandems oder Kleingruppen die Lösungen. Der Lehrer kann die Reihefolge der Besprechung festlegen, zum Beispiel dass zuerst die zur Fensterseite hin sitzenden Schüler ihre Lösungen mitteilen, dann die zur Türseite sitzenden Schüler. Den Wechselzeitpunkt kann der Lehrer angeben. Es ist günstig, wenn man den Schülern eine Zeitvorgabe für die Besprechung gibt.**

4 ***Besprechen:* Nach dem Austausch in den Zweiergruppen ruft der Lehrer willkürlich einige Schüler auf und erfragt die Ergebnisse. Es können immer wieder andere Schüler aufgerufen werden. Da bei dieser Zusammenarbeitsstruktur offene Fragen gestellt werden, können die Schüler mehrere richtige Antworten formulieren. Hierdurch bekommt der Austausch den Charakter eines Lerngesprächs.**

Die Zusammenarbeitsstruktur „Denken-Austauschen- Besprechen" ist geeignet fur Aufgaben, bei denen mehrere Lösungen möglich sind oder für Aufgaben, die einander ergänzen. Sie bietet ein Podium für den Austausch von Meinungen und Erfahrungen und ist für die Entwicklung von Ideen durch die Schüler besonders effektiv. Sie ist auf die Lernaktivitäten „Verstehen“ und „Integrieren“ ausgerichtet.

Durch diese Zusammenarbeitsstruktur erhalten *alle* Schüler (nicht nur die Schüler, die schnell etwas in die Klasse rufen oder die sich schnell melden) innerhalb der Lernsituation Denkzeit. Das Denken der Schüler wird für den Lehrer und die Mitschülern durch den Austausch in Kleingruppen und im Plenum besser sichtbar. Die individuelle Ansprechbarkeit wird vergrößert.

- **Beispiel von Aufgaben für „Denken- Austauschen – Besprechen“**

Physik	„Nenne drei Beispiele für die Ausdehnung von Metallen.“
Werken	„Zähle die Werkzeuge und Gerätschaften auf, die du für folgende Arbeit brauchst …“
Biologie	„Begründe, warum der Wal zu den Säugetieren gezählt wird.“
Französisch	„Denke dir verschiedene Möglichkeiten aus, um diesen Satz in einen Fragesatz umzuwandeln.“
Geschichte	„Erkläre an Hand von einigen Beispielen, was ein Stammbaum ist.“ oder: „Untersuche, wie populär Napoleon zu seiner Zeit war.“
Deutsch	„Überlege dir einige Titel zu dieser Erzählung und wähle dann davon einen von dir bevorzugten aus.“
Lernmethoden	„Denk darüber nach, wie du deine Schularbeiten erledigst und formuliere Lerntipps. Tausche einige Tipps gegen andere aus. Wähle danach den Lerntipp, welcher dir bei der Erledigung der Schulaufgaben zu besserem Lernen verhelfen könnte. Berichte das den anderen.“

- **Beispiel für eine Instruktion zu „Denken – Austauschen – Besprechen“**

Ich habe eine Frage. Jeder schreibt sich die Antwort auf. Ihr habt dafür 2 Minuten Zeit. Ihr dürft eure Ideen dann mit euren Banknachbarn austauschen und beraten, wenn ich euch ein Zeichen gebe. Hört einander genau zu, möglicherweise kommen euch neue Ideen. Ihr dürft eure Antwort noch ändern. Am Schluss werde ich einige Schüler nach ihren Antworten fragen. Die Frage lautet: „ … “

Zu 4: „Drei-Schritte-Interview“

Die Schüler kommunizieren bei Zusammenarbeitsaufträgen viel miteinander. Wir und auch viele andere Lehrer haben festgestellt, dass die Schüler einander nicht immer gleich gut zuhören. Diese Zusammenarbeitsstruktur koppelt auf funktionelle Art das Zuhören mit dem Wiederholen (Wiedererzählen). Obwohl die Lehrer diese Struktur in erster Instanz oft für neue und meinungsbildende

Unterrichtsthemen anwenden, kann sie auch gezielt zur Lernstoffbeherrschung eingesetzt werden. Die Struktur funktioniert am besten mit Vierergruppen.

Die Zusammenarbeitsstruktur ist wie folgt gegliedert:

1 ***Auftrag und Instruktion*: Der Lehrer bildet Vierergruppen, erklärt die Arbeitsweise und gibt jedem Schüler innerhalb der Gruppen eine Nummer in Form von Ziffern oder Buchstaben (von 1 bis 4 oder von A bis D). Die Schüler können sich auch selbst „nummerieren“. Zugleich erläutert er das Thema, zu dem die Gruppenmitglieder interviewt werden müssen.**

2 ***Drei-Schritte-Interview:***
***Schritt 1:* Die Schüler mit den Buchstaben A bzw. C müssen die Schüler mit den Buchstaben B bzw. D befragen.**
***Schritt 2:* Die Rollen werden getauscht. Die Schüler mit den Buchstaben B bzw. D befragen die Schüler mit den Buchstaben A bzw. C.**
***Schritt 3:* Die Vierergruppe setzt sich um den Tisch herum. Jeder berichtet kurz, was der andere zum Thema gesagt hat oder was er selbst gelernt hat (oder beides). A berichtet, was B gesagt hat oder was er selbst gelernt hat; B berichtet kurz, was A gesagt hat oder was er selbst gelernt hat. Das gilt auch für C und D (Siehe Abbildung 4.1).**

3 ***Nachbesprechung:* Der Lehrer lässt beliebige Schüler berichten, was sie aus dem Auftrag gelernt oder was sie der Gruppe gesagt haben. Auf der Basis dieser Inventarisierung kann ein Unterrichtslerngespräch entstehen (siehe Kapitel 8). Der Lehrer wertet auch kurz die während des Interviews gehandhabten Lernweisen aus: „Wie war das gegenseitige Interview?“ Hier werden die Schlüsselbegriffe „soziale Fertigkeiten“ und „Beachtung der Gruppenprozesse“ realisiert.**

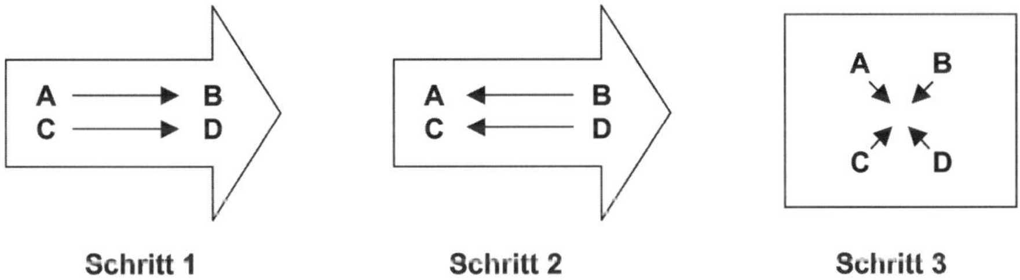

Schritt 1: A interviewt B und C interviewt D
Schritt 2: Rollen umkehren, B interviewt A und D interviewt C
Schritt 3: A fasst das Interview mit B für die ganze Gruppe zusammen, B das von A, C das von D und D das von C

Abb. 4.1 Drei-Schritte-Interview

Die Zusammenarbeitsstruktur „Drei-Schritte-Interview“ ist geeignet für Aufgaben bzw. Aufträge, bei denen das Entwickeln und Aufklären des Verständnisses für Texte, Personen und Konzepte im Mittelpunkt stehen. Die Interviews innerhalb der Tandems haben offenen Charakter. Dadurch haben sie einen entwickelnden Effekt. Diese Zusammenarbeitsstruktur ist für die Lernaktivitäten „Verstehen“ und „Integrieren“ geeignet. Manche Lehrer können wegen des offenen Charakters schwer mit dieser Struktur umgehen, weil sie an die kommunikativen Fertigkeiten und die Motivation der Schüler appellieren müssen. Haben Lehrer und Schüler wenig Erfahrung mit dieser Struktur, sollte der Lehrer den Schülern das Interviewen vorführen, z. B. interviewt der Lehrer einen Schüler vor der ganzen Klasse und wertet das Interview danach betreffs des gewünschten Ergebnisses aus. Was war gut, was nicht? Der Lehrer kann auch zwei Schüler einander interviewen lassen und die Interviews danach auswerten. Mögliche Fragestellungen können gesammelt werden.

Bezeichnend für diese Struktur sind: intensive positive gegenseitige Abhängigkeit (besonders, wenn die Schüler ihre Antworten gegenseitig erfragen), das Entwickeln der Fragetechnik und der Zuhörfähigkeit, der Austausch persönlicher Auffassungen und Meinungen und das Zusammenfassen des in Schritt 3 dieser Zusammenarbeitsstruktur Gelernten.

▪ Beispiele von Aufgaben für ein „Drei-Schritte-Interview“

Lernmethoden	„Interviewt einander dazu, wie man eine Klassenarbeit vorbereitet.“
Geschichte	„Interviewt einander zu euren Vorkenntnissen über den Zweiten Weltkrieg.“
Ökonomie	„Interviewt einander zu den Vor- und Nachteilen der Marktwirtschaft.“
Physik	„Interviewt einander, warum ihr für oder gegen die Nutzung von Kernenergie seid.“
Chemie	„Interviewt einander, warum ihr als Wahlfach Chemie genommen habt.“
Niederländisch	„Interviewt einander zu den wichtigsten Merkmalen der Hauptfigur in diesem Buch.“

▪ Beispiel für eine Instruktion zu Drei – Schritte – Interview

Nach den Sommerferien: „Erstellt ein Interview in englischer Sprache. Versucht durch das Interview herauszubekommen, was der andere während der Ferien gemacht hat, ob er sich auch einmal gelangweilt hat usw. Ihr bekommt 3 Minuten Zeit, euch einige Fragen für das Interview in Englisch zu notieren. Wenn ich ein Zeichen gebe, beginnt ihr mit dem Interview. Beim nächsten Zeichen werden die Rollen getauscht. Seid ihr beide fertig, dann berichtet kurz einem anderen

Tandem in Form einer Zusammenfassung, was er über seinen Interviewpartner erfahren hat. Der Partner darf sich nicht äußern. Er muss gut zuhören, wie seine Geschichte zusammengefasst wird."

Zu 5: „Expertenpuzzle"

Wichtigstes Merkmal dieser Zusammenarbeitsstruktur ist die Verteilung von Teilaufgaben innerhalb der Gruppe, über die die Schüler einander berichten müssen. Hierbei stehen die Schlüsselbegriffe positive gegenseitige Abhängigkeit und individuelle Ansprechbarkeit im Vordergrund. Durch die Arbeitsteilung werden ein oder mehrere Schüler der Gruppe für einen Teil des Auftrages zu „Experten". Man nennt diese Struktur auch „Puzzle": Die Schüler besitzen gemeinsam alle Stückchen des Puzzles, also der gesamten Information. Die Stückchen können sie wie in einem Puzzle zu einem Ganzen zusammensetzen. Diese Zusammenarbeitsstruktur ist für Aufgaben, die man in etwa gleichwertige Teilaufgaben zerlegen kann, geeignet.

Diese Zusammenarbeitsform ist wie folgt gegliedert:

1. **Zerlegung der Aufgabe in Teilaufgaben: Der Lehrer teilt das Material (den Lernstoff) in zwei bis fünf gleichwertige und logische Teilaufgaben, z. B. zwei bis fünf Paragraphen eines Kapitels. Im Prinzip können die Schüler die Aufgabe auch selbst in Teilaufgaben zerlegen, wenn diese übersichtlich ist.**
2. **Einteilung in Gruppen: Der Lehrer teilt die Schüler in Stammgruppen (Zweier- bis Fünfergruppen) ein. Die Gruppenstärke hängt von der Anzahl der Teilaufgaben ab.**
3. **Experten: Ein Schüler beschäftigt sich mit der ihm zugewiesenen Teilaufgabe und muss diese dann seinen Gruppenmitgliedern präsentieren. Dadurch wird dieser Schüler für die anderen betreffs der Teilaufgabe zum Experten. Es ist in dieser Phase möglich, Schüler verschiedener Expertengruppen, die mit derselben Teilaufgabe betraut sind, gemeinsam arbeiten zu lassen. Diese Schüler verlassen dann ihre Stammgruppe für kurze Zeit, um mit den Experten der anderen Stammgruppen in Expertengruppen ihre Teilaufgabe durchzusprechen. Danach präsentiert jeder Schüler seine Teilaufgabe den Schülern seiner Stammgruppe.**
4. **Berichten, gegenseitiges Unterweisen: Die jeweiligen Schüler präsentieren ihren Gruppenmitgliedern den Lernstoff ihrer jeweiligen Teilaufgabe, Schüler für Schüler, Teilaufgabe für Teilaufgabe. Das ist die Phase des gegenseitigen Vermittelns, wobei die Schüler die Rolle des Lehrers einnehmen.**
5. **Individuelle Ansprechbarkeit für die ganze Aufgabe: Da alle Schüler der Gruppe wissen, dass sie zu der gesamten Aufgabe befragt werden können, müssen sie einander Fragen stellen, diskutieren, Unklarheiten ausräumen, dafür sorgen, dass alle betreffs der Aspekte der Aufgabe auf der Höhe sind. Der Lehrer kann dies evtl. durch Stellen von gezielten Fragen unterstützen.**

Das wichtigste Merkmal der Zusammenarbeitsstruktur „Expertenpuzzle“ liegt darin, dass eine zentrale Aufgabe (Kernfrage) gelöst werden soll. Dazu bedarf es komplexer Informationen. Diese Informationen werden von den Schülern vorbereitet. Sie werden gelesen, verstanden, verarbeitet und anderen Schülern erläutert. Dadurch ist diese Struktur hauptsächlich auf die Lernaktivitäten „Integrieren“ und „Kreatives Anwenden“ ausgerichtet. Die Vorarbeit des Lehrers besteht darin, das zentrale Thema oder die Kernfrage festzulegen und sie in sinnvolle und gleichwertige Teilthemen oder Teilaufgaben einzuteilen.

Ist der Auftrag kompliziert, sollten die Schüler globale Kenntnisse zum Thema haben, bevor sie mit der Aufgabe beginnen. Der Lehrer kann z. B. das Thema kurz erläutern, oder die Schüler lesen selbst eine kurze Zusammenfassung des entsprechenden Lernstoffes. Wichtig bei dieser Arbeitsform ist, dass für die Beantwortung der zentralen Aufgabe/der Kernfrage die Erledigung aller Teilaufgaben notwendig sein muss (siehe Hintergrundinformationen im Anschluss an das Kapitel 9).

Es ist nicht zwingend erforderlich, dass die Schüler die Kernfrage im Voraus kennen. Der Lehrer muss jedoch durch seine Instruktion den Schülern klar machen: Alle Schüler müssen am Ende die Kernfrage beantworten können. Und dazu benötigen sie die Informationen der anderen Gruppenmitglieder. Der Lehrer sollte den Schülern im Vorfeld verdeutlichen, in welcher Form er kontrolliert, ob und wie alle Schüler die Kernfrage beantworten können.

■ Beispiele von Aufgaben für Expertenpuzzle

Sprachen	„Jeder liest dieses Buch. In Dreiergruppen studiert jedes Mitglied eine Figur aus diesem Buch. Das betrifft ... Danach berichtet ihr einander, was ihr erkannt habt. Versucht gemeinsam eine Beziehung zwischen diesen drei Figuren herzustellen und ihre Rolle in der Erzählung zu erkunden.“
Mathematik	„Ihr sollt folgende Übungsaufgaben gemeinsam machen. Günstig ist es, die verschiedenen Aufgaben untereinander zu verteilen und individuell zu rechnen. Danach berichtet ihr euch gegenseitig, was ihr herausbekommen habt.“
Sport	„Bei diesem Ballspiel sind Teilaufgaben zu verteilen: Verteidigen, Laufen, Werfen und Köpfen.“
Physik	„Ihr studiert in einer Gruppe den Begriff „Kühlen“. Dabei liest ein Schüler den Text im Buch, der Zweite erstellt ein Schema von einem Kühlschrank, der Dritte studiert einen Kühlschrank, der in Betrieb ist und der letzte Schüler liest in einem Nachschlagewerk über die Geschichte des Kühlens nach. Danach erstattet jeder Schüler den anderen Bericht. Jedes Gruppenmitglied gibt eine Zusammenfassung zu seiner Teilaufgabe.“

Fremdsprache	„Ihr verteilt in eurer Gruppe alle Zeilen dieses Textes. Jeder ermittelt aus seinem Abschnitt den Kerngedanken. Diese besprecht ihr gemeinsam und sorgt dafür, dass jeder Schüler eine kurze Zusammenfassung zu diesem Text geben kann."
Geschichte	„Ihr untersucht in Vierergruppen die unterschiedlichen Darlegungen (Meinungen) zum Mord an Cäsar. In jeder Gruppe studiert einer die Quelle 1, einer das Lehrbuch B, einer sucht im Internet und einer liest diesen Artikel. Danach berichtet ihr einander, was ihr herausgefunden habt."

■ **Beispiel für eine Instruktion zum Expertenpuzzle**

„Heute wiederholen wir Kapitel 15 für die Klassenarbeit. Ihr sitzt in Vierergruppen und ich habe euch eine Nummer gegeben. Die Einsen treffen sich gleich und studieren nochmals die Seiten 20 und 21. Die Zweien übernehmen die Seiten 22 und 24, die Dreien ... usw. Ihr bereitet eine Zusammenfassung vor und wählt ein Beispiel für eure Stammgruppe aus.

Ihr habt 10 Minuten Zeit für die Expertengruppe und 10 Minuten für die Stammgruppe. Danach bearbeitet ihr in der Stammgruppe fünf Fragen (Aufgaben), die denen ähneln, die ihr morgen in der Klassenarbeit erwarten könnt."

4.2 Hinweise zur Durchführung der Zusammenarbeitsstrukturen

Der Aufbau der in diesem Kapitel besprochenen Zusammenarbeitsstrukturen in Form von Schritten erscheint zwar logisch, ist aber für Schüler und Lehrer oft Neuland. Darum geben wir hier noch einige hilfreiche und grundsätzliche Hinweise dazu.

Einfache Aufgaben zum Beginn

Beginnen Sie mit einfachen Aufgaben, wenn die Schüller zum ersten Mal kooperativ lernen. Gerade am Anfang braucht das kooperative Lernen viel Zeit und Systematik und müssen die Schüler Erfolge erzielen. Inhaltlich einfache Aufgaben erleichtern für den Schüler die Arbeit in der Gruppe und für den Lehrer das Auswerten des Zusammenarbeitsprozesses.

Vorbereitung

Bereiten Sie besonders zu Beginn die Ausführung der gewählten Struktur in der Unterrichtslernsituation sehr sorgfältig vor. Nehmen Sie sich dafür genügend Zeit. Arbeiten Sie die Frage oder Aufgabe und die Arbeitsweise mit der entsprechenden Instruktion gründlich aus. Nutzen Sie dabei den Austausch mit Kollegen. Eine solche Vorbereitung macht sich bezahlt.

Zusammenarbeit aufbauend entwickeln

Strukturieren Sie das Vorgehen. Nutzen Sie eine neue Zusammenarbeitsstruktur zunächst für Inhalte, mit denen die Schüler vertraut sind oder die ihren Interessen nahe kommen. Sorgen Sie in jedem Fall dafür, dass die Schüler keine Angst haben müssen, in der Lernphase bewertet zu werden.

Instruktion

Formulieren Sie für jeden Schritt präzise Instruktionen. Gehen Sie zunächst kleinschrittig (Instruktion zum Schritt 1, Arbeit der Schüler, Instruktion zu Schritt 2, Arbeit der Schüler ...) vor, vermeiden Sie komplexe, mehrschrittige Arbeitsanweisungen.

Der Vorteil dieser vom Lehrer stark gesteuerten Vorgehensweise besteht darin, dass die (noch ungeübten) Schüler wissen, was von ihnen erwartet wird.

▪ Beispiel

Die Schüler haben sich gerade hingesetzt, da beginnt der Lehrer schon den Unterricht. Er sagt, dass in dieser Stunde in Vierergruppen an einem Auftrag über England gearbeitet wird. Unmittelbar nach dieser Mitteilung wird es unruhig. Die Schüler suchen Kontakt. „Arbeitest Du mit mir?" Sie reagieren negativ, als der Lehrer sagt, er hätte die Gruppen schon festgelegt. Anschließend instruiert er die Schüler ausführlich, was alles getan werden muss, wie die Aufgaben verteilt werden können, an welche Regeln die Schüler sich halten müssen. Als der Lehrer nach 10 Minuten die Gruppenzusammensetzungen vorliest, bricht Tumult aus. Erst nach einigen Minuten kann er die erhitzten Gemüter beruhigen. Einige Gruppen haben sofort Fragen. Der Lehrer reagiert etwas irritiert: „Das habe ich euch doch schon gesagt. Es sind vier Aufgaben ..." Er verweist auf das Aufgabenblatt, welches einige Schüler auch sofort zu lesen beginnen. Die meisten fangen aber mit dem an, was sie meinten, tun zu müssen. Es treten unentwegt Fragen auf. Der Lehrer schafft es nicht, überall zu helfen. In einer Gruppe gibt es heiße Debatten über die Aufgabenverteilung. Ein Schüler schiebt ruckartig seinen Stuhl nach hinten, wirft seinen Stift auf den Tisch und schaut demonstrativ aus dem Fenster. Von der anderen Seite des Klassenraumes fragt der Lehrer, was los ist. Der Schüler: „Das ist ein blöder Auftrag!" Der Lehrer wird wütend. Die Situation eskaliert beinahe. Etwas später kehrt wieder einigermaßen Ruhe ein.

Aus dem Beispiel ist ersichtlich, wie Mängel bei der Instruktion sich auswirken können. Der Lehrer erkennt unmittelbar, was er falsch gemacht oder unterlassen hat. Bei Gruppen, für die das Zusammenarbeiten neu ist, muss man die Instruktionen Schritt für Schritt erteilen. Das heißt: einen Auftrag erteilen, diesen ausführen und dann erst weitergehen. Erst wenn die Schüler mit der Struktur der Zusammenarbeitsaufträge vertraut sind, kann die Instruktion pro Schritt verkürzt werden oder die gesamte Instruktion mit einem Male erfolgen. Der Lehrer muss in der obigen Situation erst die Gruppen bilden, dann eine kleine Aufgabe für das Vertrautwerden bearbeiten lassen und kann erst danach zum nächsten Schritt übergehen. Hilfreich für das Verstehen des Vorgehens kann folgendes sein: An der Tafel steht eine kurze Übersicht über die Schritte, wobei jeder Schritt mit einem Schlüsselwort versehen ist.

Zeit

Wenn man mit dem gemeinsamen Lernen anfängt, erfordert das mehr Zeit als erwartet. Eine entscheidende Phase kommt oft zu kurz, die Nachbesprechung. Planen Sie deshalb großzügig und halten Sie eine Reserveaufgabe in der Hinterhand.

Zusammenfassung

In diesem Kapitel haben wir fünf elementare Zusammenarbeitsstrukturen beschrieben, welche die Lehrer beim kooperativem Lernen verwenden können. Dazu geben wir zusammenfassend folgende Empfehlungen:

Kontrolle im Tandem

Verwenden Sie diese Struktur besonders für Fragen bzw. Aufgaben, für deren Lösungen die Schüler Übereinstimmung erzielen müssen. Die starke Seite dieser Struktur bildet der Schlüsselbegriff „Individuelle Ansprechbarkeit".

Nummerierte Köpfe

Verwenden Sie diese Zusammenarbeitsstruktur besonders für Fragen bzw. Aufgaben, für deren Lösungen die Schüler Übereinstimmung erzielen müssen. Die starke Seite dieser Struktur bildet der Schlüsselbegriff „Individuelle Ansprechbarkeit".

Denken-Austauschen- Besprechen

Verwenden Sie diese Zusammenarbeitsstruktur besonders für Fragen bzw. Aufgaben, deren Lösungen sich gegenseitig ergänzen. Diese Struktur bildet oft den Ausgangspunkt für ein offenes Lerngespräch, wenn die Gruppen untereinander und im Plenum ihre Denkansätze austauschen. Lenken Sie dieses Lerngespräch.

Die Stärke dieser Struktur liegt im lauten Denken.

Drei-Schritte-Interview

Verwenden Sie diese Struktur besonders bei Fragen bzw. Aufgaben, die das Entwickeln und Aufklären des Verständnisses von Texten, Personen und Konzepten betreffen. Die starke Seite dieser Struktur bildet der Schlüsselbegriff „Positive gegenseitige Abhängigkeit" (lautes In-Worte-Fassen und Erfragen).

Expertenpuzzle

Verwenden Sie diese Zusammenarbeitsstruktur besonders für komplexere Aufgaben, die in mehrere gleichwertige Teilaufgaben getrennt werden können und für die eine zentrale Kernfrage (Lösung) beantwortet werden muss. Die starke Seite dieser Struktur bilden die „individuelle Ansprechbarkeit" der verschiedenen Experten und die „positive gegenseitige Abhängigkeit" der Gruppenmitglieder untereinander und der einzelnen Gruppenexperten, die mit der gleichen Teilaufgabe betraut sind.

Vorbereitung einer Unterrichtslernsituation, in der gemeinsam gearbeitet wird

Bereiten Sie die Einführung jeder Zusammenarbeitsstruktur gründlich vor. Die Strukturen können bei ihrer Anwendung nach steigender Komplexität eingeteilt werden: Kontrolle im Tandem, Denken-Austauschen-Besprechen, Nummerierte Köpfe, Drei-Schritte-Interview und Expertenpuzzle.

Man kann sie auch nach den erforderlichen Lernaktivitäten einteilen. Zusammenarbeitsstrukturen, die auf „Behalten" und „Verstehen" zielen, sind Kontrolle im Tandem und Nummerierte Köpfe. Zusammenarbeitsstrukturen, die auf „Verstehen" und „Integrieren" zielen, sind Denken-Austauschen-Besprechen und Drei-Schritte-Interview. Expertenpuzzle ist eine Struktur, die auf „Integrieren" und „Kreative Anwendung" zielt.

5 Beachtung der sozialen Fähigkeiten und Gruppenprozesse als zweites Ziel in der Unterrichtslernsituation

„Soziale Fähigkeiten stellen nach unserer Auffassung immer das zweite Ziel im Unterricht dar. Das effektive gemeinsame Lernen und die Entwicklung des Lernens stehen im Vordergrund.“
(Zitat aus diesem Kapitel)

Die Voraussetzung für kooperatives Lernen liegt darin, dass die Schüler sich der Gruppenprozesse bewusst sind und wissen, wie sie sich einbringen können. Ein Mangel an sozialen Fähigkeiten ist meistens die Ursache für ein schlechtes Funktionieren der Zusammenarbeit der Schüler (oder der Lehrer) untereinander. Es liegt also nicht ausschließlich an den kognitiven Kapazitäten der Betroffenen oder an nicht adäquater Beachtung der Schlüsselbegriffe. Aus diesem Grund zählen die Beachtung der sozialen Fähigkeiten und der Gruppenprozesse zu den Schlüsselbegriffen für das gemeinsame Lernen. Durch eine gute Strukturierung (besonders bei der Einführung) des kooperativen Lernens können die Lehrer einen möglichen Mangel an sozialen Fähigkeiten der Schüler auffangen. Wird durch die Zusammenarbeitsstruktur jedoch mehr Selbstständigkeit von den Schülern verlangt, muss der Lehrer der Entwicklung der sozialen Fähigkeiten und den Gruppenprozessen mehr Beachtung schenken. Das heißt, der Lehrer muss bei der Vorbereitung der Zusammenarbeit genau festlegen, welche sozialen Fähigkeiten er für die Lösung der Aufgabe voraussetzt, welche die Schüler davon bereits besitzen und welche er den Schülern noch vermitteln muss.

Wir besprechen unter 5.1 die für das Zusammenarbeiten notwendigen sozialen Fähigkeiten, unter 5.2 das Erlernen und Üben der sozialen Fähigkeiten, unter 5.3 wie Lehrer die sozialen Fähigkeiten und Gruppenprozesse evaluieren können und unter 5.4 das Entwickeln der Gruppenprozesse mit den dazu gehörigen sozialen Fähigkeiten. Eine Zusammenfassung erfolgt in Form von Empfehlungen für Lehrer.

5.1 Soziale Fähigkeiten beim kooperativen Lernen

Der Begriff „Soziale Fähigkeiten“ umfasst eine große Anzahl von Teilfähigkeiten. Sprechen Lehrer über Fähigkeiten, dann betrifft das meistens nicht eine einzelne konkrete Fähigkeit, sondern eine aus mehreren Fähigkeiten bestehende komplexe Fähigkeit. Ein Beispiel dafür ist das Zusammenarbeiten. Die Lehrer sagen oft zu den Schülern: „Ihr müsst die Zusammenarbeit mehr im Auge behalten.“ In dem Fall ist es nicht klar, was genau die Lehrer von den Schülern erwarten. Oder: „Ihr müsst zusehen, dass ihr euch betreffs der Vorgehensweise einigt.“ Wie die Schüler das aber machen sollen, ist nicht klar. Derartige Aufträge erfordern viele soziale und kognitive Fähigkeiten von den Schülern.

Für das Vermitteln von sozialen Fähigkeiten gibt es zwei Faustregeln für Lehrer:

1 Die zu vermittelnden Fähigkeiten müssen spezifisch und konkret sein. Konkrete Fähigkeiten wird der Lehrer die Schüler trainieren lassen. Damit kann er eine Verhaltensänderung erwirken. Es ist dem Schüler dann auch zu verdeutlichen, was bezweckt wird. Bei allgemeinen Fähigkeiten ist das viel schwieriger.

2 Die zu vermittelnden Fähigkeiten müssen für das Erfüllen des Auftrages funktionell sein, d. h. der Lehrer muss in seiner Unterrichtslernsituation den für die Ausführung eines bestimmten Auftrages notwendigen sozialen Fähigkeiten Beachtung schenken. Das ist der Fall, wenn die Schüler erfahren, dass man mit Hilfe dieser sozialen Fähigkeit einen bestimmten Auftrag besser erfüllen kann oder die Zusammenarbeit mit dieser Fähigkeit zu besseren Ergebnissen führt. Die Schüler erkennen die Bedeutung dieser Fähigkeit und werden sie beim nächsten Mal (evtl. auch ohne Anregung des Lehrers) einsetzen.

Viele Lehrer glauben, dass die Schüler allgemein erlernte Fähigkeiten im methodischen und sozialen Bereich auch im Fachunterricht anwenden. Das ist meistens nicht der Fall. Nur wenige Schüler transferieren diese Fähigkeiten in andere Lernsituationen. Kurz gesagt, die Schüler scheinen viele Fähigkeiten nur in dem Kontext, in dem sie erworben wurden, zu behalten und anzuwenden.

Gibt es an der Schule einen schulinternen Lehrplan, der festlegt, wann welche methodischen bzw. sozialen Fähigkeiten trainiert werden, müssen die Lehrer während ihres Unterrichts auf die trainierten Methoden zurückgreifen, um den Schülern zu helfen, eine Brücke zum Fachunterricht zu schlagen. Das erfordert Abstimmung.

Die Lehrer müssen die sozialen Fähigkeiten in ihrem Unterricht beachten. Dadurch wird dieser meistens effektiver. Wir halten das für wichtig, weil die Schüler die Fähigkeiten dann in dem Rahmen erlernen, in dem sie diese Fähigkeit auch verwenden. Wollen viele Lehrer so vorgehen, müssen auch Absprachen betreffs der Herangehensweisen getroffen werden, sonst wird es zu verwirrend für die Schüler.

In Abbildung 5.1 sind konkrete soziale Fähigkeiten für das kooperative Lernen aufgelistet. Die Reihenfolge ist willkürlich. Die Liste ist nicht vollständig. Ergänzungen sind willkommen.

• aktiv zuhören können	• gezielt um Hilfe bitten können
• warten können, bis man an der Reihe ist	• Hilfe geben können
• wenn man an der Reihe ist, das auch annehmen können	• Anweisungen folgen können
• danke sagen können	• Komplimente verteilen können
• Material teilen können	• Menschen mit ihrem Namen ansprechen können
• sich zurückhalten können	• einander ermutigen (anspornen) können
• bei der Gruppe bleiben können	• die Stimme an die Situation anpassen können
• einer Idee widersprechen ohne die Person zu diskriminieren	• den Arbeitsplatz teilen können
• sich nicht ablenken lassen	• die Schlussfolgerungen anderer Schüler mit Respekt herausfordern können
• gründlich weiterfragen können	• in akzeptabler Weise selbstsicher sein können
• ...	• ...

Abb. 5.1 Soziale Fähigkeiten beim kooperativen Lernen

5.2 Beachtung der sozialen Fähigkeiten: der Schrittplan zur Entwicklung sozialer Fähigkeiten

In diesem Abschnitt besprechen wir verschiedene Möglichkeiten, mit denen Lehrer die sozialen Fähigkeiten fördern können. Wir betrachten die sozialen Fähigkeiten als das zweite Ziel beim Zusammenarbeiten. Das Entwickeln des Lernens der Schüler stellt das erste Ziel dar (siehe Abb. 5.2).

Ziele bezüglich der Sach- und Methodenkompetenz	*(erstes Ziel)*
Ziele bezüglich der Sozial- und Selbstkompetenz	*(zweites Ziel)*

Abb. 5.2 Zwei Ziele

Aus Untersuchungen geht hervor, dass das Lernen der Schüler innerhalb kooperativer Lernformen effektiver verläuft, wenn sie über die dafür erforderlichen sozialen Fähigkeiten verfügen. Die Schüler lernen während der Zusammenarbeit die sozialen Fähigkeiten anzuwenden. Das unterstützt den pädagogischen Auftrag, den sich viele Schulen gestellt haben. Das Vermitteln und Trainieren der sozialen Fähigkeiten ist als Ziel in diesem Auftrag eingeschlossen. Im Auftrag wird z. B. verankert, dass die Schule ihre Schüler nicht nur mit kognitiven, sondern auch mit sozialen Fähigkeiten ausrüsten will, damit der weitere Bildungsweg und die Orientierung in der Gesellschaft gut gelingen können.

Fünf Möglichkeiten, wie soziale Fähigkeiten zum Schwerpunkt des Unterrichts gemacht werden können:

1 eine gezielte Auswahl von kooperativen Lernformen zugunsten der Herausbildung der sozialen Fähigkeiten
2 ein gezielter Einsatz von Rollen beim gemeinsamen Lernen
3 die richtige Anwendung der sozialen Fähigkeiten beim Zusammenarbeiten verdeutlichen, z. B. durch das Erteilen von Feedback
4 das Evaluieren von Prozessen in der Gruppe
5 das Herausbilden und Üben der sozialen Fähigkeiten mit Hilfe eines Schrittplanes.

Bei Punkt 5 vermitteln die Lehrer den Schülern die sozialen Fähigkeiten explizit, während sie bei den Punkten 1 bis 4 den sozialen Fähigkeiten implizit Beachtung schenken. In der täglichen Unterrichtspraxis können und werden die Lehrer diese fünf Möglichkeiten unterschiedlich einsetzen.

Wir erläutern die fünf Möglichkeiten.

Zu 1: Gezielte Auswahl von kooperative Lernformen

Die Lehrer wählen kooperative Lernformen aus, die bestimmte soziale Fähigkeiten fördern – zum Beispiel stimulieren:

- das *Drei-Schritte-Interview*: die Fähigkeiten aktiv zuzuhören und nachzufragen;
- die *Kontrolle im Tandem*: das Vergleichen der Lösungen und die Einigung auf ein gemeinsames Ergebnis;
- das *Expertenpuzzle*: zum gegenseitigen Unterrichten, zum einander zuhören und zum miteinander diskutieren.

Im Kapitel 10 werden 19 kooperative Lernformen und die dazu gehörenden sozialen und kognitiven Fähigkeiten beschrieben.

Zu 2: Gezielter Einsatz von Rollen

Der Lehrer weist den Schülern während des Zusammenarbeitens gezielt Rollen zu. Dabei werden in Abhängigkeit vom Arbeitsverlauf oder den Qualitäten der

Schüler bestimmte Rollen ausgewählt. Der Lehrer kann einzelnen Schülern solche Rollen zuweisen, welche spezifische soziale Fähigkeiten der jeweiligen Schüler trainieren.

Zu 3: Richtige Anwendung der sozialen Fähigkeiten beim Zusammenarbeiten deutlich machen

Die Lehrer machen den Schülern adäquate soziale Fähigkeiten für verschiedene kooperative Lernformen bewusst.

Im folgenden Beispiel beschreiben wir einige Merkmale des „aktiven Zuhörens".

■ **Beispiel für „aktives Zuhören"**

- Achte auf Ideen und Gefühle, die beim Zuhören entstehen.
- Höre aufgeschlossen zu. Versuche echt interessiert zu sein, auch wenn es mal kurz langweilig sein sollte. Halte die Ohren offen und bleibe neugierig, notfalls um zu überprüfen, warum es noch schwierig ist zuzuhören.
- Nimm dir regelmäßig etwas Zeit, für dich selbst zusammenzufassen, was der andere gesagt hat. Achte dabei auf den Ton, in dem gesprochen wurde.
- Verwende unterstützende Körpersprache. Schau den Sprecher an, nicke während des Zuhörens und nimm eine physisch aktive Haltung ein.
- Erbitte eine kurze Bedenkzeit, bevor du antwortest. Hast du aktiv zugehört, braucht es etwas Zeit, deine eigenen Gedanken zu formulieren.

Die Benennung der sozialen Fähigkeiten kann während der Zusammenarbeit oder danach erfolgen. Beobachten Lehrer regelmäßig und bewusst das Zusammenarbeiten in ihren Unterrichtslernsituationen, werden sie auf gute Beispiele der Verwendung der sozialen Fähigkeiten durch die Schüler treffen. Diese müssen allen Schülern sichtbar gemacht werden. Das kann man unmittelbar in der jeweiligen Situation oder am Ende der Stunde während der Nachbesprechung tun. Die Lehrer heben damit diese guten Beispiele für soziale Fähigkeit hervor und äußern, dass sie ein solches Verhalten der Schüler während der Zusammenarbeit gern sehen, z. B.: „Was ich da bei der Gruppe von … sah, schätze ich sehr. Sie machte …" Oder: „Seht mal, wie gut diese Gruppe …" Der Lehrer kann die Schüler bitten, sich selbst zu äußern, wie das gemeinsame Lernen ablief und dann darauf eingehen. Er kann auch an einem einzigen (negativen) Beispiel klarmachen, dass er solche Art von Zusammenarbeit nicht wünscht. Das sollte er nicht zu oft tun. Das Erlernen eines neuen Verhaltens ist durch positives Feedback wesentlich erfolgreicher, als durch Beanstanden unerwünschten Verhaltens, durch negatives Feedback. Oder anders gesagt: Die Lehrer sollten immer die guten Verhaltensweisen in einer Gruppe hervorheben, die weniger guten in angemessenem Maße thematisieren.

Zu 4: Das Evaluieren von Gruppenprozessen

Beim Evaluieren des kooperativen Lernens schenken die Lehrer der Entwicklung der sozialen Fähigkeiten und Gruppenprozessen explizit Aufmerksamkeit. Das geht sehr gut, wenn sie die Arbeitsweisen der Gruppen regelmäßig beachtet haben. Zum Beispiel stellen die Lehrer der Klasse folgende Fragen: „Wie habt ihr euch gegenseitig während der Arbeit am Auftrag unterstützt? Was können wir das nächste Mal besser machen?“ Oder spezifischer: Alle Schüler werden gebeten, mit einer Notenskala von 1–10 zu benoten, wie sie selbst bei einem bestimmten Auftrag zugehört haben. Der Lehrer kann danach die Klasse beauftragen, eine Runde durchzuführen, in der jeder Schüler seine erteilte Note bekannt gibt und die anderen Schüler kurz darauf reagieren können.

Zu 5: Der Schrittplan für das Entwickeln und Üben der sozialen Fähigkeiten

Dieser Plan ist eine sehr systematische Möglichkeit für das Vermitteln von sozialen Fähigkeiten. Er beschreibt das mögliche Vorgehen bei der Entwicklung und dem Üben von sozialen Fähigkeiten.

Die Chance für die Schüler, eine spezifische Fähigkeit wirklich zu erlernen, ist mit diesem Plan am größten, da der Lehrer zielgerichtet vorgeht. Voraussetzung dafür ist, dass Lehrer außer ihrem fachlichen Ziel auch das zweite Ziel verfolgen: den Schülern systematisch eine spezifische soziale Fähigkeit zu vermitteln.

Der Schrittplan im Überblick

- Die Lehrer demonstrieren zunächst die Fähigkeit nach dem Motto: „Ein gutes Vorbild lässt Gutes folgen.“ Spezifische Fähigkeiten erfordern spezifische Modelle. Die Lehrer müssen sich immer dessen bewusst sein, dass sie für die Schüler Vorbilder sind. Die Schüler haben ein feines Gespür für die Umgangsformen und die sozialen Fähigkeiten der Lehrer. Wollen die Lehrer, dass die Schüler zusammenarbeiten oder eine spezifische Fähigkeit einüben, müssen sie mit gutem Beispiel vorangehen.
- Die Lehrer müssen den Schülern bei der Handhabung einer sozialen Fähigkeit zunehmend mehr Verantwortung überlassen. Das geschieht zunächst mit einer begleiteten Übung, wobei der Schüler die Fähigkeit „zurechtfeilen“ und anpassen kann. Der Lehrer kann dabei Fehlverhalten korrigieren.
- Die Lehrer müssen den Schülern die Gelegenheit geben, die Fähigkeit in verschiedenen Situationen selbst einsetzen zu können (nach der Devise, dass man das Schwimmen nur im tiefen Wasser erlernen kann).

In Abbildung 3 sind die 6 Schritte aufgeführt. Im Anschluss daran erläutern wir sie mit einigen Faustregeln.

0	Eine soziale Fähigkeit auswählen
1	Bedeutung und den Nutzen der sozialen Fähigkeit verdeutlichen
2	Beispiele für die Anwendung der sozialen Fähigkeit zeigen
3	Die soziale Fähigkeit genau beobachten und beschreiben
4	Die Fähigkeit üben
5	Beobachten und Feedback geben

Abb. 5.3 Schrittplan zur Entwicklung sozialer Fähigkeiten

0 *Die zu trainierende soziale Fähigkeit auswählen*
Legen Sie fest, welche sozialen Fähigkeiten für die Ausführung des betreffenden Auftrages wesentlich sind. Ermitteln Sie gleichzeitig, ob die große Mehrheit der Schüler die ausgewählten Fähigkeiten beherrscht oder nicht. Wählen Sie daraufhin eine soziale Fähigkeit aus, die in der Unterrichtslernsituation ausdrücklich behandelt werden soll.

1 *Bedeutung und den Nutzen der sozialen Fähigkeit verdeutlichen*
Verdeutlichen Sie den Schülern die soziale Fähigkeit durch Beispiele und Demonstration. Das könnte z. B. durch Zeigen eines Videos oder durch ein Rollenspiel erfolgen. Es kann aber auch eine (spezifische) Geschichte vorgelesen werden. Nutzen Sie dazu Beispiele aus dem täglichen Schülerleben, wie Fernsehen, Sport und Familie. Besprechen Sie mit den Schülern die Gründe für den Einsatz dieser Fähigkeit. Das Ziel dieses Schrittes ist: Den Schülern wird klar, welche Argumente für die Anwendung dieser sozialen Fähigkeit sprechen und welche Vorteile ihnen aus dem Beherrschen dieser Fähigkeit erwachsen.

2 *Beispiele für die Anwendung der sozialen Fähigkeit zeigen*
Lehrer denken oft, dass sie sich klar genug ausdrücken, wenn sie von den Schülern etwas fordern. Das scheint aber nicht immer der Fall zu sein. Demonstrieren Sie darum die Fähigkeit einige Male. Faustregel: Erklären Sie zuvor, was Sie tun werden, führen Sie die Handlung aus und erzählen Sie danach, was Sie getan haben. Machen Sie auch deutlich, was geschieht, wenn man die Fähigkeit nicht einsetzt (ein Gegenbeispiel). Auf diese Weise verdeutlichen Sie den Schülern schnell, was Sie nicht möchten, ohne dabei negative Aussagen zu verwenden.

3 *Die soziale Fähigkeit mit Hilfe einer T-Karte genau beobachten und beschreiben*
Eine T-Karte ist ein Formgeber, mit dem Lehrer allein oder gemeinsam mit den Schülern die unmittelbare Wahrnehmung der Sinnesorgane darstellen kann. Auf der T-Karte wird vermerkt, was Lehrer bzw. Schüler beim Einsatz der sozialen Fähigkeit sehen und hören. Damit wird das erwünschte Ver-

halten für die Schüler konkret und der Lehrer kann sie später darauf ansprechen. Wesentlich ist dabei, dass der Lehrer eine T-Karte gemeinsam mit den Schülern in der Schülersprache erstellt. Die Schüler empfinden dann, dass sie Eigentümer der T-Karte sind. Dadurch wird die Chance, dass sie diese Fähigkeit auch ausführen, größer. (siehe Abb. 5.4).

Was kann ich dabei sehen?	Was kann ich dabei hören?

Abb. 5.4 T-Karte „Aktives Zuhören“

4 *Die Fähigkeit üben*
Geben Sie den Schülern Gelegenheit, die gewählte Fähigkeit anhand einer Aufgabe aus ihrem Fachgebiet zu üben. Dabei sollte den Schülern bewusst sein, dass zwar der Inhalt der Aufgabe bearbeitet werden soll, dass aber gleichzeitig eine soziale Fähigkeit geübt wird. Geben Sie also den Schülern beim ersten Mal eine sehr leichte Aufgabe (eine kontextarme Aufgabe), damit sie nicht all ihre Aufmerksamkeit auf den Inhalt richten müssen. Sie sollen vordergründig die zu übende soziale Fähigkeit beachten können. Formulieren Sie also einen inhaltlich einfachen Arbeitsauftrag und fordern Sie die Schüler dazu auf, bei der Bearbeitung eine spezifische soziale Fähigkeit zu üben. Begleiten Sie den Auftrag und beobachten Sie die Ausführung der Fähigkeit. Dann ist es möglich, nach Beendigung der Aufgabe zum Inhalt und zum Umgang der Schüler mit der betreffenden sozialen Fähigkeit Feedback zu geben.

5 *Beobachten und Feedback geben*
Werten Sie nach Beendigung der Aufgabe den Aufgabeninhalt und den Umgang mit der sozialen Fähigkeit mit der ganzen Klasse aus. Berichten Sie den Schülern, in welcher Arbeitsphase Sie das gewünschte Verhalten gesehen haben. Geben Sie den Schülern evtl. einen kurzen Evaluationsbogen und lassen Sie diesen in den Gruppen auswerten. Besprechen Sie die Ergebnisse mit der ganzen Klasse. Wichtig dabei ist, dass in der Nachbesprechung dem für die Verwendung der spezifischen Fähigkeit erwünschten Verhalten viel Beachtung geschenkt wird und dass negative Beispiele nur kurz erwähnt werden.

Untenstehend beschreiben wir zwei Beispiele, in denen der Schrittplan konkretisiert ist. Aus den beiden Beispielen ist ersichtlich, dass der Schrittplan in unterschiedlicher Weise verwirklicht werden kann.

■ Beispiel 1: Kooperativ arbeiten, individuell arbeiten, konkurrierend arbeiten und gegeneinander arbeiten

Ein Lehrer will den Schülern am Beginn des Schuljahres die Unterschiede zwischen den o. g. Arbeitsformen bewusst machen, weil er beabsichtigt, die Schüler viel kooperativ lernen zu lassen.

Ziel

Das Ziel dieser Stunde besteht darin, den Schülern zu verdeutlichen, was man unter **kooperativ lernen, individuell lernen, wetteifernd lernen und gegeneinander lernen** versteht, damit sie eine konkrete Vorstellung von der erbetenen Lernweise haben. Dabei bedenken sie Argumente für und gegen jede Form des Lernens.

Start

Der Lehrer beginnt mit einem Klassengespräch über die drei lernförderlichen Arbeitsweisen und die lernbehindernde Arbeitsweise. Er untermauert das Thema mit allerlei Beispielen aus dem täglichen Leben. Die Schüler bringen ihre Erfahrungen aus der Schule oder aus dem Alltag ein. Der Lehrer reagiert kurz auf die Beiträge der Schüler. Dann zeichnet er vier T-Karten (für jede Lernform eine) mit den Überschriften „Was siehst du" und „Was hörst du".

Auftrag 1

Der Lehrer erteilt den Gruppen den Auftrag, verschiedene Beispiele für die vier Lernweisen zu sammeln. Zu jeder Lernweise müssen die Schüler Merkmale nennen: Was siehst du dann? Was hörst du dann? Diese Merkmale werden in eine T-Karte geschrieben.

Besprechung

Der Lehrer bespricht kurz die von den Gruppen gefundenen Beispiele mit der ganzen Klasse.

Auftrag 2

Der Lehrer bittet die Schüler, jede der vier verschiedenen Lernformen zu charakterisieren: Welches sind die Vorteile, welches die Nachteile?

Besprechung

Der Lehrer wertet auch diesen Auftrag kurz aus.

Auftrag 3

Der Lehrer erteilt den Gruppen den Auftrag, zu einer der vier Lernformen ein Poster, eine Wandzeitung oder ein Mobile zu gestalten. Er achtet dabei darauf, dass die vier Lernformen gleichmäßig über die Gruppen verteilt sind.

Präsentation

Die Gruppen präsentieren kurz ihr Produkt. Die Produkte werden dann im Klassenraum ausgehängt.

Beobachtung und Feedback

Der Lehrer lässt die Schüler regelmäßig zusammen lernen. Dabei beobachtet er die Schüler und gibt ihnen in Schülersprache und unter Zuhilfenahme der Präsentationsprodukte Feedback. Er zeigt den Schülern auf, wie die vier Lernweisen aussehen, wo sie zweckmäßig sind und wo nicht. Die Schüler wissen, wovon er spricht.

■ Beispiel 2: Soziale Fähigkeit „Anerkennen anderer Ideen"

Der Lehrer hat den Eindruck, dass die Schüler die Ideen ihrer Mitschüler zu wenig anerkennen. Die Atmosphäre in den Gruppen ist gut. Es wird auch zügig gearbeitet. Die Schüler gehen allerdings wenig auf die Gedanken ihrer Mitschüler ein. Der Lehrer übt diese soziale Fähigkeit mit einer inhaltlich leichten Aufgabe:

Auftrag

Der Lehrer erklärt kurz, was er vorhat. Er gibt Dreiergruppen den Auftrag, sich neue Arten von Personentransport auszudenken, die es bis heute nicht gibt. Diese neuen Transportmöglichkeiten können Kombinationen aus heute üblichen Personentransportarten oder völlig neue sein. Es sind keine Grenzen gesetzt. Der Lehrer legt Wert auf Brainstorming: So viele Ideen wie möglich sollen entwickelt werden. Nach kurzer Zeit bittet der Lehrer die Schüler, eine Idee zu erläutern und festzuhalten.

Einführen der sozialen Fähigkeit „Anerkennen anderer Ideen"

Der Lehrer führt die Fähigkeit „Anerkennen von anderen Ideen" ein. Er erklärt kurz, warum das wichtig ist (Schritt 2). Er bittet die Schüler um Beispiele. Danach lässt er die Schüler gemeinsam eine T-Karte ausfüllen: Was man sieht und hört, wenn jemand die Idee eines anderen anerkennt (siehe Abb. 5.5).

T-Karte	
Was ich sehe	*Was ich höre*
• nicken • jemanden ansehen • interessierter Blick • Finger an das Kinn	• He, das ist eine gute Idee • Hmmmm. • Wiederholen der Idee • Äußerungen, wie: „Was ich so gut fand, war ...", „Diesen Teil deiner Antwort fand ich gut, der andere Teil kann vielleicht ..."

Abb. 5.5 T-Karte „Anerkennen anderer Ideen"

Auftrag

Der Lehrer gibt nun den Schülern den Auftrag, die ausgewählte Idee so zu verbessern, dass zwei Personen mit dem Transportmittel in den Urlaub fahren können. Rollenverteilung in der Gruppe:

- Schüler 1: Bringt eine mögliche Verbesserung ein.
- Schüler 2: Erkennt die Idee von Schüler 1 in irgendeiner Weise an.
- Schüler 3: Notiert die Idee auf einem gemeinsamen Blatt.

Ist das erfolgt, wechseln die Rollen: Schüler 2 bringt die Idee ein, Schüler 3 erkennt sie an und Schüler 1 notiert sie usw. Die Schüler legen los. Als Abschluss des Auftrages sollen die Schüler die Transportmöglichkeit für eine Berichterstattung kurz zusammenfassen. Der Lehrer kündigt an: Jeder Schüler muss Bericht erstatten können.

Nachbesprechung 1

Der Lehrer inventarisiert die unterschiedlichen Transportmöglichkeiten für zwei Personen, welche die Klasse eingebracht hat.

Nachbesprechung 2

Der Lehrer bittet die Schüler um das Vergeben von Noten (nach einer Zehnerskala) für die gegenseitige Anerkennung ihrer Ideen (siehe Abb. 5.5).

1 →	2 →	3 →	4 →	5 →	6 →	7 →	8 →	9 →	10
Anfänger									Experte

Abb. 5.6 Zehnerskala

Die individuellen Noten werden in den Gruppen besprochen. Danach trägt jeder Schüler in die Karte ein, was er das nächste Mal verbessern will. Der Lehrer ergänzt, was er selbst gesehen hat.

In den Abbildungen 5.7 bis 5.10 werden vier wichtige soziale Fähigkeiten mit Hilfe der T-Karten dargestellt.

T-Karte	
das sehe ich	*das höre ich*
• den Sprecher ansehen • dicht zusammensitzen • einander ansehen • Hände ruhig halten • …	• psssttt • nur eine Person spricht • jeder kann ausreden • …

Abb. 5.7 T-Karte „Aktiv zuhören"

T-Karte	
das sehe ich	*das höre ich*
• dicht zusammen sitzen • Blickkontakt • mit dem Kopf nicken • am Auftrag mitarbeiten • …	• „Ich habe eine Idee" • „Was für eine Idee hast du?" • „Kannst du das wiederholen?" • „Ich denke, dass …" • „Was ist, wenn …?" • „Du bist dran." • …

Abb. 5.8 T-Karte „Aktiv teilnehmen"

T-Karte	
das sehe ich	*das höre ich*
• lächeln • Daumen hoch • Schulterklopfen • mit dem Kopf nicken • anschauen • …	• „Klingt gut." • „Gut gemacht." • „Ich finde es schön, wenn du …?" • „Guter Versuch, noch mal." • „Du lernst schnell." • …

Abb. 5.9 T-Karte „Ermutigen"

T-Karte	
das sehe ich	*das höre ich*
• sprechen • zuhören • dicht zusammen sitzen • Blickkontakt • …	• „Ich denke, dass …?" • „Ein anderer Versuch wäre …?" • „Vielleicht können wir …?" • „Gibt es noch andere Ideen?" • „Wir haben noch nicht über … gesprochen." • …

Abb. 5.10 T-Karte „Beitrag liefern"

5.3 Evaluieren von sozialen Fähigkeiten und Gruppenprozessen

Der Lehrer kann soziale Fähigkeiten und Gruppenprozesse im Anschluss an das Zusammenarbeiten unterschiedlich evaluieren. Dazu folgen einige Beispiele für allgemeine und spezifische Evaluationsfragen. Wir setzen voraus, dass das

Herausbilden und Evaluieren der sozialen Fähigkeiten sehr bewusst erfolgt. Wir nehmen an, dass die Schüler Fähigkeiten erst dann gezielt einsetzen können, wenn sie sich der Verwendung bewusst sind. Sonst gelingt es nicht. Durch lautes Sprechen kann das Bewusstsein geschult werden (siehe Abb. 5.11).

Abb. 5.11 Denken und Sprechen

Allgemeine Evaluationsfragen

Kleine Gruppen

a Was lief in deiner Gruppe gut während des Zusammenarbeitens an dieser Aufgabe?
b Was war das Beste, das heute in der Gruppe geschah?
c Was sollte deine Gruppe morgen besser machen?

Ganze Klasse

a Welche soziale Fähigkeiten liefen gut bei der Arbeit in den kleinen Gruppen?
b Welche sozialen Fähigkeiten sollten wir das nächste Mal besser zum Einsatz bringen?

Individuum

a Was hast du beim Unterstützen deiner Gruppe während des Zusammenarbeitens an der Aufgabe gut gemacht?
b Womit hast du zur Förderung des gemeinsamen Lernens in deiner Gruppe beigetragen?
c Was würdest du beim nächsten Mal anders machen, verbessern?

Individuum, der andere

a Nenne *eine* Aktivität, die ein Gruppenmitglied ausführte, um der Gruppe zu helfen.
b Berichte deinen Gruppenmitgliedern, wie (oder ob) du ihre Hilfe gewürdigt hast.

Spezifische Evaluationsfragen

a *Analyse:* Betrachte die soeben beendete Arbeitsphase (Was war hilfreich, was nicht?).

■ **Beispiel**

Ich selbst: Ich ermuntere die anderen Gruppenmitglieder viel/zu wenig.
Andere: Ich fand es schön, dass du (Name ...) mir heute mit ... geholfen hast.
Gruppe: Bei diesem Auftrag bekommen wir für das Überprüfen, ob alle die Aufgabe verstanden haben, die Note 1, 2 oder 3 (1 = gut; 2 = mäßig; 3 = verbesserungswürdig).

b *Anwenden:* Welche aus dem gemeinsamen Beraten in der Gruppe gewonnenen Erfahrungen könnten wir in anderen Situationen anwenden?

■ **Beispiel**

Ich selbst: Folgende erlernte soziale Fähigkeit kann ich beim Arbeiten in einer anderen Gruppe einsetzen, weil ...
Andere: Manchmal ist es besser in einer Dreiergruppe an einer Aufgabe zu arbeiten, weil ...

c *Ziele stellen:* Welche soziale Fähigkeit sollten wir entwickeln, um bei künftigen Aufgaben effektiver zusammenzuarbeiten?

■ **Beispiel**

Ich selbst: Eine soziale Fähigkeit, auf die ich das nächste Mal besonders achten werde, ist .... Das werde ich durch ... und ... tun.
Gruppe: Wir legen fest, dass wir beim nächsten Mal die folgende soziale Fähigkeit besser beachten werden.

Allgemeine und spezifische Evaluationsfragen können die Lehrer mündlich oder schriftlich stellen. Die Fragen sollten in jedem Falle kurz sein. Das Denken der Schüler wird besser sichtbar, wenn der Lehrer mündlich fragt und die Schüler bittet, nach einer Bedenkzeit das Ergebnis zu signalisieren, z. B. indem sie den Daumen hochhalten für „ging gut", die flache Hand zeigen für „ging mäßig" und den Daumen nach unten halten für „ging schlecht". Das Tempo der Nachbesprechung wird dadurch beschleunigt. Im Anschluss an diese Evaluation kann der Lehrer Beispiele für das gewünschte Verhalten anführen oder Auffälligkeiten bei der Beobachtung des Zusammenarbeitens aufzeigen.

■ **Beispiel Mathematikstunde**

Die Schüler haben fast während der ganzen Stunde in Dreiergruppen an den Funktionen gearbeitet. Etwa 7 Minuten vor Ende der Stunde bittet der Lehrer die Schüler, sich einzeln zu setzen. Mit dem Overhead projiziert er einige Fragen an die Wand, die jeder auf einem Extrablatt beantworten soll. Das wird nicht benotet. Der Lehrer will damit überprüfen, wie die Zusammenarbeit verlaufen ist. Die Beantwortung soll schnell gehen. Die erste Frage betrifft einen Schritt bei der Problemlösung. Frage zwei lautet: „Was meinst du, wie sieht das Ergebnis ungefähr aus?" Die dritte Frage: „Benote deine eigene Arbeit an den Funktionen zu Beginn der Stunde und am Ende der Stunde jeweils mit einer Ziffer zwischen 1 und 5. Die letzte Frage: „Vergib ein Plus oder ein Minus für die Zusammenarbeit in deiner Gruppe." Der Lehrer bespricht die Fragen mit der ganzen Klasse und ist pünktlich zum Klingelzeichen fertig.

Eine erweiterte schriftliche Evaluation würde mehr Zeit kosten. Schüler müssen das Formular ausfüllen und die Ergebnisse müssen in der Gruppe oder meistens auch mit der ganzen Klasse ausgewertet werden. Vorteil einer schriftlichen Evaluation: Die Schüler beschäftigen sich länger mit dem Verlauf der Zusammenarbeit. Für eine schriftliche Evaluation ist ein Formular besonders geeignet (siehe folgendes Beispiel und Abb. 5.12).

- **Beispiel Evaluationsformular**

Der Lehrer bittet die Schüler, das Formular 5.12 mit Schlagwörtern auszufüllen und einige Beispiele zum dazugehörigen Verhalten zu nennen. Es geht um die Meinung der Schüler zu der sozialen Fähigkeit „Nachfragen können" (gründliches Erfragen). Die betreffende Fähigkeit wurde bereits einige Male mit den Schülern besprochen. Ein Schüler der Gruppe füllt das Formular aus und gibt es an den Nachbarn weiter. Dieser darf mit einer anderen Stiftfarbe Kommentare hinzufügen. Das Formular zirkuliert durch die Gruppe. Ein Schüler liest die Kommentare vor. Danach wertet der Lehrer das Formular mit der ganzen Klasse aus (siehe Abb. 5.12).

Name:	**Gruppe:**	**Datum:**
P(lus): Was lief gut beim Nachfragen?		
M(in): Was lief weniger gut beim Nachfragen?		
W(eiter): Was kann man das nächste Mal tun, um die Arbeit zu verbessern?		

Abb. 5.12 Evaluationsformular

Name: Johanna	**Gruppe:** Johanna, Kees, Carien	**Datum:** ...
P(lus): Was lief gut beim Nachfragen?	Ich fand gut, dass ich, als Kees zu schnell Schlussfolgerungen zog, nachgefragt habe, was er damit meint, bis er schließlich reagierte. Da war ich zufrieden. Kees sagte: „Mir hat das auch geholfen." Kommentar von Carien: „Danach habe ich es auch kapiert."	
M(in): Was lief weniger gut beim Nachfragen?	Ich habe nicht immer etwas gesagt, weil es mir manchmal zu schnell geht. Und dann ziehe ich mich etwas zurück.	
W(eiter): Was kann man das nächste Mal tun, um das zu verbessern?	Ich werde meine Meinung nachdrücklicher äußern.	

Abb. 5.13 Ein ausgefülltes Evaluationsformular

Lehrer können auch selbst Formulare für das gelegentliche Beobachten der Zusammenarbeit einer speziellen Gruppe erstellen, um dann den Schülern spezielles Feedback zu geben. Das können die Schüler auch untereinander tun, wenn sie z. B. einen Beobachter für ihre Gruppe benennen, der während einer kurzen Periode observiert, in welcher Form einzelne Schüler einen Beitrag an die Gruppe liefern und wie die Mitglieder aufeinander reagieren (siehe dazu u. a. Beispiel und Abbildung 5.14).

■ **Beispiel Beobachtungsformular**

Die Namen der Gruppenmitglieder stehen oben horizontal, links stehen vertikal die zu beobachtende sozialen Fähigkeiten. Der Lehrer (oder ein Schüler mit der Beobachter-Rolle) vermerken mit Strichen, wenn die Schüler ein bestimmtes Verhalten zeigen. Aus dem Beobachtungsformular in der Abbildung 5.14 geht hervor, dass Kees fünfmal Ideen beitrug, einmal um Ideen der anderen bat und zweimal Komplimente für andere Ideen aussprach.

Am Ende erhalten die Gruppen ihr ausgefülltes Formular. Der Lehrer fragt die Schüler, was sie aus dem ausgefüllten Formular betreffs ihrer Teilnahme am Lernprozess und betreffs ihres Gruppenprozesses lernen. Oder sie bekommen die Anweisung, jedem Gruppenmitglied Feedback zu seinem Beitrag zu geben (individuelle Ansprechbarkeit) und letztendlich ein neues Gruppenziel zu formulieren. (Siehe Abb. 5.14).

Beobachtungen beim Entwickeln neuer Ideen			
Beobachter: ____________			
Datum: ____________			
	Kees	Carien	Johanna
entwickelt Ideen	/////	/	/
bittet um mehr Ideen von anderen	/	////	/
lobt die Ideen der anderen	/ /	////	/

Abb. 5.14 Beobachtungsformular

5.4 Phasen der Teamentwicklung und das Training sozialer Fähigkeiten

Es ist selbstverständlich, dass die Lehrer soziale Fähigkeiten und Gruppenprozesse gemeinsam mit den Schülern aufbauend entwickeln. Man kann sich vorstellen, dass dabei eine gewisse Reihenfolge eingehalten werden muss. Die Schüler müssen z. B. erst lernen, einander regelmäßig zu Wort kommen zu lassen, bevor sie Gedanken und Ideen miteinander austauschen können. Johnson und Johnson haben eine Liste erstellt, in der verschiedene Phasen von Gruppenprozessen beschrieben sind, in denen verschiedene soziale Fähigkeiten aufeinander aufbauend ihren Platz finden müssen (siehe Abb. 5.15).

1 Formieren: sicher und arbeitsfähig sein	**2 Funktionieren: inhaltlich beim Lernen sein**
• bei der Gruppe bleiben • ruhig sprechen • Verteilen des An-die-Reihe-Kommens • mit Vornamen ansprechen • Hände und Füße ruhig halten • den Sprecher anschauen • sich nicht „klein" machen • …	• Aufgaben/Funktionen verteilen • loben • Zeit überwachen • zur Teilnahme animieren • Hilfe erbitten • Fragen stellen • Erklärung anbieten • Paraphrasieren anderer Beiträge • die gegenseitigen Ideen verdeutlichen • Gefühle beschreiben • Gruppenmitglieder zur Mitarbeit stimulieren • …
3 Formulieren: laut denken	**4 Kreieren: neue Ideen entwickeln**
• zusammenfassen, was der andere gesagt hat • überprüfen, ob die Antwort stimmt • nachfragen, weiterfragen • anderen helfen, sich zu erinnern • laut denken dürfen und andere laut denken lassen • die Arbeit laut planen • …	• nicht Personen, sondern Ideen kritisieren • unterschiedliche Ideen gelten lassen • nach Begründungen fragen • neue Information oder Ideen hinzufügen, ohne andere zu negieren • mehrere Antworten stimulieren • mit weiteren Informationen Schlussfolgerungen herausfordern • …

Abb. 5.15 Phasen der Teamentwicklung und das Training sozialer Fähigkeiten

Es folgt eine kurze Erläuterung der Abbildung 5.15.

Zu 1: Formieren: sicher und arbeitsfähig sein

„Sicher und arbeitsfähig" betrifft elementare soziale Fähigkeiten, welche die Voraussetzungen für eine lernende Gruppe bilden.

Zu 2: Funktionieren: inhaltlich beim Lernen sein

„Inhaltlich beim Lernen" betrifft soziale Fähigkeiten, welche die Gruppenmitglieder in die Lage versetzen, gemeinsam eine gestellte Aufgabe zu Ende zu führen. Sie sind in der Lage, an einer eindeutigen Aufgabe gemeinsam zu lernen.

Zu 3: Formulieren, laut denken

„Laut denken" betrifft soziale Fähigkeiten, durch die die Gruppenmitglieder gemeinsam überlegen, die Aufgabe abwägen und gemeinsam nach der besten Lösung suchen können.

Zu 4: Kreieren: neue Ideen entwickeln

„Neue Ideen entwickeln" betrifft soziale Fähigkeiten, durch die die Gruppenmitglieder sich bereit fühlen, die erarbeiteten Ideen unter die Lupe zu nehmen und einander zur Entwicklung der besten Ideen für die Gruppe herauszufordern.

Der Lehrer kann, in Abhängigkeit von der Lernphase, in der die Gruppen sich befinden, bestimmten sozialen Fähigkeiten und deren Entwicklung besondere Beachtung schenken.

Das Schema 5.15 stellt eine Gliederung in soziale und lernmethodische Fähigkeiten dar, die direkt an die Phasen der Gruppenprozesse gekoppelt sind.

Wir arbeiten diese Gliederung um (siehe Abbilddung 5.16). Die hier dargestellten Fähigkeiten beziehen sich auf die Schritte einer komplexen kooperativen Zusammenarbeit, welche auf das Lernniveau „Kreativ anwenden" gerichtet ist. Diese Fähigkeiten können die Lehrer gezielt beachten, wenn sie der Lernweise der Schüler und der Entwicklung sozialer Fähigkeiten besondere Beachtung schenken wollen.

Schritte	in Übereinstimmung mit den Prinzipien „laut denken" und „neue Ideen entwickeln"	im Widerspruch zu den Prinzipien „laut denken" und „neue Ideen entwickeln"
Einladen	• Schüler stellt Fragen wie: „Warum geschah das? Was wissen wir hiervon bereits?" • zeigt Interesse für den Gegenstand und für die Mitschüler	• fragt nach *der* richtigen Antwort • sucht nach nur einer Lösung • will hauptsächlich Erläuterung
Untersuchen	• denkt frei, aber innerhalb der Bedingungen für den Auftrag • sucht nach Alternativen und diskutiert darüber mit anderen	• überlässt anderen das Denken und Untersuchen • tut einfach etwas, ohne Untersuchungsaufgabe

Erklärungen vorstellen, Lösungen suchen	• hört kritisch zu bei den Erklärungen anderer • hinterfragt die Erklärungen anderer • verwendet frühere Erfahrungen und Angaben aus der Literatur	• akzeptiert die Erklärung, ohne um Erläuterung zu bitten • stellt Aussagen vor, die keinen Bezug zu früheren Erfahrungen oder zu Literaturangaben haben
Aktiv werden	• zieht eigene Schlussfolgerungen aus früheren Arbeitsphasen • stellt Fragen, die künftige Untersuchungen stimulieren • wendet das Gelernte an	• benutzt bei Schlussfolgerungen die Wortwahl anderer • begnügt sich mit dem Erreichten • zieht keine Konsequenzen für das eigene Handeln

Abb. 5.16 Soziale und methodische Fähigkeiten der Schüler

In Abbildung 5.16 kann man erkennen, dass bei komplexeren Lernaktivitäten nicht nur soziale Fähigkeiten gefragt sind. Hier ist eine Kombination aus Wissen, sozialen Fähigkeiten und persönlichen Qualitäten gefragt. Bei „Laut Denken" und „Neue Ideen entwickeln" ist es nicht möglich, nur einzelne Fähigkeiten zu trainieren, dort sind Kompetenzen verlangt.

Die Verwendung des Begriffes „Kompetenz" ist nicht nur ein Ersatz für den Begriff „Fähigkeiten", auch wenn der Begriff „Kompetenz" momentan viel gebraucht wird (und das oft ungenau).

Eine Kompetenz ist komplexer als eine einzelne Fähigkeit. Wir betrachten die Kompetenz als eine Gesamtheit von Wissen, Fähigkeiten und persönlichen Qualitäten. Das Wissen bildet das Fundament der Kompetenz. Fähigkeiten und Verhalten sind anzulernende Handlungen mit dazugehörigen, oft feststehenden Prozeduren. Dazu zählen die in diesem Kapitel besprochenen sozialen Fähigkeiten. Persönliche Qualitäten sind die persönlichen Eigenschaften der Schüler, wie Durchsetzungsvermögen, Interesse an den anderen und Lernfreude. Nach unserer Auffassung ist also Kompetenz die Integration von Wissen, Können und Sein. Kompetenz ist wesentlich mehr, als eine Fähigkeit allein. Van Emst (2002) beschreibt Kompetenz mit: Du bist kompetent, wenn du sagen kannst: „Ich kann es und ich weiß warum." Der Zusatz „Ich weiß warum" deutet darauf hin, dass der Schüler über sein eigenes Handeln reflektieren kann.

Zusammenfassung

Das Vermitteln sozialer Fähigkeiten ist nach unserer Meinung zwar nicht das Hauptziel des kooperativen Lernens. Jedoch sind die sozialen Fähigkeiten eine wesentliche Voraussetzung für dessen Erfolg.

In diesem Sinn fassen wir dieses Kapitel in Form von Empfehlungen für Lehrer zusammen:

> Die zu vermittelnde, für die Zusammenarbeit relevante Fähigkeit muss immer an einen Inhalt oder an eine Aufgabe gekoppelt sein. Wollen Lehrer eine spezifische soziale Fähigkeit einführen, müssen sie das dabei konkret wahrnehmbare Verhalten beschreiben.
>
> Es gibt fünf verschiedene Möglichkeiten für das Trainieren der sozialen Fähigkeiten (die ersten vier sind in sich geschlossen):
>
> - gezielte Auswahl der kooperativen Lernformen, die für das Trainieren bestimmter sozialer Fähigkeiten besonders geeignet sind
> - gezielter Einsatz von Rollen beim gemeinsamen Lernen
> - den Schülern die Bedeutung der richtigen Verwendung der sozialen Fähigkeit klarmachen (z. B. durch Feedback)
> - das Evaluieren der Prozesse in der Gruppe
> - das Entwickeln und Üben der sozialen Fähigkeiten mit einem Schrittplan (auf der Grundlage eines Schrittplans werden die sozialen Fähigkeiten für die Schüler besonders gut nachvollziehbar).
>
> In der täglichen Praxis werden die Lehrer eine Kombination der verschiedenen Möglichkeiten handhaben.
>
> Es ist wichtig, das kooperative Lernen regelmäßig auszuwerten. Es sollte vor allem herausgearbeitet werden, was gut verlief und was nicht.
>
> Man kann die Gruppenprozesse so gliedern, dass verschiedene soziale Fähigkeiten nacheinander verwendet werden. Das könnten folgende vier Phasen sein: Formieren, Funktionieren, Formulieren und Kreieren.
>
> In allen Fällen sind Beobachtungen und Feedback der Lehrer wichtige Instrumente, um den Schülern zu verdeutlichen, was erforderlich und gewollt ist.

6 Begleiten des kooperativen Lernens

6.1 Instruktionen für das kooperative Lernen

6.2 Begleiten des kooperativen Lernens

6.3 Auswertung

Cohen (1994) unterscheidet zwei Arten von Leitung, die Lehrer im Unterricht praktizieren: die direkte Leitung, bei der der Lehrer die zentrale Figur darstellt und die unterstützende Leitung, bei der der Lehrer die Schüler begleitet. Der Lehrer ist in beiden Fällen verantwortlich.

Beim kooperativen Lernen ist die begleitende Rolle des Lehrers eine andere als beim individuellen Lernen. Viele Lehrer berichteten uns, wenn das gemeinsame Arbeiten in ihrer Lernsituation gut verlief, dann wussten sie nicht, was sie noch tun sollten. Oder sie hatten das Gefühl, sie bräuchten nichts mehr zu machen, oder, was noch schlimmer ist, sie fühlten sich überflüssig. Alle diese Lehrer können wir beruhigen. Erfolgreiche Zusammenarbeit führt nicht dazu, dass sie überflüssig werden. Es gibt natürlich Momente, wo der Lehrer manches etwas ruhiger angehen kann. Jedoch in Unterrichtslernsituationen, in denen Schüler vollständig nach den Prinzipien von kooperativen Lernens arbeiten, gibt es ständig Aufgaben für Lehrer. Mehr noch, der Lehrer hat nun endlich Zeit und Gelegenheit, Schüler individuell zu unterstützen. In diesem Kapitel gehen wir eingehend auf das Begleiten des kooperativen Lernens ein. Wir beschreiben, wie eine eindeutige Instruktion aussehen muss, damit Lehrer effektiv begleiten können (unter 6.1) und, wie Lehrer kooperatives Lernen inhaltlich und entsprechend der Gruppenprozesse auswerten sollten (unter 6.3). Unter 6.2 wird das Begleiten während der Zusammenarbeit beschrieben. Am Ende des Kapitels erfolgt eine Zusammenfassung.

6.1 Instruktion für kooperatives Lernen

Wir kommen kurz darauf zurück, was wir im ersten Band „Effektiv lernen“ (Ebbens & Ettekoven, 2009) über die Instruktion zum selbstständigen Arbeiten/Lernen geschrieben haben. Schüler, die genau wissen, was von ihnen erwartet wird und klare Vorstellungen davon haben, wie sie dieser Erwartung gerecht werden, packen das Lernen an und bleiben dran. Um das zu erreichen, müssen die Lehrer eine vollständige und klare Instruktion für das selbstständige Arbeiten/Lernen erteilen. Das ist der Fall, wenn die Schüler nach erteilter Instruktion zum gemeinsamen Lernen wissen:

1 was sie tun müssen, d. h. welche Aufträge sie ausführen müssen

2 wie sie das tun müssen, d. h. in welcher Weise sie den Auftrag zu einem guten Ende führen können, welche Schritte sie dazu unternehmen müssen

3 mit wem sie gemeinsam lernen dürfen oder müssen, d. h. in einer vom Lehrer festgelegten oder in einer selbst festgelegten Gruppe

4 bei wem und wann sie Hilfe erhalten können, d. h. was sie tun müssen, bevor der Lehrer Hilfe erteilt (zuerst im Buch nachsehen, die Aufzeichnungen ansehen oder Gruppenmitglieder fragen)

5 wie viel Zeit sie für den Auftrag bekommen

6 was mit dem Ergebnis des Auftrages geschieht, d. h. wird alles besprochen oder nur das, was die Klasse als schwierig empfand? Findet die Nachbesprechung auf der Basis von „individueller Ansprechbarkeit" statt? Dürfen die Gruppen selbst Bericht erstatten? Sieht der Lehrer die Niederschriften der Gruppen durch?

7 was sie tun müssen, wenn sie eher als die anderen Gruppen mit dem Auftrag fertig sind, d. h. gibt es (attraktive und sinnvolle) zusätzliche Aufgaben (= Schwamm)

Im Buch „Effektiv Lernen" wird zum Begleiten des selbstständigen Arbeitens ausgesagt: Es klingt zwar ziemlich paradox, aber es wird bezweckt, dass der Lehrer hilft, indem er *Hilfe zurückstellt, aufschiebt.* Der Lehrer wird z. B. nach der Instruktion zunächst keine inhaltliche Hilfe leisten. Das teilt er in seiner Instruktion mit. Dann müssen die Schüler wissen

8 was der Lehrer tut, wenn die Schüler arbeiten, d. h. beobachtet er bestimmtes Verhalten? Worauf achtet er dabei? Wann steht er für Hilfe wieder zur Verfügung?

Bezugnehmend auf frühere Kapitel sollte der Lehrer bei längeren Aufträgen seiner Instruktion Folgendes hinzufügen:

9 Welche soziale Fähigkeit müssen die Schüler besonders beachten? Wissen sie, was sie tun müssen? Wissen sie, in welcher Weise der Lehrer darauf achtet?

10 Wie evaluiert der Lehrer gemeinsam mit ihnen die Zusammenarbeit? Erfolgt das kurz am Ende des Auftrages? Oder wird systematisch auf Basis der von allen Schülern notierten Aufzeichnungen evaluiert? Wissen sie, in welcher Weise der Lehrer darauf achtet?

Durch diese vollständige Instruktion werden so ziemlich alle Schüler gemeinsam ans Werk gehen. Anstatt hin- und herzurennen und überall „Feuerchen zu löschen", kann der Lehrer nun die Schüler während des gemeinsamen Arbeitens begleiten.

■ Beispiel „Feuerchen löschen"

Kaum haben sich die Schüler hingesetzt, beginnt der Lehrer. Er berichtet, dass er in dieser Stunde mit kooperativem Lernen beginnen möchte. In Vierergruppen soll an einem großen Auftrag über England gearbeitet werden. Unmittelbar nach dieser Mitteilung wird es unruhig in der Klasse. Die Schüler suchen Kontakt: „Wir möchten zusammen arbeiten", rufen sie. Sie reagieren negativ, nachdem der Lehrer sagt, dass er die Gruppenzusammensetzung bereits festgelegt hat. In der nun folgenden Instruktion berichtet der Lehrer ausführlich, was gemacht werden muss, wie die Aufgaben verteilt werden können, an welche Regeln sie sich halten müssen. Als er nach zehn Minuten die Gruppenzusammensetzung verliest, bricht Tumult aus. Erst nach einigen Minuten wird es ruhiger. In einzelnen Gruppen treten sofort Fragen auf. Der Lehrer ist irritiert. „Das habe ich euch doch gesagt: „Es gibt vier Aufgaben ..." Er verweist auf das Aufgabenblatt, das einige Schüler wirklich zu lesen beginnen. Aber viele Schüler fangen einfach mit irgendetwas an. Fortwährend haben sie Fragen und der Lehrer hat nicht genug Augen und Ohren, um überall zu helfen. In einer Gruppe gibt es große Meinungsverschiedenheiten über die Aufgabenverteilung. Ein Schüler schiebt ruckartig seinen Stuhl nach hinten, wirft seinen Stift auf den Tisch und schaut demonstrativ zum Fenster hinaus. Der Lehrer fragt aus der anderen Ecke des Klassenraumes, was los sei. „Der Kerl soll nicht so dumm tun ..." Der Lehrer wird nun echt böse. „Geh mal vor die Tür, solche Reden dulde ich hier nicht." Der Schüler geht hinaus und schlägt die Tür hinter sich zu. Durch diesen Ausbruch kehrt wieder etwas Ruhe ein.

Bei fast keiner Arbeitsform wirkt sich eine mangelnde Instruktion so schnell und deutlich (negativ) aus, wie beim kooperativen Lernen. Dem Lehrer wird unmittelbar klar, was er versäumt hat. Bei Gruppen, die erstmals mit dem Zusammenarbeiten beginnen, ist es oft notwendig, die Instruktion in Schritten vorzunehmen. Das heißt: einen Auftrag erteilen, diesen erst ausführen und dann den nächsten Auftrag vergeben. Sind die Schüler mit der Struktur der Zusammenarbeitsaufträge vertraut, kann der Lehrer Teile der Instruktion weglassen oder die Instruktion am Stück erteilen. Für obiges Beispiel bedeutet das: Der Lehrer bildet erst die Gruppen, erteilt einen kleinen Auftrag zum Kennenlernen und zur Vorbereitung. Erst dann geht er den nächsten Schritt. Sehr hilfreich ist, wenn für jeden Schritt ein Schlüsselwort an der Tafel steht.

Haben die Schüler Erfahrungen mit dem selbstständigen Arbeiten gesammelt, können die Gruppen auch selbst nachdenken, wie sie ein Problem lösen werden, wie viel Zeit sie dafür benötigen, worauf der Lehrer bei ihrer Gruppe achten soll. Mit anderen Worten: Die Instruktion kann dann offener sein und teilweise an die Schüler delegiert werden. Der Lehrer kann dafür die Schritte einer vollständigen Instruktion an die Tafel schreiben oder an die Wand projizieren.

6.2 Begleiten des kooperativen Lernens

Haben Lehrer wenig Erfahrung mit dem kooperativen Lernen, dann fühlen sie sich manchmal unwohl, wenn die Schüler gemeinsam arbeiten. Natürlich sind sie zufrieden, wenn alle Schüler gemeinsam arbeiten und sich ernsthaft mit der Aufgabe befassen. Aber sie haben Probleme mit dem Gefühl, in dieser Periode scheinbar überflüssig zu sein.

■ **Beispiel**

Ein Lehrer sagte bei einer Auswertung eines Experimentes mit Gruppenarbeit: „Meine Funktion besteht darin, die Schüler zum Arbeiten zu bringen und sie am Arbeiten zu halten. Bei leichtem Stoff ist das manchmal nicht so einfach. Du bist dann ein Joker für die Klasse und hast wenig zu tun. Ich gehe zwar davon aus, dass die Schüler lernen müssen und nicht der Lehrer, aber still zu sitzen und zuzusehen, ohne in Anspruch genommen zu werden, das ist entschieden undankbar, besonders am Anfang."

Die Rolle des Lehrers während des gemeinsamen Lernens bewegt sich zwischen zwei Extremen. Das erste Extrem: Der Lehrer ist kontinuierlich beschäftigt. Er reagiert auf alle „Hilferufe" der Schüler, gibt Anweisungen und korrigiert fortwährend. Das zweite Extrem: Der Lehrer sitzt an seinem Lehrertisch und beschäftigt sich mit seinen eigenen Aufgaben. Er greift nur ein, wenn es unruhig wird.

Welche Position kann ein Lehrer einnehmen, der das Zusammenarbeiten der Schüler in einer guten Weise begleiten möchte. Was sollte er tun?

6.2.1 Drei Faustregeln für das Begleiten von kooperativem Lernen

Zu der Frage, was ein Lehrer während der Begleitung der Zusammenarbeit tun könnte, geben wir drei Faustregeln (siehe Abb. 6.1).

1 Der Lehrer tut nichts, was die Schüler selbst tun können.
2 Die Anwesenheit des Lehrers verleiht dem Lernen der Schüler „Mehrwert".
3 Der Lehrer versucht eine gute Balance beim Begleiten von unerfahrenen und erfahrenen Gruppen zu finden.

Abb. 6.1 Drei Faustregeln für das Begleiten von kooperativem Lernen

Zu 1: Der Lehrer tut nichts, was die Schüler selbst tun können

Der Lehrer möchte die Schüler mehr für ihr eigenes Lernen verantwortlich machen. Das ist der wichtigste Grund, die Schüler zusammen arbeiten zu lassen. Kooperatives Lernen bedeutet, dass das Lernen an die Schülergruppen delegiert wird. Gleichzeitig will der Lehrer erreichen, dass die Schüler mehr Verständnis für den Lernstoff erhalten, indem er sie gemeinsam darüber sprechen lässt. Ist der Auftrag gut auf das Niveau der Schüler abgestimmt und die Instruktion eindeutig, dann müssen die Schüler in der Lage sein, den Auftrag losgelöst vom Lehrer auszuführen. Ab diesem Zeitpunkt hat es keinen Sinn, dass der Lehrer diese Aktivitäten wieder selbst ausführt, also den Schülern wieder abnimmt. Wenn der Auftrag eindeutig ist, muss der Lehrer sich (in erster Instanz) nicht mehr inhaltlich um das gemeinsame Lernen der Schüler bemühen. Das kann man in der Praxis natürlich nicht immer einhalten. Es wird immer wieder Gründe für die Erteilung ergänzender Information oder für Hilfeleistungen geben, z. B. wenn Schüler ein Problem nicht lösen können. Wir sind der Ansicht, dass Lehrer ihre Hilfeleistungen vorsichtig handhaben sollten. Die Fallstricke beim Helfen können groß sein, besonders wenn Lehrer und Schüler an die Hilfe durch den Lehrer gewöhnt sind, wenn die Lehrer Hilfe als Teil ihrer Funktion betrachten (z. B. weil es sonst zu lange dauert oder weil die Schüler auf Hilfe drängen). Lehrer können sich davor schützen, wenn sie den Schülern klar machen: „Ihr müsst zuerst die anderen Mitschüler fragen, bevor ihr mich fragt." Das heißt, ein Schüler darf den Lehrer erst um Hilfe bitten, wenn ihm keines seiner Gruppenmitglieder helfen kann. Das bedeutet auch, dass der Lehrer nicht mehr einem individuellen Schüler hilft, sondern nur den Schülergruppen.

Muss der Lehrer helfen, sollte er das fragend tun. Seine Fragen zielen auf die richtige Antwort. Haben die Schüler trotz Nachdenkens keine Vorstellung von der Lösung, muss der Lehrer zunächst noch Informationen erteilen. Die Schüler müssen letztendlich zu einer Lösung gelangen oder zumindest mit der Arbeit am Auftrag fortfahren können. Nur fragend zu helfen reicht nicht aus. Den Schülern ist nicht geholfen, wenn der Lehrer es ihnen zu einfach macht, indem er ihnen die Lösung sagt oder vorzeigt. Ihnen ist geholfen, wenn der Lehrer sie mit Erfolg über einen Lösungsweg oder über die Lösung nachdenken lässt oder wenn sie nach der Hilfeleistung selbstständig weiter arbeiten können.

Aus den Hintergründen im Anschluss an Kapitel 9 geht hervor, dass die Schüler durch diese Art der Unterstützung mehr lernen.

Zu 2: Die Anwesenheit des Lehrer verleiht dem Lernen der Schüler „Mehrwert"

Ein Lehrer, der während des Zusammenarbeitens der Schüler nur die Rolle des Publikums übernimmt, unterschätzt die Möglichkeiten, gerade in dieser Phase der Unterrichtssituation das gemeinsame und das selbstständige Lernen der Schüler zu fördern. Hierbei kann der Lehrer Coach und Schiedsrichter sein.

Coach

Der Lehrer hat im Prinzip eine coachende Rolle. Diese ist auf die Entwicklung des gemeinsamen und selbstständigen Lernens der Schüler gerichtet. Feedback zu geben sowie reflektierende und evaluierende Fragen zu stellen, zählt zu den Aktivitäten des Coaches. Die Fragen können sowohl den Auftrag, als auch den Lernprozess betreffen (siehe Abb. 6.2).

Fragen zum Auftrag:	**Fragen zum Lernprozess:**
• Was ist an diesem Auftrag neu? • Was ist der Kern des eben Gelesenen? • Könnt ihr selbst ein Beispiel anführen? • In welcher Beziehung steht dieser Auftrag zum vorigen Kapitel? • ...	• Wie gedenkt ihr den Auftrag anzugehen? • Was wollt ihr beim nächsten Mal anders machen? • Welche Hilfsmittel könnt ihr für die Bearbeitung des Auftrages nutzen? • Was würdest du beim nächsten Mal anders machen? • ...

Abb. 6.2 Beispiele für Fragen des Lehrer als Coach

Es wird natürlich bezweckt, dass solche Fragen den Lernprozess der Schüler positiv beeinflussen. Das erfordert eine sorgfältige Auswahl und Anpassung der Fragen. Es hat keinen Sinn, diese Fragen ungeordnet zu stellen, zum Beispiel während die Schüler noch arbeiten. Dadurch wird der Lernprozess eher behindert als gefördert.

Man kann das Handhaben derartiger Fragen mit der Arbeit eines Basketballcoaches vergleichen. Dieser hat während des Spiels viermal Gelegenheit, seiner Mannschaft Ratschläge zu geben. Den Zeitpunkt kann er zweimal selbst bestimmen. Er muss seine Ratschläge genau abwägen. Sie ergeben sich aus den von ihm gründlich beobachteten Handlungen der Spieler während des bisher verlaufenen Spieles. Natürlich unterscheidet sich ein Basketballspiel vom Lernen der Schüler in vielerlei Hinsicht. Für beides gilt jedoch: Eine adäquate Begleitung ergibt sich durch das Beobachten des Verhaltens der zu begleitenden Gruppe.

Lernen alle Gruppen selbstständig und braucht der Lehrer aus Gründen der Sicherheit nicht einzugreifen, dann hat er ausreichend Gelegenheit zu beobachten. Es ist günstig, abwechselnd eine Gruppe und jedes Mitglied dieser Gruppe systematisch während einer kurzen Zeit zu beobachten und sich dazu einige Notizen zu machen. Der Lehrer kann auch hinsichtlich des erwünschten Verhaltens beobachten und darüber nach Fertigstellung des Auftrages mit der Klasse sprechen.

■ Beispiel

Der Lehrer beobachtet, dass Schüler einander regelmäßig herabwürdigen, wenn einer einen Fehler begeht. Er will mit den Schülern darüber diskutieren. Er führt mit einem Schüler der Klasse ein kleines Schauspiel auf. Er hat die Szene mit dem Schüler durchgesprochen.

Schüler: „Sorry, ich habe schon wieder vergessen, das Buch zurückzugeben, obwohl ich es schon zweimal versprochen habe. Aber morgen bringe ich es mit.“ Lehrer (stürmt lauthals nach vorn): „Wo ist mein Buch? Schon wieder vergessen? Du hast es versprochen!“ Schüler: „Ich bringe es morgen ganz bestimmt mit.“ Lehrer: „Das soll einer glauben! Und ich kann jetzt nicht lernen. Du kannst mich mal gern haben!“ Solch ein Disput könnte eskalieren.

Der Lehrer bittet die Schüler, auf das Geschehene einzugehen. Wie verlief es? Welche Gefühle hatten sie dabei? Wurde das Problem gelöst? Nach einigen Diskussionen wurde das Stück erneut aufgeführt und zwar so, dass das Problem gelöst wurde. Danach wurde wieder ausgewertet. Schließlich stellte jeder fest, hieraus etwas gelernt zu haben.

Der Lehrer kann Runden durch die Klasse laufen und das gemeinsame Lernen in den Gruppen aus der Nähe beobachten. Erscheint es ihm nützlich, kann er dabei reflektierende Fragen zu Prozess und Inhalt stellen. Läuft etwas in einer Gruppe nicht gut, kann der Lehrer intervenieren (siehe die dritte Faustregel in Abb. 6.1). Besser ist, gemeinsam mit den Schülern nach Lösungen zu suchen. Dabei kann u. a. ein Schrittplan helfen.

Schrittplan für das Lösen von Problemen in Gruppen

1 Beschreiben Sie das von Ihnen wahrgenommene Verhalten.
2 Fragen Sie, was die Gruppe bis jetzt getan hat, um das Problem zu lösen.
3 Fragen Sie die Gruppe, was sie tun will.
4. Führen Sie mit der Gruppe Brainstorming zu verschiedenen Lösungen durch, wenn die Schüler selbst keine Lösung herbeiführen können.
5 Bitten Sie die Schüler darum, eine der möglichen Lösungen auszuwählen und den Lösungsweg zu planen.
6 Lassen Sie die Gruppe den Lösungsweg in die Praxis umsetzen.
7 Überprüfen Sie nach einer kurzen Zeitspanne, wie weit die Gruppe mit der Lösung des Problems gekommen ist.

Wenn mit diesem Schrittplan für die betreffende Gruppe keine Lösung herbeigefuhrt werden kann, dann handelt es sich wahrscheinlich um eine schwierige Gruppe. Wir raten, zunächst mit den einzelnen Schülern zu sprechen, danach wieder mit dem Rest der Gruppe. Sehr selten kommt es vor, dass ein Schüler nicht in der Lage ist, in einer Gruppe gemeinsam mit anderen zu arbeiten. Lassen Sie solch einen Schüler vorübergehend allein an der gestellten Aufgabe arbeiten. Planen Sie, wie er wieder in die Gruppe integriert werden kann, evtl. mit einem Vertrag. Vergessen Sie nicht, den Mentor, die Schulleitung und evtl. sogar die Eltern darüber zu informieren. In einer solchen Situation fungiert der Lehrer nicht als Coach, sondern als Schiedsrichter.

Schiedsrichter

Ein Lehrer muss als Schiedsrichter agieren, wenn es um die Sicherheit der Schüler geht. Unter Sicherheit verstehen wir, dass die Schüler sich bei der Ausfüllung bestimmter Rollen und bei der aktiven Mitarbeit am Gruppenauftrag sicher fühlen müssen. Das bringt manchmal mit sich, dass der Lehrer schwächere Schüler besonders im Auge behalten muss, wenn von ihnen während der Arbeit am Gruppenauftrag sehr viel verlangt wird. Das kann auch bedeuten, dass evtl. andere Gruppen gebildet werden müssen oder bestimmte Schüler angepasste differenzierte Aufgaben erhalten müssen. Oder der Lehrer kontrolliert bei einigen Schülern erst, ob sie die Aufgabe ausreichend verstanden haben, bevor sie die Zustimmung zum Austausch mit ihren Gruppenmitgliedern bekommen. Schüler können voneinander lernen, wenn die Niveauunterschiede zwischen ihnen für die zu lösende Aufgabe nicht zu groß sind. Sollte das der Fall sein, so ist der Lehrer für das Auffangen der Unterschiede verantwortlich. Schüler dürfen das Lernen in Gruppen nicht als persönlichen Nachteil erleben. Ein guter Schüler darf nicht von einer unzureichenden Erläuterung eines schwachen Schülers abhängig sein. Andererseits darf der schwächere Schüler durch die Zusammenarbeit mit guten und dominanten Schülern nicht unter Druck gesetzt werden, so dass dieser sich wegen Versagensangst vollständig ausklinkt (wie: „Die Reichen werden immer reicher und die Armen immer ärmer.“). Werden solche Situationen sichtbar, muss der Lehrer eingreifen und die Chance zum Lernen für jeden Schüler größer machen. Greift er nicht ein und werden die Niveauunterschiede (noch) größer, dann muss der Lehrer, besonders bei Pflichtlernstoff, Maßnahmen einleiten.

Zu 3: Der Lehrer versucht eine gute Balance beim Begleiten von unerfahrenen und erfahrenen Gruppen zu finden

Es ist selbstverständlich, dass manche Gruppen intensiver begleitet werden müssen als andere. Bei Gruppen, die mit dem kooperativen Lernen beginnen, darf der Lehrer eher eingreifen als bei eingespielten Gruppen. Der Lehrer muss sich immer im Klaren über seine Gesamtverantwortung für das Lernergebnis der Schüler sein. Im Buch „Effektiv Lernen“ sagten wir, dass ein Lehrer, der viel Initiative ergreift, besonders für Lernanfänger und schwache Schüler „effektiv“ ist. Das gilt natürlich auch für Gruppen. Bei auftretenden Problemen ist ein besseres Strukturieren, das Wiederholen des Auftrages oder das Erinnern der Schüler an die Absprachen effektiv. Für erfahrene Gruppen oder Schüler, die sich allein den Lehrstoff aneignen können („Beherrschen“), sind das keine adäquaten Maßnahmen. Hierbei sind Abstand halten, Fragen stellen und das Ingangsetzen einer offenen Interaktion wesentlich effektiver. Der Lehrer muss hierfür in der Gruppe oder in der Klasse eine Balance finden. In der täglichen Unterrichtspraxis geht es oft nicht um Extreme, sondern um die Balance innerhalb der

Extreme. Abbildung 6.3 zeigt Lehrern Möglichkeiten für das Austarieren zwischen dem Begleiten „mit Nähe“ oder „mit Abstand“, zwischen „strukturiertem“ und „offenem interaktiven“ Begleiten.

⟶	
Eingreifen	**Offene Interaktion in Gang setzen**
eingreifen bei Streit	nur unterbrechen, wenn die Schüler darum bitten
sagen, was die Schüler tun müssen	Schüler während des Lernens nicht loben
Schüler an Absprachen erinnern	die Schüler die Probleme selbst lösen lassen
fordern: Du musst das machen, sonst greife ich ein	beiläufig Interesse zeigen
empfehlen: Ich denke, es wäre gut, wenn ...	ab und zu informieren, wie es läuft
loben: Sehr gut gemacht	
Einführung geben: Inhalt oder Auftrag wiederholen	

Abb. 6.3 Die Rolle des Lehrers beim Lösen von Problemen während des Zusammenarbeitens

Haben Lehrer diese Empfehlungen für das Begleiten des kooperativen Lernens in ihrer Unterrichtspraxis verwirklicht, dann sind sie froh, nicht mehr immer das Zugpferd sein zu müssen, welches die Karre (gegebenenfalls den Berg hoch) ziehen muss. Sie stimulieren den Lernprozess der Schüler bei Diskussionen über Bücher, während gemeinsamer Untersuchungen an einem Unterrichtsgegenstand, bei der Themenauswahl für ein außerschulisches Praktikum. Diese Rolle gefällt ihnen wesentlich besser, als die „traditionelle“ Rolle. Ein Wechsel zwischen beiden Rollen macht den Beruf des Lehrer bedeutend anziehender, ganz bestimmt, wenn in seiner Schule über diese Erfahrungen gesprochen wird (ein Merkmal des Zusammenarbeitens für Lehrer).

6.2.2 Vier Empfehlungen für das Begleiten des kooperativen Lernens

Abb. 6.4 zeigt vier Empfehlungen für das Begleiten des kooperativen Lernens auf.

- zumindest während der ersten fünf Minuten nicht helfen
- Gruppen helfen, nicht Individuen
- durch gute Fragen helfen (coachen)
- Runden laufen, observieren und gewünschtes positives Verhalten hervorheben

Abb. 6.4 Vier Empfehlungen für das Begleiten des kooperativen Lernens

Mindestens fünf Minuten lang nicht helfen

Beginnen Sie die Begleitung nach der erteilten Instruktion, indem Sie rasch eine Runde durch den Raum laufen und überprüfen, ob jeder auch tatsächlich mit dem Lernen beginnen kann. Dabei ist es nicht Ziel inhaltliche Hilfe zu verleihen, sondern eventuell noch bestehende Unklarheiten zum Auftrag zu beseitigen (z.B. durch die Fragen: „Wisst ihr, was ihr tun sollt? Was macht ihr danach?") Machen Sie den Schülern klar, dass Sie Ihre Hilfe darauf beschränken werden. Wenn die Schüler mit der Arbeit am Auftrag beginnen, leisten Sie einige Zeit (Faustregel: etwa 5 Minuten lang) keine Hilfe. Machen Sie auch das den Schülern klar. In vielen Schulen lassen die Lehrer die Schüler sich melden, wenn sie Probleme haben (Merkmal eines lehrerzentrierten Lernklimas). Oft stellen sie dem Lehrer bereits Fragen, bevor Sie das Thema, die Aufgabenstellung und die notwendigen Schritte ausreichend durchdacht haben. Und viele Lehrer fühlen sich in der Rolle als Helfer sehr wohl. Dadurch werden die Schüler jedoch abhängiger und das wird nicht bezweckt. Treten nach der Instruktion keine Fragen mehr auf, ist der Auftrag also eindeutig, dann können die Schüler im Prinzip ohne Hilfe des Lehrers weiterarbeiten.

■ Beispiel

Die Schüler hatten mit zwei Berechnungen aus den Hausaufgaben Probleme. Der Lehrer erteilt den Auftrag, es in Dreiergruppen noch einmal zu versuchen. Dafür bekommen sie 15 Minuten Zeit. Während der ersten 7 Minuten leistet der Lehrer keine Hilfe. Eine Gruppe versucht von Anfang an den Lehrer dazu zu bringen, ihnen inhaltliche Hilfe zu geben. Aber er reagiert darauf nicht. Schließlich beginnen die Gruppenmitglieder doch gemeinsam zu arbeiten. Aus den Diskussionen in den Gruppen sind verschiedene Lösungsmöglichkeiten ersichtlich. Als die 7 Minuten vergangen sind, wird der Lehrer unmittelbar gerufen. Er bittet den jeweils fragenden Schüler, sein Problem so kurz und präzise wie möglich zu formulieren. Danach hilft er gezielt.

Helfen Sie Gruppen, nicht Individuen

Hat der Lehrer Instruktionen für das gemeinsame Lösen eines Problems erteilt, dann würde er diesen Prozess stören, wenn er einzelnen Schülern bei Teilproblemen hilft. Gerade das gemeinsame „laute Denken" über den Inhalt und das Diskutieren der Gruppenmitglieder sind ein wichtiger Teil des effektiven und kooperativen Lernens. Es sollte erst dann geholfen werden, wenn *alle* Gruppenmitglieder genau wissen, dass sie bei der Lösung nicht weiter kommen. Der Lehrer kann z. B. fordern, dass sich *alle* Mitglieder einer Gruppe melden, bevor er dieser Gruppe Hilfe leistet. Oder er führt die Rolle eines Fragenstellers (Hilfesuchers) in der Gruppe ein. Dieser allein ist berechtigt, im Namen der Gruppe den Lehrer um Hilfe zu bitten. Das erscheint schwieriger, als es ist. Es liegt dem Lehrer im Blut, auf Bitten um Hilfe zu reagieren. Unmittelbares Helfen ist jedoch in vielen Situationen bei vielen Fragen nicht effektiv. Indem Lehrer bei jeder Gelegenheit helfen, bringen sie die Schüler um die Chance, das neue Wissen selbst an vorhandene Vorkenntnisse zu koppeln.

■ **Beispiel (Fortsetzung des vorangegangenen Beispiels)**

Eine Schülerin der Gruppe bittet den Lehrer beim Arbeiten am Auftrag fortwährend um Hilfe. Sie ruft den Lehrer wiederholt zu sich heran und entzieht sich der Diskussion in der Gruppe. Der Lehrer reagiert wohl, hilft aber nicht. Er delegiert die Fragen der Schülerin an die Gruppe. Er sagt nicht: „Frag das mal deine Gruppe", sondern: „Mariska hat ein Problem mit ... Wer von euch hat eine Idee?"

Helfen Sie hauptsächlich durch Fragenstellen

Wie bereits betont, liegt der Sinn des Begleitens u. a. darin, den Lernprozess der Schüler in Gang zu bringen und nicht darin, ihn zu behindern. Beantwortet der Lehrer bereits ganz simple Fragen der Schüler, brauchen diese ihren eigenen Lernprozess nicht weiter herauszubilden. Sie entwickeln dann kein eigenes Wissen, sondern deponieren Informationen. Das Helfen durch Fragenstellen ist effektiver. Der Lehrer ist sich dabei bewusst, dass hinter dem Fragenstellen die Absicht begründet ist, dass der Schüler letztendlich eine Antwort auf seine Frage bekommt (Er kommt von selbst drauf.). Der Lehrer kann auch gut eine Antwort geben. Diese muss dann jedoch zu den von den Schülern aktivierten Vorkenntnissen passen. Und Letzteres geht nur, wenn die Schüler nachgedacht haben.

Noch eine Empfehlung dazu: Reagieren Sie nicht auf Hilferufe wie: „Wir kapieren das nicht."

Fordern Sie Ihre Schüler dazu auf, ihre Fragen so konkret und praktisch wie möglich zu stellen.

■ **Beispiel (Fortsetzung des vorangegangenen Beispiels)**

Die Schülerin reagiert auf die Antwort des Lehrers, indem sie schnell hintereinander allerlei verschiedene Lösungen des Problems anbringt. Der Lehrer reagiert darauf nicht. Gruppenmitglieder schalten sich ein, reden mit, rufen auch verschiedene Antworten. Der Lehrer erwidert darauf: „Formuliert eine Antwort, über die ihr Drei euch einig seid. Dann spreche ich wieder mit euch."

Laufen Sie Runden, beobachten Sie und heben Sie das gewünschte Verhalten hervor

Im Buch „Effektiv Lernen“ formulierten wir die Faustregel: Der Lehrer sollte während einer Phase von selbstständigem Lernen mindestens dreimal die Runde laufen. Und zwar einmal zu Beginn, um zu überprüfen, ob jede Gruppe (jeder Schüler) tatsächlich loslegen kann, eine zweite und evtl. eine dritte Runde, um das Lernen der Schüler zu beobachten (in Hörweite, aber mit Abstand). Steht der Lehrer zu nahe bei einer Gruppe, so verleitet das immer wieder zu Fragen, auch wenn eigentlich keine Unklarheiten bestehen. (Probieren Sie das mal aus.) Steht er aber zu weit weg, kann er die Gruppengespräche nicht verstehen.

Um Einsicht in das Lernen der Schüler zu bekommen, sollte der Lehrer auf die verschiedenen Strategien (Lösungswege) achten, welche die Schüler für das Erzielen des Ergebnisses gemeinsam verfolgen. Mit diesen Beobachtungsergebnissen kann der Lehrer den Auftrag auswerten. Greifen Sie nur ein, wenn eindeutig Fehlkonzepte entstehen. Sammeln Sie gleichzeitig Informationen zu der Qualität der Zusammenarbeit und über mögliche Schwerpunkte dazu. Es ist auch günstig, den Schülern (wenn nötig) während des gemeinsamen Arbeitens Feedback zu ihrer Arbeitsweise zu geben: z. B. wenn die Schüler ihre Rollen nicht adäquat ausfüllen oder wenn sie auf bestimmte soziale Fähigkeiten achten sollen. Nach unserer Auffassung hat der Lehrer die Verantwortung für die Qualität des kooperativen Lernens. Dabei sollte er, wie schon mehrfach betont, sein Feedback positiv formulieren und besonders hervorheben, wann er das gewünschte Verhalten beobachtet hat.

■ Beispiel (Fortsetzung des vorangegangenen Beispiels)

Während die Gruppen arbeiten, hält sich der Lehrer abseits. Aus einiger Entfernung beobachtet er, wie die Gruppen das Problem angehen. In der Nachbesprechung kommt er darauf zurück: „Eure Gruppe hat einen ganz anderen Lösungsweg gewählt, als ihr ursprünglich vorhattet. Ist das so, Johann? Erkläre einmal, was euch dazu bewogen hat.“

Beim Hospitieren in und Besprechen von Unterrichtslernsituationen fällt uns immer wieder auf, wie schwer die Lehrer sich beim Begleiten des kooperativen Lernens mit dem Aufschieben von Hilfeleistung tun.

Das unmittelbare Reagieren und Helfen sind tief in den Handlungsroutinen verwurzelt. Die Schüler erwarten ein solches Verhalten vom Lehrer (und sind das auch so gewohnt). Das Aufschieben von Hilfe müssen die Lehrer lernen. Sie müssen sich gründlich auf das Begleiten und ihre zugehörige Rolle vorbereiten. Kernpunkt des Begleitens zusammenarbeitender Gruppen ist: Der Lehrer muss Sicht auf die Qualität der Zusammenarbeit aller Gruppen bekommen. Er versucht die Zusammenarbeit der Schüler durch seine Unterstützung so zu entwickeln, dass die Schüler sehr selbstständig und mit hoher Qualität gemeinsam arbeiten können.

6.3 Auswertung

Das Nachbesprechen oder Auswerten des kooperativen Lernens muss immer zwei Teilgebiete umfassen: Inhalt und Prozess. In der Praxis wertet der Lehrer automatisch den Inhalt zuerst aus. Die Auswertung der Gruppenprozesse ist nicht immer selbstverständlich.

Nachbesprechung (Auswertung) des Inhalts

Lehrer werten meistens die Ergebnisse der Zusammenarbeitsaufträge aus. Das ist nicht immer der schönste Teil der Stunde. Nur wenige Lehrer können die Aufträge in sinnvoller Weise auswerten. Wenn die Schüler ihre Ergebnisse selbst vorstellen können, z. B. über eine Präsentation, ist das Interesse der Schüler schon größer, aber oft nicht optimal. Wir denken, das Auswerten wird deshalb oft zum Problem, weil die Lehrer alle Fragen erschöpfend behandeln, obwohl einige Gruppen alles bereits richtig gelöst haben. Für sie ist das Auswerten langweilig. Das erschöpfende Auswerten steht auch im Gegensatz zum Grundsatz des gemeinsamen Lernens, dass die Verantwortung für das Lernen zu den Schülern delegiert wird. Jedoch wird es nicht ganz und gar ohne Auswertung abgehen können.

Darum ist es der Mühe wert, beim Entwerfen der Unterrichtsstunde über „verlockendere“ Formen der Auswertung von Aufträgen nachzudenken. „Verlockend“ beinhaltet in jedem Falle, dass:

- die Nachbesprechung kurz gehalten werden muss. Das gilt für Aufträge, die auf das Beherrschen (Behalten bzw. Verstehen) gerichtet sind und eine mögliche Lösung haben. Für derartige Aufgaben können die Lehrer Lösungshefte oder -blätter ausgeben. Hat der Lehrer die kooperative Lernform „Kontrolle im Tandem“ eingesetzt, die für diese Aufgaben geeignet ist, dann braucht er lediglich die Aufträge auszuwerten, bei denen in verschiedenen Gruppen Probleme auftraten. Man kann sagen, dass durch das Einführen von kooperativem Lernen das Nachbesprechen aller Lösungen nicht mehr erforderlich ist. Beim Zusammenarbeiten ist das Lernen teilweise delegiert (Merkmal der Zusammenarbeit). Umgekehrt kann man auch sagen: Wenn alles nachbesprochen wird, ist die Zusammenarbeit eigentlich überflüssig. Es motiviert auch die Schüler, welche die Aufgaben lösen konnten, einen Teil der Auswertung zu übernehmen. Die im Kapitel 10 unter Abschnitt 10.5 beschriebene Zusammenarbeitsstruktur „Gruppenreise“ kann auch einen Beitrag zu einer „verlockenderen Auswertung“ liefern.
- der Lehrer in der Nachbesprechung das in der Gruppe Gelernte nicht zu wiederholen braucht. Lehrer halten der Verführung nicht immer stand, doch noch

schnell etwas zu erläutern oder zu zeigen, wie sie die Aufgabe gelöst hätten. Das ist jedoch sehr demotivierend, wenn die Schüler schon lange Zeit an dem betreffenden Auftrag gearbeitet haben. Diese Art von Feedback sollten Lehrer besser während der Zusammenarbeit geben.

- Nachbesprechungen mit der ganzen Klasse auf den *Kern* der Aufgabe begrenzt bleiben. Details können in den Gruppen besprochen werden.
- der Lehrer möglichst viele Gruppen in die Nachbesprechung einbezieht. In der Regel bittet ein Lehrer eine bestimmte Gruppe um ihre herausgefundenen Antworten und Lösungen. Danach kann eine zweite Gruppe, eine dritte Gruppe usw. aufgerufen werden. Das erfordert von den Schülern viel Geduld. Es ist besser, wenn der Lehrer jede Gruppe einen Teil der Lösung vorstellen lässt und dabei in großem Tempo stets andere Schüler einbezieht. Das hält sie beim Unterricht, weil jedes Mal ein inhaltlicher Beitrag von ihnen erwartet wird.
- der Rest der Klasse einen Zuhörauftrag bekommt, wenn Schüler ihr eigenes Werk präsentieren. Der Zuhörauftrag kann auf den Inhalt der Präsentation Bezug nehmen, auf die Beurteilung der Arbeit oder auf die Lernweise.

■ Beispiel

Der Unterricht beginnt mit einer schriftlichen Leistungskontrolle. Die Lehrerin kontrolliert mit fünf offenen Fragen weniger Kenntnisse, sondern das Verständnis des Lehrstoffes. Nach der Leistungskontrolle verteilt die Lehrerin die Blätter in der Klasse um, d. h. jede Vierergruppe erhält vier Blätter anderer Mitschüler zum Nachsehen. Die Lehrerin erteilt keine einzige Information zu richtigen und falschen Antworten. Einige Schüler sprechen sie wiederholt an: „Ist das richtig so, Frau ...?“ Sie reagiert jedes Mal mit: „Sieh in deinem Buch und Heft nach und überlege mit deiner Gruppe.“ Die Schüler markieren richtige Antworten und die Lehrerin sammelt anschließend die Blätter ein, um sie zu korrigieren und zu benoten.

Während die Schüler die Blätter nachsehen, erkennt man, dass diese Art von „Besprechen“ funktioneller ist, als vor der Klasse an der Tafel auszuwerten. Die Schüler sind echt interessiert und bei der Sache. Sie setzen sich erneut mit dem Lernstoff auseinander. Da der Lehrer die benötigte Sicherheit gewährleistet, kommt es in den Gruppen zu echten Diskussionen über die bestmögliche Antwort (Lösung).

Nachbesprechung des Prozesses

Die Schüler reflektieren (kurz), wie sie zusammengelernt haben und wie sie die spezifischen Fähigkeiten gehandhabt haben. Darin liegt der Sinn der Nachbesprechung des Prozesses des gemeinsamen Lernens. Beachtet der Lehrer derartige Gruppenprozesse, dann wird den Schülern klar, dass der Lehrer das gemeinsame Lernen wichtig findet. Die Schüler können natürlich aus der Reflexion in

Bezug auf ihre Lernweise etwas lernen. Diese Reflexion kann in unterschiedlicher Weise erfolgen (siehe dazu Abschnitt 5.3).

Zusammenfassung

Wir geben eine Zusammenfassung dieses Kapitels in Form von Empfehlungen für Lehrer:

- *Vor* dem kooperativen Lernen ist es wichtig, eine vollständige und klare Instruktion für das Zusammenarbeiten der Schüler zu erteilen.
- *Während* des kooperativen Lernens sind folgende drei Faustregeln wichtig:
  1. Der Lehrer tut nichts, was die Schüler selbst tun können. Die Unterstützung wird in Form von Hilfeaufschub und durch Fragen gewährleistet.
  2. Die Anwesenheit des Lehrers verleiht dem gemeinsamen Lernen der Schüler „Mehrwert". Er hat dann die Rolle eines Schiedsrichters (Sicherheit) oder die Rolle eines Coachs (die Gruppe unabhängig vom Lehrer mit wenigen Hilfestellungen lernen lassen).
  3. Der Lehrer sucht nach einer guten Balance beim Lenken der Gruppen. Er macht einen Unterschied zwischen Gruppen, die Unterstützung benötigen und Gruppen, die eigenständig arbeiten können.
- *Nach* der Zusammenarbeit – zwei brauchbare Faustregeln:
  1. Eine Auswertung zum Inhalt muss kurz und auf den Kern gerichtet sein. Schüler, die etwas wissen, sollten aktiviert werden. Bei Präsentationen einiger Schüler sollten evtl. Zuhöraufträge an die anderen Schüler verteilt werden.
  2. Außer der Nachbesprechung zum Inhalt (erstes Ziel) muss auch eine Auswertung zum Prozess (zweites Ziel) des kooperativen Lernens stattfinden.

7 Bewerten und Evaluieren: Abschließen des kooperativen Lernens

7.1 Bewerten und Evaluieren der Arbeitsergebnisse beim kooperativen Lernen

7.2 Bewerten und Evaluieren des Prozesses beim kooperativen Lernen

7.3 Planen der Bewertung

> Lehrer, die das kooperative Lernen eingeführt haben, sollten sich nicht mehr fragen: „Was müssen wir unterrichten?" sondern „Wie können wir erkennen, dass jeder Schüler gelernt hat?" *(Du Four, 2004)*

Das Bewerten des Arbeitsergebnisses einer kooperativen Lernphase ist der kontroverseste Teil der Reflexion einer Zusammenarbeit. Darüber führen sowohl Lehrer als auch Schüler oft heiße Diskussionen. Einerseits ist eine Gruppenleistung erbracht worden, wofür die Gruppe belohnt werden muss, andererseits haben die Schüler auch individuell zu diesem Gruppenergebnis einen Beitrag geliefert, für den sie ebenfalls eine Anerkennung erwarten.

In diesem Kapitel wollen wir Argumente für individuelles und gemeinschaftliches Bewerten aufzeigen. Wir stellen fest, dass es nicht eine einzige richtige Methode zum Bewerten der Zusammenarbeit gibt, sondern mehrere. Jede davon hat ihre eigenen Merkmale. Jeder Lehrer muss daraus eine Auswahl treffen oder die Schule entscheidet sich in einem schulinternen Prozess für eine verbindliche Regelung.

In diesem Kapitel werden zwei Aspekte der Zusammenarbeit beurteilt: das Gruppenergebnis unter 7.1 und die Bewertung der Qualität der Zusammenarbeit (Prozess) unter 7.2.

Im Abschnitt 7.3 stellen wir ein Schema vor, nach dem Lehrer ihre Bewertung der Zusammenarbeit planen können. Im Anschluss daran erfolgt eine Zusammenfassung.

1 Worin liegt das Ziel der Reflexion?
2 Was wird bewertet? Prozess, Produkt oder Präsentation?
3 Wann wird bewertet?
4 Wie lange und wie oft wird bewertet?
5 Wer beurteilt?
6 Wie wird bewertet und evaluiert?
7 Was ist der Unterschied zwischen Bewerten und Evaluieren (betr. o.a. sechs Fragen)?

Abb. 7.1 Sieben grundsätzliche Fragen für Lehrer zum Beantworten

7.1 Bewerten und Evaluieren der Arbeitsergebnisse beim kooperativen Lernen

Im Großen und Ganzen gibt es für die Lehrer vier Möglichkeiten zur Bewertung der Arbeitsergebnisse beim kooperativen Lernen (siehe Abb. 7.2).

1 *Gruppennote (Zensur)*
Das gemeinschaftliche Produkt ist eine bestimmte Note wert. Alle Gruppenmitglieder bekommen diese Note.

2 *Individuelle Note*
Das gemeinschaftliche Produkt liefert, in Abhängigkeit vom Beitrag eines jeden, individuelle Noten. Die individuellen Noten können sehr unterschiedlich sein.

3 *Individuelle Note mit Bonuspunkten*
Das Gemeinschaftsprodukt wird in zweierlei Hinsicht beurteilt. Zunächst erhalten individuelle Schüler eine Note für ihren eigenen Beitrag. Danach bekommen alle Schüler Bonuspunkte (evtl. auch Minuspunkte) auf der Basis des Gruppenergebnisses.

4 *Gruppenbelohnung*
Die Würdigung der Gruppenarbeit wird nicht mit Noten ausgedrückt. Man kann der Gruppe Komplimente machen, das Produkt im Lehrerzimmer auslegen, in der Vitrine im Eingangsbereich der Schule ausstellen. Man kann auch die Gruppe bitten, eine Präsentation in anderen Klassen vorzunehmen.

Abb. 7.2 Vier Möglichkeiten zum Bewerten des Ergebnisses kooperativer Arbeit

Wir erläutern diese vier Möglichkeiten der Bewertung, weisen noch auf eine fünfte hin und zeigen, dass auch Kombinationen möglich sind.

Zu 1: Kooperatives Lernen mit einer Gruppennote

Die prinzipiellen Befürworter der Zusammenarbeit unter den Schülern sind auch oft die Befürworter dieser Bewertungsmethode. Sie meinen, jedes andere Bewertungssystem würde die Motivation zum gemeinsamen Lernen der Schüler untergraben. Im Prinzip haben sie Recht. Wenn Lehrer sich sehr anstrengen, um die Schüler zu einem guten Gruppenprodukt zu stimulieren, dann muss sich das auch in der Bewertung manifestieren. Außerdem sind beim Zusammenarbeiten alle Schüler füreinander verantwortlich. Auch im Arbeitsleben zählt oft (nicht immer!) das Gruppenergebnis und nicht allein der Beitrag des individuellen Mitarbeiters.

In der täglichen Praxis haben die Lehrer jedoch Mühe mit diesem konsequenten Herangehen. Die Gemeinschaftsnote für das Gruppenresultat beinhaltet das gegenseitige Vertrauen der Schüler. Sind die Schüler das Zusammenarbeiten nicht gewöhnt, kann diese Note zu Spannungen führen. Die besseren Schüler widersetzen sich der Zusammenarbeit mit anderen Schülern, weil sie meinen, diese würden die Gruppennote negativ beeinflussen und im Unterricht soll doch (angeblich) eine leistungsorientierte Motivation vorherrschen. Die Angst vor einer schlechten Benotung kann bei den meisten Schülern zu solch einer negativen Einstellung führen.

Eltern von talentierten Schülern reagieren oft ungehalten auf eine in ihren Augen schlechte Bewertung, wenn diese von schwächeren Schülern in der Gruppe verursacht wurde. Diese Schüler haben Angst, dass nur die „positive gegenseitige Abhängigkeit" Punkte bringt, ihre „individuelle Ansprechbarkeit" aber nicht belohnt wird.

Die Lehrer haben die Erfahrung gemacht, dass diese Bewertungsweise funktioniert, wenn die Gruppe sich als *Team* fühlt, wenn die Gruppenmitglieder untereinander eine starke Bindung haben, einander akzeptieren und sich in der Gruppe sicher fühlen. Das ist der Fall, wenn eine echte Gruppenbildung stattgefunden hat, bei der man von einer fühlbaren „positiven gegenseitigen Abhängigkeit" sprechen kann und Erfolge sieht. Diese Bewertungsart kann auch bei länger währenden Aufträgen gut angewendet werden. Meistens setzen die Schüler dann ihre Gruppe selbst zusammen, sie können ihr eigenes Thema wählen und arbeiten über längere Zeit zusammen. Die Gruppe fühlt sich als Team.

Sehr günstig ist, wenn der Lehrer vor der endgültigen Bewertung der Gruppenleistung eine vorläufige Note erteilt. Damit erhalten die Gruppen eine Chance, ihr Gruppenergebnis noch zu verbessern.

Es braucht die nötige Zeit und viel Beachtung der Entwicklung der sozialen Fertigkeiten und Gruppenprozesse, bevor eine Gruppe sich als Team fühlen kann. Und auch dann wird es immer wieder vorkommen, dass nicht jede Gruppe sich als Team fühlt.

Die Lehrer, die mit dem kooperativen Lernen beginnen, sollten nach unserer Auffassung mit der Gruppenbenotung besonders vorsichtig umgehen. Es kann sonst dazu kommen, dass manche Schüler der Klasse nicht mehr gemeinsam lernen wollen. Und das wird natürlich nicht bezweckt.

Zu 2: Kooperatives Lernen mit einer individuellen Note

Gruppenarbeit individuell zu benoten, scheint strittig zu sein. Es gibt dazu aber positive Argumente, weil hiermit die „individuelle Ansprechbarkeit" honoriert wird, vorausgesetzt der individuelle Beitrag ist messbar. Haben die Schüler gemeinsam ein Produkt geschaffen, bei dem man nicht auseinanderhalten kann, was jeder dazu beigetragen hat, dann können die Lehrer den Gruppenmitgliedern natürlich keine unterschiedlichen Noten dafür geben. Jeder weiß, dass die Qualität der Beiträge der Schüler sehr unterschiedlich ist. Die Schüler wissen auch genau, dass nicht jeder gleichermaßen zum Ergebnis beigetragen hat. Das reicht jedoch nicht aus. Intuition ist kein ausreichendes Argument für einen Unterschied in der Bewertung. Die Schüler würden das als sehr ungerecht empfinden, auch wenn es stimmen sollte.

Ein Gruppenresultat mit individuellen Noten zu bewerten ist nur dann akzeptabel, wenn die Unterschiede der Beiträge auch nachweisbar sind. Das ist z. B. bei der kooperativen Lernform Expertenpuzzle der Fall. Jeder Schüler erhält eine individuelle Benotung, die auf dem von ihm beigetragenen Teilthema beruht. Das ist auch der Fall, wenn individuelle Schüler im Rahmen des gemeinsamen Arbeitens ein individuelles Produkt liefern müssen (Belegarbeit, Präsentation, Prüfungsarbeit). Die Bewertung kann auch durch die Schüler erfolgen, wenn die „Lösungen“ relativ eindeutig sind.

■ **Beispiel: Duos im Sportunterricht**

Die Schüler erhalten eine „Übungskarte“, auf der alle zum Training zählende Übungen verzeichnet sind. Für jede Übung sind vier Schwierigkeitsstufen angegeben. Die Schüler üben in Zweiergruppen und verwalten gegenseitig ihre Übungskarten. Bei der Zusammenstellung der Gruppen trägt der Lehrer, so weit es geht, Sympathien und Antipathien Rechnung. Während ein Schüler die Übung ausführt, bestimmt der andere die erreichte Schwierigkeitsstufe. Für jede Übung brauchen sie etwa 10 Minuten. Der Lehrer läuft umher, schaut zu, macht evtl. Bemerkungen und gibt ein Signal, wenn gewechselt werden muss. Am Ende geben die Duos die Übungskarten ab. Der Lehrer notiert die Bewertung in seinem Notizbuch.

Man kann natürlich die individuelle Zensur mit einer der folgenden Formen, wie Bonuspunkte oder Gruppenbelohnung kombinieren, sodass die individuelle Belohnung und die Würdigung des Gruppenprozesses zum Ausdruck kommen. Damit wird auch die „positive gegenseitige Abhängigkeit“ gewürdigt.

Zu 3: Kooperatives Lernen mit individueller Note und Bonuspunkten

Zu den eben besprochenen zwei Möglichkeiten gibt es Einwände: Entweder honorieren die Lehrer die „Individuelle Ansprechbarkeit“ oder die „Positive gegenseitige Abhängigkeit“ nicht. War das Ziel des Auftrages das gemeinsame Lernen, dann sollte man das auch in der einen oder anderen Weise honorieren. Der Lehrer muss zeigen, dass eine erfolgreiche Zusammenarbeit ihm etwas bedeutet. Eine Möglichkeit dazu ist das Vergeben von Bonuspunkten. Das System der Bonuspunkte beruht darauf, dass ein wichtiger Teil der zu verdienenden Note durch individuelle Leistungen erbracht wird. Die Note für das Gruppenergebnis wird diesen Leistungen beigefügt. Dazu das folgende Beispiel:

■ **Beispiel**

Ein Lehrer erteilt Vierergruppen den Auftrag, eine Belegarbeit zu erstellen. Dafür kann jeder Schüler insgesamt maximal 40 Punkte erzielen. Von den 40 Punkten werden 30 Punkte für die Gliederung, die Ausführung und die individuellen Beiträge zum Text und die übrigen 10 Punkte für die Zusammenarbeit vergeben. Folgende Aspekte gehen mit ein: Beziehung zwischen den diversen individuellen Beiträgen, Aufgabenverteilung und Abstimmung.

Eine mit den Bonuspunkten „verwandte" Möglichkeit ist das Auf- und Abrunden der Note auf der Basis des Ergebnisses der Zusammenarbeit. So können z. B. Schüler, die als individuelle Note eine 3,6 erzielten, durch eine gute Zusammenarbeit die Note 3 bekommen. Es kann aber durchaus eine 3,4 zu einer 4 werden, wenn die Zusammenarbeit nicht gut war.

- **Beispiel (Schüler bewerten selbst einen Teil des Endproduktes oder das ganze Endprodukt)**

Der Lehrer bestimmt vor Inangriffnahme des Auftrages, welchen Kriterien das Endprodukt entsprechen muss (nach Absprache mit den Schülern). Am Ende legt jede Gruppe selbst die Noten für jeden Schüler auf Grund der Kriterien fest.

- **Beispiel**

Der Lehrer bewertet ein Endprodukt mit 7 Punkten. Diese Punktzahl wird mit der Anzahl der Gruppenmitglieder multipliziert. In einer Vierergruppe können die Mitglieder demzufolge 28 Punkte verteilen. Die Schüler untermauern die Punkteverteilung mit Argumenten.

Zu 4: Kooperatives Lernen mit einer Gruppenbelohnung

Die Gruppenbelohnung basiert auf einem ganz anderen Prinzip. Das erfolgreiche Zusammenarbeiten in einer Gruppe wird nicht mit Zensuren oder Punkten „belohnt". Die Art der Belohnung braucht den Schülern nicht immer von vornherein bekannt zu sein. Der Lehrer kann improvisieren, wie z. B. weniger Hausaufgaben für den nächsten Tag aufgeben oder den Schülern mehr Zeit für die Mediathek zugestehen. Auch können die Schüler am Elternabend eine Präsentation zu dem, was sie im Unterricht gelernt haben, durchführen. Oder ihre Publikation wird in Form einer Ausstellung (oder einer Wandzeitung) den Schülergruppen, Lehrer und Eltern vorgeführt. Auch können externe Sachverständige die Gruppenarbeit noch einmal hinsichtlich der Qualität des Inhalts begutachten.

Der Lehrer kann sich auch lustige Sachen ausdenken. Er verspricht der Klasse z. B.: „Wenn ihr morgen den Auftrag gemeinsam schafft, werde ich orangefarbene Socken tragen." Dieser Lehrer zeigt deutlich, dass er sehr viel Wert auf erfolgreiches Zusammenarbeiten legt. Gleichzeitig wirken solches Vorgehen und solche Einstellung positiv auf die Atmosphäre in der Klasse. In der Abb. 7.3 listen wir verschiedene „Belohnungen" auf.

Erkennen und Anerkennen	Privilegien	Konkrete Belohnungen
• Gruppe der Woche	• stille Lesezeit	• Sticker für das Heft
• Anerkennung durch eine Bemerkung in der Klasse	• Dem Lehrer bei einem Projekt helfen	• kleines Geschenk auswählen
• ein Lächeln	• Auswählen der (Vorlese-) Geschichte des Tages	• Punkte sammeln für einen Preis
• Schulterklopfen	• Wählen eines Klassenspieles	• freier Zugang zum Schulfest oder Konzert oder …
• Ausstellen der Arbeit	• Musik auswählen	
• stehende Ovationen der ganzen Klasse	• Helfer des Tages für den Lehrer	• Bonuspunkte
• Begeistertes Lob von Lehrer oder Mitschülern	• Helfer des Tages für andere Schüler	• Bibliotheksausweis gratis
• ein Video von der Gruppenpräsentation zeigen	• extra Zeit, um …	…
…	…	

Abb. 7.3 Beispiele für informelle Gruppenbelohnungen

Zu 5: Kooperatives Lernen und eine Kombination von Bewertungsformen

Man kann die verschiedenen Bewertungsformen auch kombinieren.

▪ **Beispiel**

Als Thema der Abschlussarbeit in einer Berufsschule sollen die Schüler einen Unternehmensplan aufstellen. Die erstellten Pläne müssen die Gruppen sich gegenseitig und dem betreffenden Lehrer vorstellen. Die Schüler bekommen eine Gruppennote für die gemeinsame Präsentation und eine individuelle Note für ihren Beitrag zur Gruppenarbeit. Außerdem wurde den Schülern zuvor in Aussicht gestellt, dass die fünf besten Gruppenresultate mit Vertretern der Handelskammer in einer offenen Debatte besprochen werden.

Dieses Beispiel zeigt eine Kombination von Bewertungsformen. Die Gruppenpräsentationen und die Beiträge der einzelnen Gruppenmitglieder werden benotet. Das ist schließlich eine Form von wetteiferndem Lernen (auch als eine ehrenvolle Belohnung zu sehen), weil die fünf besten Gruppen vor der Handelkammer auftreten können. Mehrere Sieger sind ein Merkmal von gesundem wetteiferndem Lernen. Die Lehrer haben das gemeinsame Arbeiten am Unternehmensplan regelmäßig mit den Gruppen durchgesprochen und evaluiert, sodass sie das eine oder andere korrigieren konnten.

Beim Abwägen der Kombination von Bewertungsformen wollen wir mit Abb. 7.4 (ein wenig angepasst) die Abb. 5.2 in Erinnerung rufen.

Sach- und Methodenkompetenz (erstes Ziel)	Sozial- und Selbstkompetenz (zweites Ziel)

Abb. 7.4 Ziele zur Entwicklung der Sach- und Methodenkompetenz und der Sozial- und Selbstkompetenz

Diese Abbildung könnte den Eindruck vermitteln, dass die Sach- und Methodenkompetenz wichtiger ist als die Sozial- und Selbstkompetenz. Beide Ziele sind als gleichwertig zu betrachten. So kann zum Beispiel die Bewertung sozialer Fähigkeiten während der Gruppenarbeit dazu führen, dass das Arbeitsergebnis der Gruppe eine höhere Qualität erreicht.

Siehe dazu die Hintergründe im Anschluss an Kapitel 9.

■ **Beispiele**

- Der Lehrer entschließt sich, eine individuelle Note für den Inhalt an eine Note für die Leistung der Gruppe und für die Qualität der Zusammenarbeit zu koppeln. Mit den Schülern hat er abgesprochen, dass die (individuelle) Note für den Inhalt mit 35% bewertet wird, die Note für das Gruppenprodukt ebenfalls mit 35% und die Note für die Qualität der Zusammenarbeit zu 30%.
- Der Lehrer bittet die Schüler ein Portfolio zum Inhalt und zum Prozess des gemeinsamen Lernens zu führen. Dafür bekommen sie eine Bewertung, die zu 50% zum Endresultat beiträgt. Der andere Teil der Note wird vom Gruppenresultat bestimmt.
- Der Lehrer will die Schüler für die Bewertung selbst verantwortlich machen. Er bittet die Schüler, einen Vorschlag für die Belohnung zu machen.

7.2 Bewerten und Evaluieren des Prozesses beim kooperativen Lernen

Die Bewertung der Qualität der Zusammenarbeit entspricht der Bewertung der Qualität des Prozesses. Es ist schwierig, nahezu unmöglich, die Qualität objektiv zu bewerten. Deshalb sprechen wir besser von evaluieren. Lehrer lassen sich schnell dazu hinreißen, Bewertungen zu Verhaltensweisen zu formulieren, die nicht eindeutig „messbar“ sind. Man kann den Zusammenarbeitsprozess in der

Unterrichtslernsituation immer beachten, auch wenn keine Note dafür vergeben wird. Voraussetzung ist, dass der Lehrer eine klare Vorstellung davon hat, wie der Zusammenarbeitsprozess und das Resultat erfolgreicher Zusammenarbeit sichtbar werden.

■ **Beispiel**

In einer Gruppe wird während des gemeinsamen Arbeitens viel gestritten. Die Gruppenmitglieder einigen sich aber immer, sodass der Lehrer nicht einzugreifen braucht. Sie sind überzeugt, dass sie erfolgreich zusammenarbeiten, denn nach ihrer Auffassung gehören Meinungsverschiedenheiten zum kooperativen Lernen. „Wie soll man sich denn sonst einigen?" Der Lehrer bespricht dieses Beispiel mit der Klasse und akzeptiert die Erklärung dieser Gruppe, obwohl er es lieber etwas ruhiger hätte, weniger Streitereien. Er fordert die Gruppe auf, beim nächsten Mal darauf zu achten.

Es ist wichtig, Indikatoren für unmittelbar wahrnehmbares Verhalten und sichtbare Aspekte des Produktes so konkret wie möglich zu benennen. Die T-Karte eignet sich dafür gut. Äußern die Lehrer sich eindeutig, wissen die Schüler, was von ihnen erwartet wird. Die meisten Schüler werden (versuchen) der klaren Instruktion und der eindeutigen Erwartung Rechnung (zu) tragen.

■ **Beispiel**

Im vorangegangenen Beispiel erstellt der Lehrer mit der Klasse eine T-Karte auf zum Aspekt: „Wie sieht eine Beratung ohne Streiterei aus?"

Das Streben des Lehrers nach einer gemeinschaftlichen Verantwortung für das Zusammenarbeiten in der Klasse ist eine zweite wichtige Bedingung (und Merkmal) der Instruktionsstrategie „Kooperatives Lernen". Diese Bedingung hat große Konsequenzen für die Bewertung der Qualität der Zusammenarbeit. Gemeinschaftliche Verantwortung betrifft nicht nur objektive Kriterien, sondern vielmehr gemeinsam festgelegte Kriterien. Lehrer mit Erfahrung beim kooperativen Lernen sprechen daher *gemeinsam* mit den Schülern ab, worauf sie in der nächsten Periode der Zusammenarbeit achten werden. Dazu setzt der Lehrer Grenzen. Gleichzeitig wird besprochen, was Lehrer und Schüler tun können, damit die Absprachen eingehalten werden. Die Absprachen werden z.B. mit einer T Karte konkret sichtbar gemacht, sodass jeder sich ein Bild von deren Inhalten machen kann. Auf diese Weise ist eine Evaluation möglich. In die Bewertung fließen die Meinung des Lehrer und der Schüler zu ihrer eigenen Entwicklung ein. Das schließt an den Unterschied zwischen lehrerzentriertem und schülerorientiertem Lernklima an, den wir in im Basisbuch *Effektiv Lernen* beschrieben haben. Die zweite Bedingung (gemeinsam mit den Schülern absprechen, worauf wir achten werden) kann man besser in einem schülerorientierten Lernklima erfüllen.

Ist der Lehrer deutlich in seinen Aussagen und Anforderungen, werden spezifische und konkrete Ziele klar formuliert, wird es keine Missverständnisse bei der Bewertung der Qualität des Prozesses des gemeinsamen Lernens geben. Die Schüler wissen genau, was sie tun sollen, in welcher Hinsicht sie beurteilt werden oder sich selbst bewerten können. Sie können entsprechend dieser im Vorfeld besprochenen Normen zusammen lernen.

■ **Beispiel**

In den vergangenen Unterrichtsstunden ist dem Lehrer aufgefallen, dass manche Schüler dieser Klasse oft von anderen Schülern durch negative, abwertende Bemerkungen schikaniert werden, wenn sie mit der Zusammenarbeit beginnen. Das äußert sich so: „Tu nicht so doof" oder „Das kannst du sowieso nicht." Der Lehrer will daran etwas ändern und geht bei einem neuen Zusammenarbeitsauftrag folgendermaßen vor.

Er teilt die Schüler in Gruppen ein und achtet darauf, dass möglichst viele neue Gruppenkombinationen entstehen. Die Gruppen werden heterogen zusammengestellt. Dann zeigt er ein kurzes Video über ein Fußballspiel. Die Verteidiger beschimpfen sich gegenseitig, weil einer von ihnen einen Fehler gemacht hat und die Gegenpartei dadurch ein Tor schießen konnte. Im Anschluss daran zeigt der Lehrer ein Video von einem Schlittschuhlauf in Heerenveen. Ein Schlittschuhläufer feuert einen anderen Schlittschuhläufer an, obwohl der eigentlich sein Konkurrent ist. Danach führt der Lehrer ein Unterrichtslerngespräch zum Thema „Atmosphäre und Leistung" durch. Als Abschluss inventarisiert er auf einer T-Karte, was man sehen und hören kann, wenn die Schüler in den Gruppen einander zu guten Leistungen animieren. Die Klasse verspricht, darauf zu achten. Der Lehrer betont, dass er in den nächsten Unterrichtsstunden besonders auf das Verhalten achten und jede Gruppe diesbezüglich beobachten wird.

In der nächsten Stunde beobachtet er die Gruppen (hält Abstand) und macht sich Notizen. Sofern nötig, erinnert er eine Gruppe oder individuelle Gruppenmitglieder noch einmal an die abgesprochenen Verhaltensmerkmale. In der Nachbesprechung hebt er einige gute Beispiele kurz hervor, lobt die Klasse und wertet dann den Lernstoffinhalt aus.

Die Essenz dieses Abschnittes: Zensuren sind weniger geeignet für die Bewertung des Zusammenarbeitsprozesses der Schüler. Reflexionen und Gespräche eignen sich dafür besser. Die Begleitung durch den Lehrer ist hier wichtig: seine Fähigkeit, die Schüler individuell verantwortlich zu machen für den Erfolg der Gruppe und die Klarheit darüber, was er von ihnen erwartet.

Zensuren dürften für die Messung von Sozial- und Selbstkompetenz weniger geeignet sein. Beobachtungsbögen, Kompetenzraster, Lernberichte etc. sind bessere Instrumente, den Eltern die Fortschritte der Schüler beim kooperativen Lernen zu verdeutlichen. Manche Schulen formulieren entsprechende Berichte mündlich oder schriftlich.

7.3 Planen der Bewertung

Bei Bennet (1991) haben wir die Tabelle 7.5 gefunden, die Lehrer bei der Planung ihrer Bewertung unterstützen soll.

ein Gruppenprodukt	individuelle Produkte aus der Zusammenarbeit	soziale Fertigkeiten
die zu liefernden Gruppenprodukte sind: • ... • ... • ...	die zu liefernde individuellen Produkte sind: • ... • ... • ...	ausgeübte soziale Fertigkeiten sind: • ... • ... • ...
Optionen	**Optionen**	**Optionen**
1 keine Bewertung, keine Evaluation 2 keine Bewertung, aber Feedback (Evaluation) 3 individuelle Bewertung zu spezifischen Teilthemen des Gruppenproduktes 4 Bewertung des Gruppenproduktes als Ganzes 5 Kombinationen 6 andere Möglichkeiten	1 keine Bewertung, aber Feedback (Evaluation) 2 individuelle Bewertung 3 individuelle Bewertung mit Bonuspunkten auf der Basis des Gruppenproduktes 4 Kombinationen 5 andere Möglichkeiten	1 keine Bewertung, aber Feedback (Evaluation) 2 eine Bewertung für die ganze Gruppe 3 individuelle Bewertung des Beitrags zur Zusammenarbeit der Gruppe (Rollen, ...) 4 Kombinationen 5 andere Möglichkeiten

Abb. 7.5 Planen der Bewertung

Das Ausfüllen dieses Schemas erleichtert dem Lehrer die Bewertung. Ihm wird deutlich, was er wie bewerten könnte und worauf er Schwerpunkte legt.

Zusammenfassung

Dieses Kapitel beschreibt folgende Möglichkeiten zur Bewertung von kooperativem Lernen und deren Vor- und Nachteile.

Bewerten bzw. Evaluieren von *Resultat oder Produkt* (Arbeitsergebnissen) der Zusammenarbeit:

- *eine Gruppennote für jeden*
  Vorteil: Bekräftigen der „Positiven gegenseitigen Abhängigkeit“, Belohnen des Lernens im Team
  Nachteil: Schwierig zu handhaben bei Zusammenarbeits-Anfängern

- *individuelle Note*
  Vorteil: Bekräftigen der „Individuellen Ansprechbarkeit"
  Nachteil: Die Zusammenarbeit wird nicht belohnt, auf lange Sicht sogar untergraben.
- *individuelle Note mit Bonuspunkten*
  Vorteil: Belohnung der Zusammenarbeit durch Belohnung der „Individuellen Ansprechbarkeit" und der „Positiven Abhängigkeit."
  Nachteil: Die Kriterien für eine Endbewertung sind schwer deutlich zu machen.
- *Gruppenbelohnung*
  Vorteil: Positiver Einfluss auf die Atmosphäre in der Klasse.
  Nachteil: Hierbei ist für manche Schüler die Belohnung nicht erkennbar.

Bewerten und Evaluieren des *Prozesses* beim kooperativen Lernen:

- Formulieren von klarem und wahrnehmbarem Verhalten und dazu während des Unterrichts Feedback geben;
- die Schüler mitverantwortlich machen, d. h. gemeinsam mit den Schülern die Kriterien für gutes gemeinsames Lernen entwickeln und diese auch gemeinsam mit den Schülern evaluieren;
- regelmäßig am Ende der Stunde Evaluation der Gruppenprozesse und der sozialen Fertigkeiten und Hervorheben der gut gelungenen Aspekte;
- eine Beziehung zwischen der Qualität (Prozess) und dem Ergebnis der Zusammenarbeit herstellen;
- die Entwicklung und Fortschritte der Schüler bezüglich des gemeinsamen Lernens nicht nur mit einer Note bewerten, sondern auch mit einer ausführlichen (schriftlichen) Bewertung.

Reflexion Kapitel 1 bis 7 – Neun Fragen zum kooperativen Unterricht

Neun Fragen mit möglichen Antworten

„Was Schüler heute gemeinsam tun können,
können sie morgen allein tun."
(Vygotsky, 1986)

In den ersten sieben Kapiteln haben wir die wichtigsten Aspekte für die Gestaltung der Zusammenarbeit in Unterrichtslernsituationen beschrieben. Nach unserer Auffassung ist es möglich, mit Hilfe dieser Aspekte Unterrichtsstunden zu entwerfen, in denen das kooperative Lernen eine wichtige und gelungene Rolle spielt. Dazu haben wir neun Fragen formuliert. Durch die Beantwortung dieser Fragen werden die Planung des Unterrichts und die Rolle des Lehrers bei der Zusammenarbeit der Schüler deutlich. In den Hintergrundinformationen führen wir auch mögliche Antworten auf die Fragen an. Wir verweisen dabei stets auf die ersten sieben Kapitel. Die Zusammenfassung ist eine Übersicht über die wichtigsten Elemente der ersten sieben Kapitel, belegt mit Beispielen.

1 Neun Fragen mit möglichen Antworten

Die Antworten auf die ersten acht Fragen aus A1–7, Abb. 1 ergeben die Antwort auf die Frage neun. Daraus ergibt sich wiederum eine eindeutige und vollständige Instruktion. Ein vom kooperativen Lernen überzeugter Lehrer, der eine eindeutige Instruktion erteilt, wird die meisten Schüler zum effektiven gemeinsamen Lernen führen können.

Wir denken nicht, dass die neun Fragen immer in Vorbereitung auf eine Unterrichtsstunde beantwortet werden müssen. Wir meinen jedoch, dass der Lehrer die Fragen hin und wieder bewusst beantworten und bei der Vorbereitung einer bestimmten Stunde eine der neun Fragen etwas ausführlicher unter die Lupe nehmen sollte. Lehrer mit viel Erfahrung beim kooperativen Lernen berichten, dass eine solche Stundenvorbereitung am Anfang viel Zeit kostet, aber dass sie (und die Schüler) später die aufgewandte Zeit doppelt und dreifach wieder zurückgewinnen.

Frage 1:	Was sind die Lernziele?
Frage 2:	Welche kooperative Lernform ist dabei zweckmäßig?
Frage 3:	Wie werden die Gruppen zusammengesetzt?
Frage 4:	Wird der Zusammenarbeitsauftrag den Schlüsselbegriffen „Positive gegenseitige Abhängigkeit", „Individuelle Ansprechbarkeit" und „Direkte Interaktion" gerecht?
Frage 5:	Welche sozialen Fertigkeiten werden in dieser Stunde gebraucht und wie wird evaluiert?
Frage 6:	Welche Rolle hat der Lehrer beim Begleiten des kooperativen Lernens?
Frage 7:	In welcher Weise wird nachbesprochen? Wie erfahren die Schüler, ob ihre Zusammenarbeit erfolgreich gewesen ist?
Frage 8:	In welcher Weise erfolgt die Bewertung am Ende einer Stundenserie? Wie wissen die Schüler, ob das kooperative Lernen letztendlich erfolgreich war?
Frage 9:	Was müssen die Schüler wissen, um gemeinsam das Lernziel zu erreichen?

A1–7, Abb. 1 Fragen, die vor einer Unterrichtsstunde mit kooperativ lernenden Schülern zu beantworten sind

Wir werden mögliche Antworten auf diese Fragen kurz besprechen.

Frage 1: Was sind die Lernziele?

Diese Frage betrifft die Beziehung zwischen dem Lernstoffkern und dem Inhalt des Auftrages. Welche Lernaktivität erwartet der Lehrer von den Schülern? Will er notwendigen Lernstoff (Information) darlegen (Lernaktivität „Behalten" und/oder „Verstehen")? Möchte er, dass die Schüler mehr Verständnis für den bestimmten Stoffabschnitt erlangen, indem er sie z. B. zwei Begriffe miteinander vergleichen lässt (Lernaktivität „Integrieren")? Sollen die Schüler sich neue Anwendungsmöglichkeiten ausdenken (Lernaktivität „Kreativ anwenden")?

Die Beantwortung dieser Fragen zum Lernniveau bestimmt die Art und Weise (Lernaktivitäten) in welcher der Lehrer den Zusammenarbeitsauftrag einführt und ablaufen lässt.

Der Lernstoff (Information) sollte den Schülern kurz und bündig erläutert werden. Die Schüler müssen regelmäßig, z. B. durch Fragenstellen oder Erteilen von kurzen Aufträgen, Gelegenheit zur Lernstoffverarbeitung bekommen (siehe dazu auch Ebbens & Ettekoven 2005).

Sollen durch den Auftrag neue Informationen verstanden und verknüpft werden, kann der Lehrer vor der Auftragserteilung ein Kurzreferat zu Inhalten und Begriffen halten. Danach gibt er den Auftrag bekannt. Die Schüler sollen z. B.

zwei Begriffe miteinander vergleichen. Man beginnt bei diesem Auftrag am besten mit der kooperativen Lernform „Denken-Austauschen- Besprechen" und rundet den Auftrag mit der kooperative Lernform „Kontrolle im Tandem" ab.

Sollen die Schüler ihr Wissen kreativ anwenden, muss der Lehrer ihnen zunächst die Bedeutung des Auftrages nahe bringen, denn dadurch gehen sie viel aktiver ans Werk. Danach werden sie aufgefordert, mit der kooperativen Lernform „Brainstorming" Ideen zu sammeln. Schließlich bewerten sie mit Hilfe der kooperativen Lernform „Drei-Schritte-Interview", ob ihre Ideen den Kern der Sache getroffen haben, welche Ideen gut sind und welche nicht.

Frage 2: Welche kooperative Lernform ist dabei zweckmäßig?

Auf folgende drei Prinzipien kann sich der Lehrer bei der Wahl einer spezifischen kooperativen Lernform stützen:

1 Form folgt Funktion.
2 Die verwendete kooperative Lernform muss gegenüber dem individuellen Lernen und dem Frontalunterricht einen „Mehrwert" (Zugewinn) haben.
3 Die verwendete kooperative Lernform muss eine größere Selbstständigkeit der Schüler bewirken.

Zu 1: Die Form folgt der Funktion

Der Lehrer legt, bevor er eine kooperative Lernform wählt, fest, was die Schüler lernen sollen. Mit anderen Worten: Die Struktur muss für die erforderlichen Lernaktivitäten geeignet sein.

■ **Beispiel**

Ein Geschichtslehrer lässt die Schüler individuell ein neues Kapitel durchlesen. Die Schüler sollen dabei einige, den Stoffkern betreffende Schlüsselwörter herausschreiben und diese miteinander vergleichen. Die Schüler sollen sich zu den wichtigsten Schlüsselwörtern einigen. Hierfür setzt er die kooperative Lernform „Kontrolle im Tandem" ein. Während der Zusammenarbeit bemerkt der Lehrer, dass die Schüler sich nicht einigen können. Sie sind frustriert. Der Auftrag ist misslungen.

Der Lehrer war einem Irrtum erlegen. Die kooperative Lernform „Kontrolle im Tandem" setzt man bei Aufträgen mit eindeutigen Lösungen und der Lernaktivität „Beherrschen" ein. Für das Aktivieren von Vorkenntnissen ist sie nicht geeignet. Die kooperative Lernform „Denken-Austauschen-Besprechen" ist dafür besser geeignet.

Zu 2: Die verwendete kooperative Lernform muss gegenüber dem individuellen Lernen und dem Frontalunterricht einen „Mehrwert" (Zugewinn) haben

Kooperative Lernformen „kosten" verhältnismäßig viel Zeit. Sie sind „teuer". Dem muss ein (mehr oder weniger) höherer Lernertrag gegenüber stehen. Das kann Folgendes betreffen:

- Entwicklung sozialer Fertigkeiten: Auf lange Sicht lernen die Gruppen immer selbstständiger. Das Verhältnis der Schüler in der Klasse und in den Gruppen wird besser.
- Verbesserung des Lernens der Schüler: Auf lange Sicht werden die Schüler aktiver, sie wissen besser, was sie tun müssen. Der Lehrer kann effektiver mit der Klasse arbeiten. Er kennt genau die starken und schwachen Seiten beim Lernverhalten der Schüler.
- Organisatorische Vorteile für den Lehrer: Er hat mehr Zeit, sich um einzelne Schüler zu kümmern.

Zu 3: Die verwendete kooperative Lernform muss eine größere Selbstständigkeit der Schüler bewirken

Viele Schulen haben schenken der Förderung der Selbstständigkeit ihrer Schüler besondere Aufmerksamkeit. Die Entwicklung des Unterrichts geht in Richtung „geteilte Steuerung". Das kann bei der Auswahl von kooperativen Lernformen wichtig sein. Die Lehrer müssen die Schüler, so oft wie möglich, das machen lassen, was sie selbst machen können. Die Schüler dürfen aber auch nicht überschätzt werden. Die Lehrer müssen daher gut überlegen, was sie den Schülern wann überlassen können. Gerade beim Vermitteln von Grundwissen oder Grundfertigkeiten dürfen die Lehrer ihre Rolle als Stoffvermittler und direkter Instrukteur nicht unterschätzen.

Frage 3: Wie sind die Gruppen zusammengesetzt?

Für das Zusammenstellen der Gruppen gibt es verschiedene Kriterien. Will der Lehrer die Einteilung der Gruppen nicht den Schülern überlassen (das ergibt meistens homogene Gruppen), muss er seine Gruppenaufstellung oder aber die Mittel oder Kriterien für eine Gruppeneinteilung durch die Schüler zu Beginn der Stunde vorbereitet zur Hand haben.

Frage 4: Wird der Zusammenarbeitsauftrag den Schlüsselbegriffen „Positive gegenseitige Abhängigkeit", „Individuelle Ansprechbarkeit" und „Direkte Interaktion" gerecht?

Bei der Unterrichtsvorbereitung für das gemeinsame Lernen müssen die fünf Schlüsselbegriffe für kooperatives Lernen beachtet werden. Bei kurzen Aufträgen kommen drei Schlüsselbegriffe in Frage.

Zu „Positive gegenseitige Abhängigkeit": Der Lehrer beantwortet sich die Frage: „In welcher Weise brauchen die Schüler einander, um den Auftrag ausführen zu können?"

Eine mögliche Antwort könnte der „Mehrwert" (Zugewinn) der Zusammenarbeit im Vergleich zu dem individuellen Lernen oder dem Frontalunterricht sein.

Zu „Individuelle Ansprechbarkeit": Der Lehrer beantwortet sich folgende zwei Fragen: „Wie überprüfe ich, was der einzelne Schüler gelernt hat?" Und: „Welchen Beitrag liefert der einzelne Schüler zum Gruppenprozess?" Sehr günstig für das Stimulieren der „Individuellen Ansprechbarkeit" ist das Aufrufen beliebiger Schüler (ohne Melden) im Anschluss an das gemeinsame Arbeiten bei der Nachbesprechung.

Zu „Direkte Interaktion": Die Tische und Stühle in der Klasse sollten so angeordnet sein, dass die Schüler einander gegenüber oder nebeneinander sitzen. Die gegenseitige Interaktion, die Kommunikation in der Gruppe wird sehr von der Art der Strukturierung der kooperativen Lernform beeinflusst.

Frage 5: Welche sozialen Fertigkeiten werden in dieser Stunde gebraucht und wie wird evaluiert?

Für das Durchführen der Zusammenarbeit sind immer die ersten drei Schlüsselbegriffe wichtig. Die Schlüsselbegriffe *„Soziale Fertigkeiten"* und *„Beachtung der Gruppenprozesse"* sind für länger währende und komplexe Aufträge von Bedeutung, weil von den Schülern für die Erfüllung solcher Aufträge mehr Initiative und Selbstständigkeit gefordert wird. Durch Verwendung geeigneter kooperativer Lernformen können Lehrer die sozialen Fertigkeiten der Schüler im Unterricht fördern und die Gruppenprozesse evaluieren. Solche kooperativen Lernformen beinhalten z. B.: gezielt Rollen verteilen, die richtige Handhabung von sozialen Fertigkeiten hervorheben, Evaluieren der Prozesse in den Gruppen, Trainieren sozialer Fertigkeiten mit Hilfe eines Schritteplanes. Die Arbeit mit dem Schritteplan erfolgt in einer Stunde, deren Schwerpunkt nicht die Erarbeitung stofflicher Inhalte ist, sondern die besonders dem Erlernen der sozialen Fertigkeiten dient.

Für die Vorbereitung von Unterrichtsstunden, die besonders dem Erlernen sozialer Fertigkeiten gewidmet sind, muss der Lehrer bewusst eine passende Form wählen. Das hängt vom Entwicklungsstand der Gruppenprozesse ab: Formieren sich die Gruppen erst oder funktionieren sie schon, organisieren sie sich schon sicher selbst oder brauchen die Schüler noch Regeln vom Lehrer, damit der Gruppenprozess gelingen kann.

■ **Beispiel: Physik und Chemie**

„In den beiden folgenden Stunden werden wir einen bereits bekannten Versuch zum Phänomen Masse durchführen. Hauptziel: Ihr löst die gegebene Aufgabe zu dritt, und zwar so, dass jeder das Vorgehen dabei so sicher lernt, das er es ein nächstes Mal alleine ausführen kann. Ihr kennt die Verteilung der Aufgaben (Funktionen) innerhalb der Gruppe. Ich achte während der Stunde nicht nur auf die richtige Ausführung des Auftrages, sondern auch auf die Handhabung eurer Aufgabenverteilung. Sicher erinnert ihr euch, dass ich das vorige Mal das Praktikum abgebrochen habe, weil ihr so viel genörgelt und euch beschimpft habt. Ihr sagtet damals, es hätte sich nicht jeder an seine Aufgabe gehalten. Manche hätten alles an sich gerissen, hätten ohne Aufforderung Aufgaben übernommen, während sich andere drückten. Das wäre der Grund für die Auseinandersetzungen gewesen. Darum passe ich jetzt besonders auf. Am Ende werde ich die Aufgabenverteilung in euren Gruppen kurz mit euch auswerten. Auf geht's!"

Frage 6: Welche Rolle hat der Lehrer beim Begleiten des kooperativen Lernens?

Dazu gibt es zwei Faustregeln:

1 Der Lehrer tut nichts, was die Schüler selbst tun können

Diese Faustregel beinhaltet: Der Lehrer sollte, wenn Schüler um Hilfe bitten, nicht (zu schnell) Antworten geben oder Lösungen „preisgeben". (Kleine Ausnahme: Helfen kann er bei spezifischen, gezielten Fragen.) Er muss die Schüler Fragen stellen lassen. Sie müssen sich den Lösungsweg erfragen, sich zur Lösung durchfragen. Durch das Fragen muss sich auf jeden Fall eine Antwort abzeichnen, damit die Schüler nicht frustriert werden. Das gilt für den einzelnen Schüler und auch für Gruppen. Lehrer sollten Gruppen erst dann helfen, wenn die ganze Gruppe um Hilfe bittet. Ein mit der Zusammenarbeit unerfahrener Lehrer wird sich leicht zur individuellen Hilfeleistung verleiten lassen, weil er es aus seinem bisherigen Unterrichtsalltag so gewöhnt ist (und die Schüler auch!). Der Lehrer muss sich fest vornehmen, die Hilfeleistung zurückzustellen, hinauszuschieben.

2 Die Anwesenheit des Lehrers verleiht dem gemeinsamen Lernen „Mehrwert".

Beim Begleiten von kooperativem Lernen sollte der Lehrer die Rolle eines Schiedsrichters oder Coachs einnehmen. Führt ein Nichteingreifen des Lehrers zu größeren Meinungsverschiedenheiten unter den Schülern, dann ist der Lehrer als Schiedsrichter verpflichtet, Maßnahmen zu ergreifen. Als Coach begleitet er die Gruppen adäquat, indem er das Verhalten der Gruppen beobachtet und gute Fragen stellt, welche den Schülern dabei helfen, Probleme zu lösen. Ziel dabei ist, dass die Schüler effektiver und selbstständiger lernen.

Frage 7: In welcher Weise wird nachbesprochen? Wie erfahren die Schüler, ob ihre Zusammenarbeit erfolgreich gewesen ist?

Ein Lehrer sollte in seiner Unterrichtslernsituation den Lernstoff und die verwendeten sozialen Fertigkeiten auswerten.

Der Lernstoff wird kurz, auf das Wesentliche beschränkt, ausgewertet (erstes Lernziel). Der Lehrer darf nicht mehr alles selbst auswerten. Die Gruppen haben sich intensiv mit dem Lernstoff beschäftigt. Davon kann der Lehrer ausgehen. Demzufolge können die Schüler einiges zur Auswertung beitragen. Das Nachbesprechen ist effektiver, wenn die Schüler wissen, was von ihnen erwartet wird:

- z. B. ob sie den Auftrag einfach ausführen sollen („Dafür habt ihr 45 Minuten Zeit.")
- ob sie viele richtige Lösungen erzielen sollen (mindestens 90 %)
- ob sie eine bestimmte Anzahl von Argumenten anführen sollen („Ich erwarte, dass ihr mindestens 10 Gründe für ... nennen könnt.")
- ob sie eine bestimmte fachspezifische Fertigkeit am Ende der Stunde zeigen können sollen („Wenn ihr das könnt, führt ihr es der Klasse vor.").

Der Lehrer sollte außerdem auf die sozialen Fertigkeiten achten (zweites Lernziel). Die Gruppen müssen unabhängiger vom Lehrer werden. Kooperatives Lernen soll auf Dauer effektiver werden.

Das Nachbesprechen ist auch dann effektiver, wenn die Schüler wissen, welche soziale Fertigkeit sie beachten sollen.

Frage 8: In welcher Weise erfolgt die Bewertung am Ende einer Stundenserie? Wie wissen die Schüler, ob das gemeinsame Lernen letztendlich erfolgreich war?

Diese Frage betrifft nicht eine einzelne Unterrichtsstunde, sondern das Abrunden und Bewerten einer Stundenserie (zu einem Thema). Den Schülern ist die Art der Bewertung von Anfang an bekannt. Zum Lernstoffinhalt wird es eine individuelle Benotung und eine Benotung für die Gruppe geben. Möglich ist auch eine Kombination aus beiden Benotungen.

Die Bewertung (Evaluation) des Prozesses der Zusammenarbeit ist eine ganz andere Frage. Wir haben bereits betont, dass das Vergeben von Noten hier weniger geeignet ist. Besser sind ausführliche verbale oder schriftliche Bewertungen. Die „Richtlinien" für diese Bewertungen können schulintern abgesprochen festgelegt werden.

Frage 9: Was müssen die Schüler wissen, um gemeinsam das Lernziel zu erreichen?

Die Antworten auf die acht Fragen ergeben eine vollständige Instruktion für das gemeinsame Lernen der Schüler. Die Instruktion sollte so kurz wie möglich sein (im Allgemeinen). Je schneller der Lehrer die Schüler zum Arbeiten bringt, desto effektiver werden sie lernen.

Als Faustregel gilt: Eine Instruktion besteht aus acht Sätzen, die das Wesentliche enthalten. Diese Sätze ergeben aus der Beantwortung der Fragen eins bis acht. Macht der Lehrer den Schülern deutlich, was von ihnen erwartet wird, dann werden so ziemlich alle Schüler (mehr oder weniger) selbstständig zu lernen beginnen. Daher ist es wichtig, dass der Lehrer von der Richtigkeit seiner Instruktion überzeugt ist. Und das ist er, wenn er eindeutige Antworten auf die acht verschiedenen Fragen hat.

Zusammenfassung

In Abb. A1–7, Bild 2 geben wir die neun Fragen mit möglichen Erwägungen für Antworten wieder.

Fragen	Erwägungen für Antworten
1 Lernziele	Die Formulierung der Unterrichtsziele muss sich an dem Verstehenskern orientieren. Wichtig ist zu klären, ob die Lernaktivitäten auf „Beherrschen" oder „Anwendung" zielen.
2 Zusammenarbeitsaufträge	Zwei Regeln: Erstens: Die Form folgt der Funktion, d. h. die kooperative Lernform ist auf das Lernziel abgestimmt. Zweitens: Die verwendete kooperative Lernform muss einen „Mehrwert" bringen (soziale Fertigkeiten, besseres Zusammenarbeiten, Lernverbesserung, verbesserte Organisation für den Lehrer).
3 Gruppenzusammensetzung	Gruppengröße (zwei bis fünf Schüler), willkürliche oder unwillkürliche Einteilung, homogen oder heterogen gruppieren. Auch über die Anordnung der Tische im Klassenraum muss besonders im Hinblick auf Interaktion nachgedacht werden.
4 Realisieren der „Positiven gegenseitigen Abhängigkeit" und „Individuellen Ansprechbarkeit"	„Positive gegenseitige Anhängigkeit" kann man verwirklichen durch Ziel-, Aufgaben-, Material-, Rollen-, und Belohnungsabhängigkeit. „Individuelle Ansprechbarkeit" kann man erreichen durch willkürliches Aufrufen der Schüler, durch individuelle Bewertung, individuelle Präsentation und durch die Zuweisung von Rollen.
5 Soziale Fertigkeiten	Zwei Faustregeln: Die Fertigkeiten müssen spezifisch und konkret sein und sie müssen für den Auftrag funktionell sein. Ist das so eingeplant? Fünf Möglichkeiten zur Beachtung der sozialen Fertigkeiten: durch geeignete Struktur, mit gezielten Rollen, durch Hervorheben guter Umsetzung, durch Evaluation und mit einem Schritteplan.

6 Begleiten	Zwei Faustregeln: Erstens: Der Lehrer tut nichts, was die Schüler selbst tun können. Zweitens: Die Anwesenheit des Lehrers verleiht dem gemeinsamen Lernen „Mehrwert".
7 Evaluieren von Gruppenprozessen	Es gibt zwei Formen der Nachbesprechung: eine zum Inhalt (Lernstoff) (erstes Ziel) und eine zum Gruppenprozess während der Zusammenarbeit (zweites Ziel).
8 Bewertung der Zusammenarbeit am Ende einer Stundenserie	Das Endergebnis vom gemeinsamen Lernen muss beurteilt werden. Wie erfolgt das? Individuell oder bezogen auf die ganze Gruppe oder durch eine Kombination aus beidem? Auch der Prozess der Zusammenarbeit muss beurteilt werden. Wie erfolgt das?
9 Vollständige Instruktion zum gemeinsamen Lernen – acht Fragen	Eine vollständige Instruktion gibt den Schülern Antwort auf die acht vorgenannten Fragen. Sie erfahren die fur den Auftrag vorgesehene Arbeitszeit, wie der Lehrer Hilfe verleiht und was sie nach vorzeitiger Fertigstellung ihrer Aufgabe tun können. Ist die Instruktion vollständig?

A1–7, Abb. 2 Fragen zur Unterrichtsvorbereitung beim kooperativen Lernen

■ Beispiel

Die Schüler haben den ersten Teil einer Erzählung gelesen. Der Lehrer möchte, dass die Schüler Vorhersagen zum weiteren eventuellen Verlauf im zweiten Teil der Erzählung machen. Dazu will er kooperative Lernformen einsetzen.

1 Ziel: „Fertigkeiten entwickeln für das sinnvolle Vorhersagen über den Fortgang einer Geschichte."

2 Kooperative Lernform „Denken-Austauschen-Besprechen": „Jedes Gruppenmitglied macht Vorhersagen und begründet diese. Danach wird diskutiert und eine einheitliche Gruppenvorhersage erarbeitet. Jedes Gruppenmitglied erkennt diese Vorhersage an und kann darauf angesprochen werden."
Folgende mögliche Fragen:
„Was meinst du, wie geht die Geschichte weiter? Was für ein Konflikt könnte entstehen? Wer sind die Hautfiguren? Wie wird die Geschichte enden?"
Instruktion zum selbstständigen Arbeiten: „Ihr bekommt dafür 15 Minuten Zeit. Das bedeutet intensiv arbeiten."

3 Gruppieren: „Die Gruppen bestehen aus vier Schülern. Sie werden willkürlich durch Nummerieren zusammengestellt. Die Tische werden als Vierer-

tische (Auge in Auge) im Klassenraum aufgestellt. Alle müssen die Tafel einsehen können."

4 „Positive gegenseitige Abhängigkeit": „Es sind Gruppenziele zu erfüllen, bei denen es bestimmte Abhängigkeiten gibt.
Zielabhängigkeit: Um das Ziel zu erreichen, sind die Gruppenmitglieder aufeinander angewiesen, voneinander abhängig. Beispiel: Die Schüler müssen sich auf eine Vorhersage einigen.
Materialabhängigkeit: Pro Gruppe gibt es nur ein Arbeitsblatt.
Rollenabhängigkeit: Es werden z.B. vier Rollen vergeben. Der Schreiber notiert die Antworten, der Ermutiger macht deutlich, dass jeder Beitrag zählt, der Überprüfer kümmert sich darum, dass jeder mit der gemeinsam gefundenen Lösung einverstanden ist und der Mitarbeitsüberwacher sorgt dafür, dass jeder sich gleichermaßen einbringt und nicht einer alles macht. Diese vier Rollen werden willkürlich verteilt.
„Individuelle Ansprechbarkeit": Die Schüler arbeiten zunächst individuell. Dann werden die Mitglieder der Gruppe abwechselnd aufgerufen. Bei der Auswertung am Ende der Stunde werden beliebige Schüler aufgerufen."

5 Soziale Fertigkeit: Die Schüler zur Teilnahme am Unterricht ermutigen: „Ich beobachte eure Mitarbeit und erteile dazu Feedback."

6 Begleiten: „Ich mache Runden durch die Klasse und beobachte genau eure Zusammenarbeit und euren Umgang mit der Fertigkeit „Ermutigen". Ich helfe nicht Einzelnen, sondern nur Gruppen. Ich versuche immer, die Hilfeleistung hinauszuschieben, denn ihr könnt das doch alles selbst!"

7 Evaluation von Gruppenprozessen: „Am Ende der Stunde werte ich den Lernstoff aus wie immer. Die Fertigkeit „Ermutigen" bespreche ich mit der Frage: „Wie ermutigt ihr einander zur Mitarbeit? Was würdet ihr das nächste Mal anders machen?" Zum Schluss komme ich ganz allgemein noch kurz auf die Qualität der Diskussionen in euren Gruppen zurück."

8 Bewertung am Ende einer Stundenserie: „Ich lasse euch regelmäßig zusammen lernen. Das erfolgt mit wechselnden Gruppen, die während kurzer Zeiträume gemeinsam arbeiten. Ich beurteile deshalb, wie immer, individuell. Arbeiten die Gruppen an komplexeren Aufträgen, bei denen sie echt gemeinsam zusammen arbeiten müssen, dann werde ich auch die Gruppenarbeit bewerten. In welcher Weise ich diese beurteile, weiß ich noch nicht. Den Zusammenarbeitsprozess bespreche ich stets zwischendurch."

Teil 2:
„Kooperatives Lernen“ mit der Klasse als Ganzes

8 Das Unterrichtslerngespräch

8.1 Argumente für das Unterrichtslerngespräch

8.2 Beschreibung des Unterrichtslerngesprächs, fünf Schlüsselbegriffe

8.3 Das Unterrichtslerngespräch beginnen

8.4 Der weitere Verlauf des Unterrichtslerngesprächs

8.5 Anwendungsmöglichkeiten des Unterrichtslerngesprächs

> „Es kommt noch etwas hinzu. Es gibt junge Leute, die sich mir aus eigener Initiative anschließen. Sie stammen aus reichen bürgerlichen Kreisen und haben die meiste Freizeit. Sie finden es interessant, wie ich Menschen befragen. Sie wollen mir oft nacheifern und probieren selbst, andere Leute zu befragen. Dabei stellen sie fest, so denke ich, dass es eine große Anzahl von Menschen gibt, die meinen, etwas zu wissen, in Wirklichkeit aber wenig oder gar nichts wissen. Das Ergebnis ist, dass die von ihnen befragten Menschen auf mich böse werden, anstelle auf sich selbst. Sie äußern dann, dass Sokrates ein verwerflicher Mensch sei, der die Jugend verdirbt."
> *(Aus der Verteidigungsrede von Sokrates, 399 v. Chr.)*

Das Unterrichtslerngespräch kann man als eine besondere Form des kooperativen Lernens betrachten. Alle Schüler der Klasse bilden eine Gruppe und lösen ein Problem oder eine Aufgabe gemeinsam unter Leitung des Lehrers. Natürlich kann ein Unterrichtslerngespräch auch in kleinen Gruppen geführt werden. In diesem Kapitel behandeln wir jedoch das Unterrichtslerngespräch mit der ganzen Klasse. Unter 8.1 führen wir Argumente für das Unterrichtslerngespräch an, unter 8.2 werden die Merkmale des Unterrichtslerngesprächs beschrieben. In den Kapiteln 8.3 und 8.4 gehen wir besonders auf zwei Fertigkeiten ein, welche ein Lehrer beherrschen muss, um ein Unterrichtslerngespräch angemessen führen zu können. Unter 8.5 werden Anwendungsmöglichkeiten für das Unterrichtslerngespräch beschrieben. Am Ende des Kapitels erfolgt eine Zusammenfassung in Form von Empfehlungen für den Lehrer.

8.1 Argumente für das Unterrichtslerngespräch

In diesem Abschnitt erläutern wir vier Argumente für den Einsatz des Unterrichtslerngesprächs. Sie entsprechen den Argumenten für das kooperative Lernen. In der Literatur wird das Unterrichtslerngespräch auch als Sokratischer Dialog bezeichnet.

Die vier Argumente sind:

1 *Aktiv und effektiv lernen:*

Das Unterrichtslerngespräch schafft eine Situation, in der alle Schüler selbst aktiv lernen. Das Lernen erfolgt unter direkter Leitung des Lehrers. Es ist eine Form des Frontalunterrichts, in den Lehrer und Schüler unmittelbar einbezogen sind. In der Literatur findet man viele Befürworter (u. a. Schoor, 1997) für diese interaktive und problemgesteuerte Form des Frontalunterrichts (neofrontal). *Interaktiv* und *problemgesteuert* – das sind die Merkmale des Unterrichtslerngesprächs. Dieser Unterricht wird auf jeden Fall effektiver sein, als der Frontalunterricht, bei dem fast nur der Lehrer aktiv ist. Insgesamt, behaupten wir, die beste Lernform ist das funktionelle Einsetzen einer großen Anzahl unterschiedlicher Arbeitsformen in der ganzen Klasse, in kleineren Gruppen und für individuelle Schüler. Hier nimmt die Arbeitsform Unterrichtslerngespräch einen wichtigen Platz ein.

2 *Sichtbarkeit des Denkens:*

Durch das Unterrichtslerngespräch werden das Denken und die Entwicklung des Denkens der Schüler „sichtbar" gemacht. Die Sichtbarkeit des Denkens ist ein wichtiger Schlüsselbegriff. Indem das Denken eines Schülers sichtbar wird, manifestiert sich dieser auch als ein Individuum, statt nur ein Teil einer Gruppe zu sein. Ein wichtiger Vorteil des Unterrichtslerngesprächs ist es, dass diese Manifestation im Beisein des Lehrers (des Experten) und der Mitschüler stattfindet. Der Lehrer kann somit intensiver auf die starken und schwachen Seiten des Denkens der Schüler eingehen, kann jeden in einer speziellen Weise zum Denken anregen. Um das zu realisieren, muss der Lehrer das Unterrichtslerngespräch so strukturieren, dass auch der „stille" Schüler eine Chance hat, sich zu äußern. In dem Maße, wie das Unterrichtslerngespräch mehr und mehr zur Lernkultur der Gruppe avanciert, werden immer mehr Schüler sich freier zu äußern wagen. Immer mehr Schüler werden ermutigt, Antworten zu geben, Meinungen zu äußern und Fragen zu stellen.

3 *Entwicklung des Denkens und Lernens:*

Wird das Denken der Schüler sichtbar, dann kann der Lehrer intensiver darauf eingehen und das Lernen weiter entwickeln. Die starke Seite des Unterrichtslerngesprächs: Die Schüler werden beim Unterrichtslerngespräch „gezwungen", unter direkter Leitung des Lehrers ihre Gedanken in Worte zu fassen. Alle Schüler können davon lernen. Unmittelbares Feedback vom Lehrer ist möglich. Lehrer und Mitschüler können auf falsche Begründungen, falsche Vorstellungen von Dingen, falsche Wortwahl unmittelbar reagieren. Auch können sie logische Begründungen, richtige Argumente und gute Analysen hinsichtlich ihres Wertes taxieren. Damit wird das Lernen effektiver und die Entwicklung des Denkens der Schüler wird unterstützt. Haben Schüler individuell oder gemeinsam an Auf-

trägen gearbeitet, kann der Lehrer das in einem Unterrichtslerngespräch mit der ganzen Klasse besprechen. Dieses Gespräch sollte nicht allein die Lösungen, sondern auch die Lösungswege behandeln. Dadurch lernen die Schüler Lösungsstrategien von ihren Mitschülern. Vygotsky sagt dazu: „Was du nicht sagen kannst, kannst du auch nicht denken." Und weiter sagt er: „Was du heute gemeinsam tun kannst, kannst du morgen allein tun."
Das Unterrichtslerngespräch „zwingt" die Schüler zu klaren Äußerungen, wie auch andere Formen der Zusammenarbeit. Dadurch entwickelt sich das Denken.

4 *Mehrere Blickwinkel:*
In einem Unterrichtslerngespräch werden Schüler den behandelten Unterrichtsgegenstands durch Beiträge anderer Schüler, eigene Beiträge und die Steuerung des Lehrers aus mehreren Blickwinkeln sehen. Erklärungen oder Erkenntnisse verschiedener Schüler zu einem Thema werden voneinander abweichen. Auch werden sich die Erläuterungen des Lehrers zu einem Thema von denen der Schüler unterscheiden. Daraus erschließt sich dem Lehrer eine gute Basis, um auf unterschiedliche Denkweisen und Erkenntnisse näher einzugehen. Es ist charakteristisch für das Unterrichtslerngespräch, durch einen Dialog gemeinsam zu Antworten, Schlussfolgerungen oder Lösungen zu gelangen.

8.2 Fünf Schlüsselbegriffe zur Beschreibung des Unterrichtslerngespräches

Unter einem Unterrichtslerngespräch verstehen wir ein Gespräch zwischen Lehrer und Schüler(n) oder zwischen den Schülern (miteinander) unter der direkten Leitung des Lehrers. Der Lehrer legt dabei das Problem oder die Kernfrage fest (meist aus einem Fachgebiet oder Vorgehensweisen betreffend). Er bestimmt die Struktur des Gesprächs und bezieht durch das Stellen von Fragen und das Durchspielen von Lösungsbeispielen alle Schüler ein. Er hinterfragt viel, fordert heraus und lenkt die Schüler, Wege suchend, zu mehr oder weniger gemeinsamen Lösungen oder Schussfolgerungen.

Für die Verdeutlichung des Wesens des Unterrichtslerngesprächs vergleichen wir es mit dem Klassengespräch und dem sozialen Gespräch.

Unterschiede zwischen *dem Klassengespräch* und dem *Unterrichtslerngespräch:*

Erstens: Beim Unterrichtslerngespräch bestimmt der Lehrer das Gesprächsthema.

Zweitens: Das Unterrichtslerngespräch ist auf das Entwickeln des Denkens der Schüler und auf das Lösen eines spezifischen Problems ausgerichtet.

Dazu muss der Lehrer zunächst das Lernen der Schüler sichtbar machen und es dann „erkunden", indem er die Schüler langsamer (!) und tiefgründiger denken lässt. Auf diese Weise bekommen die Schüler eine Chance, Ideen zu entwickeln, diese zu testen und eine gemeinsame Lösung zu finden. Das erfordert vom Lehrer, dass er sich in seriöser Weise für das Denken seiner Schüler interessiert, dass er durch das Stellen von passenden Fragen Interesse und Respekt für das Denken der Schüler bekundet. Der Lehrer ist außer Instrukteur und Prozessüberwacher auch Fragensteller (Lernbegleiter). Er muss Fragen stellen, welche eine Begründung oder Beweisführung erfordern oder die unmittelbar mit dem Thema zusammenhängen. Dafür braucht der Lehrer große Kenntnisse zum Fachgebiet und über das Lernen der Schüler.

Das Klassengespräch hat eine soziale Funktion. Die Schüler haben großen Einfluss auf das Festlegen eines Unterrichtsthemas. Dabei stehen ihre Erfahrungen und Bedürfnisse im Mittelpunkt. Die Rolle des Lehrers ist einfacher als beim Unterrichtslerngespräch. Beim Klassengespräch ist er auf die Erfahrungen der Schüler und deren Denken orientiert.

Beide Gesprächsformen stimmen insofern überein, dass jeder Schüler der Gruppe zu jeder Zeit mitarbeitet. Um das zu gewährleisten, muss jemand die Leitung des Gesprächs übernehmen. Das ist meistens der Lehrer. Der Beitrag der Schüler hängt vom Unterrichtsthema, den Fertigkeiten der Lehrer und Schüler sowie vom Lernklima in der Klasse ab. Bei einem Klassengespräch, bei welchem die Schüler einen größeren Einfluss auf das Festlegen des Themas haben, wird die Gesprächsführung häufiger als beim Unterrichtslerngespräch auch von Schülern übernommen werden.

Die Unterschiede zwischen dem *sozialen Gespräch* und dem *Unterrichtslerngespräch* mit der Klasse sind sowohl inhaltlicher als auch organisatorischer Art. Ungegliederte oder spontane Konversationen werden in Duos oder kleinen Gruppen geführt, selten mit der ganzen Klasse. Die Gruppenzusammensetzung wechselt dabei. Der Wechsel wird unter anderem vom Gesprächsinhalt und der sozialen Zusammensetzung der Gruppen bestimmt. Es ist jedem freigestellt, in eine andere Gruppe zu wechseln oder ein anderes Thema zu wählen.

Dagegen wird ein Unterrichtslerngespräch im Prinzip mit der ganzen Klasse geführt, wobei das Thema *festgelegt* ist. Alle Schüler haben die *Pflicht* zur Mitarbeit.

Abbildung 8.1 zeigt eine Übersicht über die wichtigsten Merkmale der drei Gesprächsformen.

Unterrichtslerngespräch	Klassengespräch	Soziales Gespräch
• Der Lehrer legt das Thema fest und versucht mit der Gruppe eine Lösung zu finden.	• Die Schüler haben einen großen Anteil am Festlegen des Themas.	• Die Gesprächsteilnehmer bestimmen das Thema.
• immer unter Leitung des Lehrers	• abwechselnd unter Leitung von Lehrer oder Schülern	• Organisation frei, d. h. abwechselnd kleinere und größere Gruppen, die die Schüler selbst festlegen
• zielt auf tiefgehendes und explizites Denken, sowie auf das Sichtbarmachen des Denkens der Schüler ab	• zielt auf Erfahrungsaustausch und gegenseitiges Kennenlernen (sozial) ab	• zielt auf das Pflegen und Erweitern von sozialen Kontakten ab
• setzt beim Lehrer große Sachkenntnis, Interesse für das Lernen der Schüler und Fertigkeiten zur Gesprächsführung voraus	• setzt beim Lehrer Fertigkeiten zur Gesprächsführung voraus	• entfällt

Abb. 8.1 Übersicht zu Gesprächsformen in der Klasse

Aus Abbildung 8.1 ist ersichtlich, dass das Unterrichtslerngespräch durch die Kombination von Sachkenntnis, Interesse für das Lernen der Schüler und Fertigkeiten zur Gesprächsführung die größten Anforderungen an den Lehrer stellt.

Offene und geschlossene Formen des Unterrichtslerngesprächs

Die Lehrer können sowohl eine offene als auch eine geschlossene Form des Unterrichtslerngesprächs durchführen.

Unter einem geschlossenen Unterrichtslerngespräch verstehen wir eine Arbeitsform, bei der der Lehrer die Schüler zu einer im Vorfeld bekannten Schlussfolgerung oder Lösung führt. Der Lehrer wird den Schülern Fragen stellen, die wechselnd von einzelnen Schülern beantwortet werden. Die Interaktion erfolgt zwischen dem Lehrer und verschiedenen einzelnen Schülern, während die anderen Schüler zuhören. Inhalt und Form sind geschlossen.

Unter einem offenen Unterrichtslerngespräch verstehen wir eine Arbeitsform, bei welcher der Lehrer die Schüler zu einer im Vorfeld nicht bekannten Schlussfolgerung oder Lösung führt. Auch der Lehrer kennt die endgültige Schlussfolgerung oder Lösung nicht. Oft stellt der Lehrer den Schülern Fragen. Er regt die

Schüler an, gegenseitig auf ihre Antworten und Fragen zu reagieren. Hierdurch wird nicht nur das Denken eines, sondern mehrerer Schüler sichtbar. Das ist die starke Seite des offenen Unterrichtslerngesprächs. Diese Form stellt hohe Anforderungen an den Lehrer, weil das Gespräch in verschiedene Richtungen gehen kann.

Die fünf Schlüsselbegriffe

Es gelten dieselben Schlüsselbegriffe wie beim kooperativen Lernen. Achtet der Lehrer auf diese Schlüsselbegriffe, werden *alle* Schüler mitarbeiten und voneinander lernen können. Die *„Individuelle Ansprechbarkeit“* wird z. B. durch Aufrufen beliebiger Schüler realisiert. Den Schlüsselbegriff *„Positive gegenseitige Abhängigkeit“* realisiert der Lehrer, indem er den Schülern durch Gebärden und Worte verdeutlicht, dass sie gemeinsam in der Lage sind, ein Problem zu lösen, dass sie dies gemeinsam besser können als individuell. Hier sind besonders die unterschiedlichen Perspektiven der Einzelnen hilfreich. Den Schlüsselbegriff *„Direkte Interaktion“* kann der Lehrer realisieren, indem er die Schüler animiert, sich immer aneinander und einander zu zuwenden. Den Schlüsselbegriff *„Soziale Fertigkeiten“* realisiert er durch Einführen fester Regeln und durch regelmäßiges Reflektieren über das Lernen während des Unterrichtslerngesprächs. Damit wird auch dem Schlüsselbegriff *„Gruppenprozesse“* entsprochen. Wichtig ist, dass auf die Sicherheit geachtet wird, indem der Lehrer die Antworten der Schüler anerkennt und das Positive im Unterrichtslerngespräch hervorhebt.

8.3 Das Unterrichtslerngespräch beginnen

Der Lehrer bereitet zunächst die Fragen und Aufgaben vor und legt das zu erreichende Ziel fest. Für ein erfolgreiches Unterrichtslerngespräch, bei dem *alle* Schüler einbezogen sind, muss der Lehrer verschiedene Fertigkeiten beherrschen. Das betrifft besonders das bewusste Formulieren und Stellen von Fragen auf unterschiedlichen Lernniveaus, das Realisieren der Wartezeiten, das Verteilen des Aufrufens und das Reagieren auf die Antworten der Schüler. Wir besprechen diese Fertigkeiten und die Konsequenzen für die Schüler nur kurz, weil sie ausführlich im Kapitel „Fragen stellen“ ... Band 1 „Effektiv Lernen“ in Ebbens & Ettekoven (2005) behandelt worden sind.

Das Stellen von Fragen

Das Stellen von Fragen ist eines der zugkräftigsten Mittel des Lehrers um die Schüler zum Lernen anzuregen. Die Frage kann dabei vielen Zielen dienen. Sie kann die Aufmerksamkeit der Schüler lenken, den Schülern helfen, ihr neues Wissen an Vorkenntnisse zu koppeln (*„Integrieren“*) oder die Schüler animieren, ihre Meinungen und Wertvorstellungen zur Diskussion zu stellen. In Abbildung

8.2 nennen wir Fragen, die auf vier Lernaktivitäten gerichtet sind. Außerdem kann man durch eine sorgfältig gestaffelte Reihenfolge der Fragen den Schülern klarmachen, womit sie sich beschäftigen. Die Fragen bilden die „Wegweiser“ für die „Tour“ durch den Lernstoff. Beim Unterrichtslerngespräch ist vordergründig Flexibilität geboten, weil das Gespräch niemals wie geplant verlaufen wird. Das muss auch so sein, der Beitrag der Schüler muss Einfluss auf den Gesprächsverlauf haben. Dadurch wird ihr Beitrag honoriert und ihr Mitdenken gewürdigt.

Das Niveau der Fragen

Um gute Fragen stellen zu können, muss dem Lehrer bewusst sein, welches Denk- und Lernniveau der Schüler gefordert werden soll. In der Einleitung haben wir die Einteilung in vier Lernaktivitäten beschrieben. Das Unterrichtslerngespräch ist nach unserer Erfahrung besonders für Fragen geeignet, die das Lernen auf höherem Niveau stimulieren. Das betrifft Fragen, die auf die Lernaktivitäten „Integrieren“ und „Kreativ anwenden“ abzielen. Dazu geben wir in Abbildung 8.2 einige Fragebeispiele wieder und stellen diese Fragen gegenüber, welche das Lernen der Schüler auf niedrigem Niveau anregen (siehe auch Abb. 8.1).

Das Anregen des Lernens auf höherem Niveau (Lernaktivitäten „Integrieren“ und „Kreativ Anwenden“) hat deutliche Konsequenzen für Lehrer und Schüler. Das Lernklima ist hier wesentlich mehr von Interaktion geprägt als bei den Lernaktivitäten „Behalten“ und „Verstehen“. Die Fragen für das Lernen auf höherem Niveau haben weniger eindeutige Antworten. Darin besteht der Unterschied zu den Fragen für Lernen auf niedrigem Niveau. In einem geschlossenen Unterrichtslerngespräch können jedoch auch Fragen (für höheres Denkniveau) mit eindeutigen Antworten gestellt werden. Dann werden aber die Schüler unterschiedliche Lösungswege (Herangehensweisen) nutzen. Die Interaktion wird bei Fragen für höhere Lernniveaus immer einen offenen Charakter haben. Das muss auch so sein, denn das ist das Merkmal eines Dialogs. Die „Offenheit“ kann bei Lehrern und Schülern zu Verunsicherung führen, besonders, wenn sie an Arbeitsweisen mit geschlossenen Lösungen gewöhnt sind. Es ist in diesem Falle günstig, die Gespräche zunächst geschlossen ablaufen zu lassen und zunehmend offener zu planen, damit sich Lehrer und Schüler in die offene Vorgehensweise einarbeiten können.

Wartezeiten

Das Einhalten von Wartezeiten im Unterrichtslerngespräch ist eine wichtige Fertigkeit des Lehrers. Man unterscheidet zwei Wartezeiten: Die Wartezeit 1 wird beginnt nach dem Fragenstellen, die Wartezeit 2 nach erfolgter Antwort. Eine Untersuchung von Rowe (1974) ergab, dass nach einem Lehrertraining betreffs Wartezeiten merkliche Veränderungen bei den Schülern auftraten.

Er stellte sich z. B. heraus, dass die Schüler

- längere Antworten gaben;
- mehr spontane und adäquate Antworten gaben (hauptsächlich durch Wartezeit 2);
- weniger „Ich-weiß-nicht"-Antworten gaben, was auf das Konto der Wartezeit 1 geht;
- mehr spekulative Antworten gaben („Vielleicht ist das so …"), was man der Wartezeit 2 zuschreiben kann.

„Das ist vielleicht so …" Diese Antwort eines Schülers, stellt eine wichtige Quelle für das Reagieren anderer Schüler dar. Das Einhalten von Wartezeiten ist also bei einem Unterrichtslerngespräch besonders dann wichtig, wenn Lehrer wollen, dass das Denken der Schüler auf höherem Niveau sichtbar wird. Nach unserer Auffassung dürfen die Wartezeiten getrost mehr als 10 Sekunden betragen. Der Lehrer kann das ankündigen. Dann wissen die Schüler, dass sie zu einem Ergebnis (zu einer Antwort) kommen müssen.

Fragen, die Lernen auf höherem Niveau anregen	**Beispiele**
„Kreativ Anwenden"	1 Wenn du eine neue Begründung aufstellen müsstest, welche Elemente der alten Begründung würdest du übernehmen, welche nicht? Welche müsstest du dann hinzufügen, welche nicht? 2 Du hast die Geschichte über … gehört. Welcher Teil basiert auf Vermutungen, welcher auf tatsächlich durchgeführte Untersuchungen? Woher weißt du das? Oder wie kannst du dahinter kommen?
„Integrieren"	1 In welcher Hinsicht ist die soeben von Jaqueline aufgezeigte Lösung anders als die, welche wir gestern durchgesprochen haben? Worin stimmen die Lösungen überein? 2 Ihr habt eine Erklärung gehört. Wie könnte diese Erklärung auch zu der nun folgenden Begründung „…" passen?
Fragen, die Lernen auf niedrigem Niveau anregen	**Beispiel**
„Behalten" und „Verstehen"	Gib mit eigenen Worten wieder, was Jaqueline soeben gesagt hat. Was meint der Autor mit …? Welche Schritte beinhaltet diese Begründung? Kannst du erklären, warum das geschah?

Abb. 8.2 Fragen für Lernen auf niedrigerem und höherem Niveau

■ **Beispiel**

Ich bin gespannt, was ihr zur Antwort von Johann sagt. Sie beinhaltet einige gute Aspekte. Mit dem „…" kann ich mich aber nicht anfreunden. (Wartezeit) Wer ? (Wartezeit) Wer stimmt mit Johann überein? (Wartezeit) Ach, da kommen die ersten Reaktionen. Wer noch? (Wartezeit) Eine Antwort könnt ihr von mir noch nicht erwarten. Ja, da kommen noch mehr! (Wartezeit) Wir wollen nun das Gespräch beginnen.

Das Verteilen des „An-die-Reihe-Kommens"

Es sollen möglichst viele (alle) Schüler am Unterrichtslerngespräch teilnehmen, weil das laute Denken für die Entwicklung des Lernens von Bedeutung ist. *Alle* Schüler müssen laut denken. Aus Erfahrung wissen wir, dass nicht alle Schüler die gleiche Chance zur Teilnahme am Gespräch haben. Manche Schüler denken und reagieren schnell. Das bemerken die Lehrer natürlich, arbeiten mehr mit diesen Schülern, dann geht die Sache wenigstens flott voran. Manche Lehrer haben besondere Vorlieben. Sie stellen z. B. öfter der linken Klassenhälfte Fragen als der rechten oder befragen öfter die Mittelreihe oder Schülern in der hintersten Reihe. Auch hören manche Schüler bestimmten Mitschülern nicht zu, reden dazwischen, während sie bei anderen Schülern genau zuhören. Lehrer, die das Aufrufen der Schüler gleichmäßig über die ganze Klasse verteilen, bekommen auch mehr Fragen von den Schülern gestellt. Ebenso erhöht sich die Bereitschaft zur Beantwortung von Fragen seitens der Schüler. Damit erzielen die Lehrer eine größere Interaktion in der Klasse. Es stimuliert die Schüler, wenn sie wissen, dass sie eine Chance zum Antworten bekommen. Dadurch bleiben sie aktiv.

■ **Beispiele**

- „Ich erwarte jetzt Reaktionen von Schülern, deren Name mit einem „V" beginnt."
- „Bitte ruft jetzt nicht rein, meldet euch nicht und denkt alle nach. Ich werde dann jemanden fragen und erwarte, dass jeder eine Antwort hat."
- „Diese Bankreihe hat viel reagiert. Welche Reaktionen kommen aus der Mittelreihe?"

Reagieren auf die Antworten der Schüler

Der Prozess des gemeinsamen Denkens endet oft, wenn die Antwort auf eine Frage erfolgt ist. Der Prozess wird auch gehemmt, wenn der Lehrer fortwährend die Antworten der Schüler wiederholt.

■ **Beispiel**

Wir bemerken oft, dass Lehrer (zur Sicherheit) die Antworten von Schülern wiederholen oder umformulieren. Das bezeichnen wir als „Lehrerecho". Hierdurch macht der Lehrer sich zur zentralen Figur in der Gruppe (wie die Spinne im Netz). Alle Drähte laufen zu ihm. Die Schüler richten sich ausschließlich nach ihm. Das hat zur Folge, dass die Schüler nicht aufeinander, sondern nur auf den Lehrer hören. Der

Lehrer bleibt wichtigste Person. Den Posten wollte er doch eigentlich (teilweise) abgeben! Der Beitrag der Schüler zum Lernen ist eines der Ziele des Unterrichtslerngesprächs. Darum sollte der Lehrer eine „zurückhaltende“ Haltung einnehmen. Die Schüler *müssen* denken und dafür *muss* der Lehrer sorgen. Es ist natürlich schwer für den Lehrer, den größten Teil seines Wissens „zurückzuhalten“ und zuzuhören, was die Schüler äußern, ohne darauf unmittelbar zu reagieren.

Der gemeinsame Denkprozess wird fortgesetzt, wenn verschiedene Antworten vorliegen und darauf zu beantwortende Fragen folgen, wie: „Wodurch ist die eine Antwort besser als die andere?“ Oder dargestellt am Beispiel Tennisspielen: Hier geht es nicht nur darum, den Ball schon beim ersten Schlag übers Netz zu bekommen (erste Frage und erste Antwort), sondern auch darum, gemeinsam eine langes faires Spiel zu spielen.

Es ist wichtig, dass der Lehrer die Antworten anerkennt und den Schülern klar macht, was er noch von ihnen erwartet. Mangel an Klarheit (der Lehrer lässt die Schüler darüber im Ungewissen, welche Art von Antworten sie geben sollen) ist eine der größten Fallgruben beim Unterrichtslerngespräch. Wenn der Lehrer *eine spezifische* Antwort hören will, dann kann man nicht von einem „Gespräch“ sprechen. Das wäre dann ein Ratespiel: *„Ratet mal, was ich mir denke …“* Solches Verhalten fördert nicht die Denkqualität, die wir anstreben.

■ **Beispiel**

„Wir haben jetzt einige Antworten (Lösungen). Ich finde, jeder hat ausgezeichnet mitgedacht. Aber wie kommen wir nun zu *einer* gemeinsamen Antwort? Eure Antworten unterscheiden sich deutlich. Wer kann begründen, warum er eine bestimmte Antwort besser findet, als eine andere? Oder wer kann sagen, warum eine andere Antwort weniger adäquat zur Frage ist?“

Noch zwei Bemerkungen zum Reagieren des Lehrers auf die Antworten der Schüler:

1. Es besteht ein Verhältnis zwischen der Art, in der Lehrer die Antworten belohnen, und dem Durchhaltevermögen der Schüler. Die Schüler scheinen besser am Gespräch festzuhalten, wenn die Lehrer weniger öffentlich belohnen. Unter „belohnen“ verstehen wir Aussagen, wie: „Das war eine sehr gute Antwort, Thomas. Du hast prima nachgedacht.“ Diese Aussage beinhaltet mehr als eine normale Anerkennung der Antwort. Sie beinhaltet auch Lob. Das kann von Nachteil sein, besonders, wenn der Schüler dieses Lob in Anbetracht der gelieferten Leistung als übertrieben ansieht. Die Antworten der Schüler sollten vom Lehrer anerkannt, aber nicht zu stark gepriesen werden.

■ **Beispiel**

„Gut gemacht. Das ist eine mögliche Antwort. Noch andere?“

2. Die Anzahl der alternativen Erklärungen (Antworten) der Schüler scheint bei negativen Bemerkungen oder einer negativen Einstellung des Lehrers zur Antwort des Schülers (oder bei allgemeinen Sanktionen) stark abzunehmen. Das widerspricht dem Schlüsselbegriff *„Sicherheit"* als einer Basis für gutes Lernen. Ohne Sicherheit werden die Schüler Überlebenstaktiken entwickeln anstatt zu lernen. Dabei geht es sowohl um das verbale, als auch um das nonverbale Verhalten des Lehrers.

■ **Beispiel**

Ein Schüler gibt sich aufrichtig Mühe, die Frage des Lehrers zu beantworten. Der Lehrer sagt: „Diese Antwort ist wenig sinnvoll und zeugt nicht davon, dass das Problem gut durchdacht wurde." Man kann sich sicher sein, dass dieser Schüler zunächst nicht mehr am Gespräch teilnehmen wird.

Handlungsschema

Die Schritte für das Beginnen eines Unterrichtslerngesprächs fassen wir im folgenden Handlungsschema zusammen.

Einfaches Handlungsschema für die ersten Schritte

1 Formulieren Sie ein eindeutiges Problem/Frage. (Unterrichtsplanung)

2 Führen Sie das Problem (und/oder die Schrittfolge) in der Klasse ein, erklären Sie die Wichtigkeit und stellen Sie eine These dazu auf. Schreiben Sie am besten das Wesentliche an die Tafel.

3 Geben Sie den Schülern Zeit zum Nachdenken für die erste Antwort. Sagen Sie ihnen das auch. Warten Sie auf jeden Fall 10 Sekunden. Hängen Sie eventuell noch einen kurzen Zusammenarbeitsauftrag mit „Denken-Austauschen-Besprechen" an.

4 Rufen Sie einen beliebigen Schüler auf.

5 Bekräftigen Sie dessen Antwort. („Okay, das ist *eine* Möglichkeit.") und warten Sie danach erneut (3 bis 10 Sekunden). Bitten Sie die Schüler, nicht sofort zu reagieren. („Denkt noch einmal kurz nach.")

6 Bitten Sie andere Schüler zu reagieren, besonders Schüler, deren Antworten sich von der ersten unterscheiden.

7 Inventarisieren Sie die Antworten der Schüler. („Welche Antworten stimmen überein, wer hatte eine andere Antwort?")

Von nun an gibt es keine Standardhandlungen mehr. Der weitere Verlauf hängt von der Problemstellung (offen oder geschlossen) des Lehrers und von den Antworten der Schüler ab.

Vier wichtige Empfehlungen für Lehrer, welche beginnen mit Unterrichtslerngesprächen Erfahrungen zu sammeln:

1 Halten Sie die ersten Lerngespräche kurz (5 – 10 Minuten).

2 Führen Sie die ersten Gespräche „geschlossen" durch.

3 Führen Sie das Lerngespräch zuerst in einer Gruppe ein, in der ein gutes Lernklima herrscht.

4 Wählen Sie für das erste „offene“ Lerngespräch kein Reizthema.

Haben sich Lehrer und Schüler an diese Arbeitsweise gewöhnt, kann das Unterrichtslerngespräch länger und offener geführt werden.

Abb. 8.3 Schrittplan für den Beginn eines Unterrichtslerngesprächs

8.4 Der weitere Verlauf des Unterrichtslerngesprächs

Die wichtigste Aufgabe des Lehrers besteht beim Unterrichtslerngespräch darin, das Gespräch in gute Bahnen zu lenken, ohne die Problemstellung aus den Augen zu verlieren.

Der Lehrer muss wissen, warum er die Frage stellt und was er mit der Diskussion erreichen will. Das erfordert eine gute Unterrichtsvorbereitung. Hat der Lehrer das Interesse der Schüler geweckt, sie in das Problem einbezogen, sie animiert, sich für das Problem verantwortlich zu fühlen und mitzudiskutieren, dann kann er sich zurücklehnen und beobachten „woher der Wind weht und, wann er im Hafen sein muss“. Auch „gegen den Wind zu kreuzen“ ist erlernbar. Dafür folgen hier einige praktische Hinweise für die Lehrer und Konsequenzen für die Schüler.

Übersicht

Behalten Sie die Übersicht über die ganze Klasse. Entfernen Sie sich z. B. vom Schüler, den Sie gerade aufgerufen haben, bleiben Sie aber weiter mit ihm in Blickkontakt. Dadurch entsteht eine übersichtlichere Situation. Die anderen Schüler werden von dem Gespräch nicht ausgeschlossen, sondern sichtbarer für Sie und mehr mit einbezogen. Das Gespräch wird auf diese Weise nicht zu einer Diskussion zwischen Ihnen und dem *einen* Schüler. Es ist jedoch andererseits zweckmäßig, einen schwächeren Schüler zu unterstützen, indem Sie bei ihm stehen bleiben. Genügend Raum zum Umherlaufen ist wichtig. Die Schüler müssen einander und Sie müssen die Schüler sehen und hören können. Bitten Sie die Schüler ihre Stühle so zu drehen, dass sie einander ansehen, wenn sie miteinander sprechen. Der Lehrer wird damit zur „Nebensache“. Die Schüler führen das Gespräch.

Verhalten

Legen Sie Regeln für den Beitrag der Schüler fest, zum Beispiel das Sich Melden betreffend. Haben sich die Schüler an die Kultur des Unterrichtslerngesprächs gewöhnt, hat das kaum noch Bedeutung. Während eines natürlichen und freien

Gesprächs wird der Lehrer die Gesprächsdisziplin überwachen. Dazu ist es wichtig, dass die Schüler sich gegenseitig aussprechen lassen und ihre Aussagen respektieren. Also sollten die Schüler nicht zu schnell reagieren, damit sie sich vergegenwärtigen können, was ihr Mitschüler eigentlich gesagt hat. Das gegenseitige Respektieren wird sich vor allen Dingen durch die Vorbildwirkung des Lehrers und dessen Interesse für die vielen unterschiedlichen Beiträge der Schüler festigen. Für die Schüler ist es wichtig gut zuzuhören, was ein Mitschüler sagt. Die Schüler brauchen sich bezüglich der Antwort eines Schülers nicht einig zu sein. Respekt heißt, dass man den anderen immer aussprechen lässt.

Ziel

Behalten Sie das Ziel des Unterrichtslerngesprächs im Auge. Das wird durch eine gute Vorbereitung unterstützt, erfordert gutes Urteilsvermögen und ein „glückliches Händchen". Driftet das Lerngespräch in eine nicht geplante Richtung, so entscheiden Sie, ob es noch weitergeführt werden soll. Bitten Sie den Schüler gegebenenfalls, sich seine zu diesem Zeitpunkt nicht relevante Frage zu merken, damit diese später beantwortet werden kann. Es ist unmöglich in einem offenen Unterrichtslerngespräch kleine „Abstecher" zu vermeiden. Sie erhalten aus diesen „Abstechern" jedoch viele Informationen zu den Bedürfnissen und Vorkenntnissen der Schüler. Geht das Gespräch in die richtige Richtung, ist das „Weiterfragen" (Vertiefen) eine adäquate Vorgehensweise. Geht es aber total in eine andere Richtung, muss das verdeutlicht werden, sonst klinken die Schüler sich aus, weil sie nicht mehr wissen, worüber gesprochen wird. Verwenden Sie die Tafel oder einen Overheadprojektor, um das Ziel klar und deutlich sichtbar zu machen. Schreiben Sie den Kernpunkt auf die mittlere Tafel, etwas vom Thema abweichende Fragen notieren Sie auf einer der Seitentafeln oder heben Sie die Kernfrage farblich von den weniger adäquaten Fragen ab. Das unterstützt, dass die Schüler sich auf das Wesentliche der Kernfrage konzentrieren. Sagen Sie den Schülern immer, warum Sie etwas tun. Dann haben diese die Möglichkeit zu verstehen, warum etwas geschieht.

Alle Schüler einbeziehen

Beobachten Sie aufmerksam, wer von den Schülern mitarbeitet und wer nicht. Wird das Gespräch zu einem Gespräch zwischen einzelnen Schülern, dann öffnen Sie diesen Kreis, stellen Sie die Frage erneut und bitten Sie andere Schüler, sich zu äußern. In einer solchen Situation ist es auch möglich, den Schülern einen kleinen Auftrag zu erteilen. Weiterhin kann man die Schüler bitten, nach dem Unterrichtslerngespräch in Zweiergruppen das Gespräch noch einmal durchzugehen (zusammenzufassen) und die wichtigsten Aspekte anzugeben. Das führt wahrscheinlich zu einer erneuten Diskussion, an der sich die meisten Schüler beteiligen werden.

Zusatzinformation geben

Der Lehrer wird die Schüler ab und zu mit Zusatzinformationen versehen oder die Aussagen von manchen Schülern erläutern lassen müssen, damit die anderen Schüler zu mehr Diskussionen angeregt werden.

■ **Beispiel**

Der Lehrer einer Berufsschulklasse will die Sicherheit in Gebäuden thematisieren. Er fordert die Schüler auf, Gründe für die unterschiedlichen Sicherheitsbestimmungen in Gebäuden zu nennen. Es kommen viele Beiträge, die in Stichpunkten an die Tafel geschrieben werden. Einer der Schüler nennt die Feuerleiter. Ein Teil der Gruppe fängt sofort an, mächtig zu kichern. Der Lehrer will wissen, was los ist. Nach langem Nachbohren und viel Getue, rückt eine Schülerin mit der Sprache raus. Vor kurzem ist sie, um ihren Freund zu treffen, über die Feuerleiter in sein Haus geklettert. Das hatte sie ihren Freundinnen erzählt. Als die Heiterkeit abgeklungen ist, entwickelt sich ein Unterrichtslerngespräch zu den Kehrseiten der Sicherheitsbestimmungen, wie z. B. verschlossene Türen, wodurch man sich nicht retten kann oder Feuerleitern, über die man auch (unbefugt) in das Haus gelangen kann.

Akzeptanz anstelle von Loben

Loben bedeutet für den Schüler, dass seine Antwort richtig und gut ist. Andere Schüler werden dann jedoch kein Bedürfnis mehr haben, dieser Antwort noch etwas hinzuzufügen. Wenn die Schüler meinen, die Antwort war gut, dann hören sie auf zu denken. Darum ist es wichtig, die Antwort zwar anzuerkennen, aber nicht deutlich zu machen, dass es *die eine* richtige und gute Antwort ist. Viele Antworten beinhaltet etwas Gutes, auch wenn sie vage erscheinen. Man kann also immer entgegnen: „Gut gedacht!“. Eine Reaktion, wie: „Das ist eine phantastische Antwort!“ beendet jegliche Diskussion. Dazu gibt's ja nichts mehr zu sagen! Wenn der Lehrer einen schwachen Schüler in solcher Weise lobt, werden die guten Schüler den Lehrer als maßlosen Übertreiber bezeichnen.

Intonation

Die Aufgabe des Lehrers ist es, das Gespräch lebendig zu halten und alle Schüler einzubeziehen. Er muss die Stimmung „spüren“ (im Sinne von: „Fühlen, woher der Wind weht“). Wichtig sind die Intonation und die Atmosphäre, die der Lehrer zu schaffen vermag.

■ **Beispiel**

Die Frage „Sind das alle Informationen, die ihr gefunden habt?“ kann verschieden ausgelegt werden:

- „Ist es das, was ihr finden konntet?“
- „Ja, das stimmt, der Bestand der Bibliothek reicht nicht aus.“
- „Es muss noch mehr geben. Ihr habt euch nicht genug angestrengt. Ihr hättet noch ein bisschen suchen können.“

- „Im vorigen Jahr wurden viel mehr gefunden."
- „Vielleicht hätte ich meine Anweisungen klarer formulieren müssen."
- „Das ist überhaupt kein Ergebnis!"

Probieren Sie diese verschiedenen Intonationen mal im Unterricht aus, dann wird Ihnen deutlich, was wir meinen.

Das Gespräch fließend in Gang halten

Der Lehrer muss in erster Linie und hauptsächlich auf den Inhalt der Antworten reagieren, damit das Lerngespräch nach den Regeln einer normalen Konversation verlaufen kann. Das bedeutet z. B., dass er das Gespräch nicht durch Anmerkungen zum Prozess oder das Aufschreiben von Ergebnissen unterbrechen sollte bevor er den nächsten Schüler aufruft. Das Gespräch bleibt dann auf jeden Fall flüssiger.

▪ **Beispiele für Gespräche mit einer zwischenzeitlichen Evaluation**

- „Gut, Jan. das war eine prima Antwort, besonders weil ... Ich weiß übrigens nicht, ob das immer wahr ist. Aber darüber können wir später reden."
- „Marie, was hältst du hiervon ... Okay, das finde ich gut. Du könntest eigentlich noch mehr auf ... achten. Wollen wir erst mal weitermachen."
- Und was hältst du davon, Maria? ... Kevin, hör mal zu, was gesagt wird und du auch, Pia, pass mal auf. Du hast meistens gute Ideen. Wenn du zuhörst, kannst du bestimmt etwas Gutes beisteuern ..."

Man kann sich vorstellen, dass ein Gespräch mit vielen bewertenden Bemerkungen nicht so fließend verläuft, wie ein Gespräch mit sehr kurz gefassten Bewertungen („Gut, und du?").

Am Ende des Unterrichtslerngesprächs

Fassen Sie die Diskussion am Ende kurz zusammen. Suchen Sie dabei nach Übereinstimmungen bei den gegebenen Antworten und vergleichen Sie diese mit dem Kern des Problems. Falls das nicht möglich ist, stellen Sie fest, worin die Unterschiede bestehen. Machen Sie allen Schülern deutlich, dass das Gespräch beendet ist und zeigen Sie die (vorläufigen) Schlussfolgerungen und/oder Lösungen auf. Das können Sie natürlich auch einen Schüler machen lassen.

8.5 Anwendungsmöglichkeiten des Unterrichtslerngesprächs

Das Unterrichtslerngespräch kann man entsprechend den Zielen des Lehrers in verschiedenen Unterrichtssituationen einsetzen. Wir unterscheiden vier Anwendungsformen. Diese haben zwei gemeinsame Merkmale:

1 Die Schüler entwickeln, logisch folgernd, ihre Gedanken zu den Fragen und Problemstellungen des Lehrers.

2 Der Lehrer verhält sich zurückhaltend, gibt nicht sofort selbst die Antworten, sondern regt die Schüler an, die Antworten zu finden.

Der Umfang, in dem das Denken den Schülern überlassen oder vom Lehrer gesteuert wird, wird von Situation zu Situation sehr unterschiedlich sein. Das kann jeder Lehrer selbst bestimmen. Wir erläutern die vier Anwendungsformen:

1 Das *erkundende Unterrichtslerngespräch* findet vor dem Erläutern eines neuen Stoffgebietes statt. Was wisst ihr schon zu dem Thema? Wie habt ihr das erfahren?
Die Funktion dieses Gespräches besteht darin, als Vorbereitung auf ein neues Thema die Vorkenntnisse der Schüler zu aktivieren. Es ist bekannt, dass Kenntnisse besser haften bleiben, wenn sie an Vorkenntnisse gekoppelt werden. Sind die Vorkenntnisse der Schüler sichtbar, kann der Lehrer besser daran anknüpfen. Die Funktion dieses Gesprächs besteht nach Beendigung im Überprüfen, wie die Vorkenntnisse der Schüler an das neue Wissen gekoppelt sind. Dieses Lerngespräch zielt auf die Lernaktivität „Integrieren".

2 Das *themenbezogene Unterrichtslerngespräch* dient zur Vertiefung einer vom Lehrer gestellten Frage oder eines festgelegten Themas. Dieses Gespräch baut auf die erste Anwendungsmöglichkeit auf. Der Lehrer weiß von vornherein, worauf er das Gespräch richten will. Dieses Unterrichtslerngespräch hat die Funktion der weiteren Entwicklung des Denkens der Schüler.

3 Es gibt Lerngespräche, die auf das Erlernen von *Lern- und Lösungsstrategien* zielen. Das Wesentliche bei diesem Lerngespräch erkennt man in der Frage: „Wie kannst du ein solches Problem in Angriff nehmen?" oder „Wie hast du ein solches Problem angepackt?" Dieses Lerngespräch fördert die Entwicklung des selbstständigen Lernens der Schüler durch Beachtung der Vorgehensweisen bei der Lösung von Problemen.

4 Lerngespräch können dem *Besprechen neuer Arbeitsweisen* mit den Schülern dienen, wie z. B. die Reflexion über die Gruppenprozesse beim Zusammenarbeiten oder eine evaluierende Reflexion über den Verlauf des Unterrichtslerngesprächs selbst. Die Funktion dieses Lerngesprächs besteht in der Entwicklung des selbstständigen Lernens, der Lernprozess steht im Mittelpunkt. Dies schließt an die Entwicklung sozialer Fertigkeiten und Gruppenprozesse an (siehe Kapitel 5). Dieses Gespräch berührt weniger das Lernen an sich (wie bei Lern- und Lösungsstrategien unter Punkt 3), sondern behandelt die Voraussetzungen für das kooperative Lernen.

Diese vier Anwendungsformen entsprechen den Zielstellungen dieses Buches. Lehrer können sie beim Zusammenarbeiten in kleinen Gruppen oder mit der ganzen Klasse einsetzen. Anschließend erläutern wir die vier Anwendungsmöglichkeiten und unterlegen sie mit Beispielen.

Zu 1: Das erkundende Unterrichtslerngespräch vor oder nach einer Lernstoffdarlegung

▪ Beispiel

Im Werkunterricht in der zweiten Klasse muss der Begriff „räumlich“ erarbeitet werden. Bevor der Lehrer damit beginnt, will er erkunden, was die Schüler noch über die drei Begriffe „flach“, „relieffömig“ und „räumlich“ wissen. Diese wurden bereits in der ersten Klasse behandelt. Der Lehrer stellt Fragen zu diesen Begriffen. Er stellt aus den Antworten fest, dass die Schüler chaotische Vorstellungen vom Begriff „räumlich“ haben. Durch Fragen und Reaktionen werden die Definitionen zutreffender. Nach Ablauf des Gesprächs denken Lehrer und Schüler, dass jeder jetzt genau weiß, was der Begriff „räumlich“ beinhaltet.

Das erkundende Lerngespräch vor dem Darlegen eines neuen Themas aktiviert die Vorkenntnisse. Das ist von Vorteil für Schüler und Lehrer. Der Lehrer erfährt, was die Schüler bereits zum Unterrichtsgegenstand wissen und kann die neuen Informationen einfacher an diese Vorkenntnisse koppeln. Die Schüler werden sich die neuen Kenntnisse besser merken. Das Anschließen an die Vorkenntnisse ist ein wichtiges Merkmal des effektiven Lernens der Schüler. Ein solches Lerngespräch kann man auch nach der Stoffdarlegung oder am Ende einer Stundenserie einfügen, um in Erfahrung zu bringen, was die Schüler vom neuen Stoff aufgenommen haben.

Zu 2: Das themenbezogene Unterrichtslerngespräch

▪ Beispiel

Der Lehrer bespricht die Haustiere und den Umgang der Schüler mit verschiedenen Haustieren in ihren Familien. Er hat die Schüler beauftragt, einmal besonders darauf zu achten, wie die Haustiere sich im Falle einer Bedrohung verhalten. Im Unterricht lässt er sich Beispiele nennen und versucht mit der Klasse herauszufinden, welche Merkmale die unterschiedlichen Haustiere gemeinsam haben, wenn sie sich bedroht fühlen.

Bei dieser Form des Unterrichtslerngesprächs legt der Lehrer das Thema, das Problem, die Frage fest. Unter seiner Leitung lösen die Schüler das Problem gemeinsam mit ihm. Gemeinsam loten sie den Gegenstand (Thema, Aspekt) tiefer aus. Die Funktion dieses Lerngesprächs ist das Stimulieren des Denkens der Schüler und ihre Entwicklung von Erkenntnissen zu dem vom Lehrer bestimmten Thema. Der Einsatz dieses Lerngesprächs ist die klassische Art eines Sokratischen Gesprächs.

▪ Ein anderes Beispiel

Einige Schüler haben im Sportunterricht etliche Male berichtet, dass am Wochenende in ihrem Team einige Sportler Verletzungen erlitten haben. Aus diesem Grunde plant der Lehrer ein Unterrichtslerngespräch zu „Verletzungen, Härte des Spiels und was man ändern kann“ zu führen. Nach 25 Minuten bricht der Lehrer das Gespräch ab, weil die Schüler gern Sport machen wollen. Während der folgenden Sportübungen achtet der Lehrer besonders (entsprechend der Erkenntnisse aus dem Unterrichtslerngespräch) auf das Vermeiden von Verletzungen. Hier geht es um das „Aufwärmen mit Dehnen, Recken und Strecken“ und den Aufbau der Turnübungen. Der Unterricht wird mit einem freien Spiel beendet.

Zu 3: Lerngespräch gerichtet auf Lern- und Lösungsstrategien

■ Beispiel

Ein Französischlehrer fragt die Schüler vor einer Leistungskontrolle, wie sie die Wortpaare gelernt haben. Die Schüler haben unterschiedliche Lerntechniken praktiziert. Viele Schüler sind überrascht von den Lernstrategien ihrer Mitschüler. Darauf wären sie selbst nie gekommen. Nachdem die Ergebnisse der Leistungskontrolle korrigiert wurden, bespricht der Lehrer diese mit den Schülern und zeigt ihnen, wie ihre Ergebnisse an die von ihnen praktizierte Lernstrategie gekoppelt sind (z. B. in der Weise, wie sie die Wortpaare gelernt haben). Die Schüler erkennen dadurch die Beziehung ihrer Lerntechniken zu der erzielten Note.

Viele Lehrer haben sich angewöhnt, den Schülern zu sagen, wie die Hausaufgaben erledigt werden müssen. Sie zeigen ihnen z. B. den Unterschied zwischen dem Lernen eines Stoffabschnitts und dem Lernen von Wortpaaren. Solche Ratschläge haben nur kurze Wirkung. Ein effektiveres Vorgehen kann man aus dem oben genannten Beispiel erkennen. Zuerst bekommen die Schüler die Gelegenheit, in einem (erkundenden) Lerngespräch ihre unterschiedlichen Lernmethoden einzubringen. Nachdem sich die Schüler ihrer eigenen Lernweise bewusst geworden sind und sie diese mit denen anderer Schüler verglichen haben, gelangen sie zu der Erkenntnis, dass der Nutzeffekt ihrer Lernstrategie an die Leistung (Note) gekoppelt ist. Der Lehrer verdeutlicht den Schülern, dass bestimmte Lernstrategien effektiver sind als andere, man aber nicht *die* beste Lernweise küren kann, es dafür keinerlei zu befolgende Regeln gibt. Der Schüler wählt die ihm am meisten liegende Lernstrategie.

■ Ein anderes Beispiel

Ein Geschichtslehrer hat mit der Klasse in der letzten Stunde über das Verhältnis König/Kaiser und Papst bis zum 11. Jahrhundert gesprochen. Heute möchte er, dass die Schüler den wesentlichen Kern dieses Themas erfassen. Er hat dazu die Schüler entweder Fragen beantworten oder den Stoff (5 Seiten) schriftlich zusammenfassen lassen. Viele Schüler hatten damit Probleme (besonders bei der Zusammenfassung). Sie verloren sich in Details und erfassten nicht das Wesentliche. Der Lehrer beschließt nun anders vorzugehen. Er lässt die Schüler zunächst noch einmal den Text durchlesen. Danach erklärt er, dass in dem Lesestoff eine wichtige Frage beantwortet wird. Die Schuler werden nun beauftragt, diese Frage zu suchen. „Welche Frage ist das?“ Der Lehret lässt sie die Frage aufschreiben und führt daraufhin ein Lerngespräch zu den gefundenen Fragen durch. Während dieses Gesprächs beurteilen die Schüler gegenseitig ihre Fragen und stellen fest, ob sie unvollständig sind oder nicht den Kern betreffen.

Während dieses Gesprächs wird den Schülern der Unterschied zwischen Detailfragen und Kernfragen klar. Hierdurch werden die Schüler das Wesentliche des Stoffes besser erkennen und sich diesen Stoffkern zueigen machen. Der Lehrer erkennt, inwiefern den Schülern der Stoffkern klar geworden ist und worauf er später noch einmal zurückkommen muss.

- **Ein weiteres Beispiel**

Der Lehrer gibt eine Denkaufgabe in der Gruppe und möchte, dass diese über ein Unterrichtslerngespräch mit der ganzen Gruppe gelöst wird. Zunächst lässt er die Schüler in kleinen Gruppen über die Lösung des Problems nachdenken, besonders über den Lösungsweg. Dann ruft der Lehrer beliebige Schüler auf und bittet andere Schüler um Ergänzungen. Es gibt Ideen zur Lösung des Problems in der Klasse. Der Lehrer ordnet diese an der Tafel und bittet die Schüler dann, die beste Lösung auszuwählen und ihre Wahl zu begründen. Die Schüler beraten in Gruppen. Der Lehrer ruft dann erneut beliebige Schüler auf. Wieder wird an der Tafel ergänzt. Nach heftigen Diskussionen einigen sich die Mitglieder in nahezu jeder Gruppe auf einen Lösungsweg. Der größte Teil der Klasse akzeptiert, dass verschiedene Lösungswege möglich sind. Zwei Schüler scheinen noch nicht vollends überzeugt zu sein. Der Lehrer bittet sie, weiterhin darüber nachzudenken. Er wird das nächste Mal darauf zurückkommen. Diskutierend verlassen die Schüler den Klassenraum.

Diese Anwendungsform des Unterrichtslerngesprächs wird in Abbildung 8.4 von Bolhuis und Simons (2002) wiedergegeben. Sie geben an, dass die Problemlösung primär eine Aktivität darstellt, die zur Lösung des Problems führt. Außerdem zählt sie zu den Lernaktivitäten. Durch sie lernen die Schüler, wie sie ein Problem lösen können, und dass es auch noch andere Wege zur Lösung des Problems gibt.

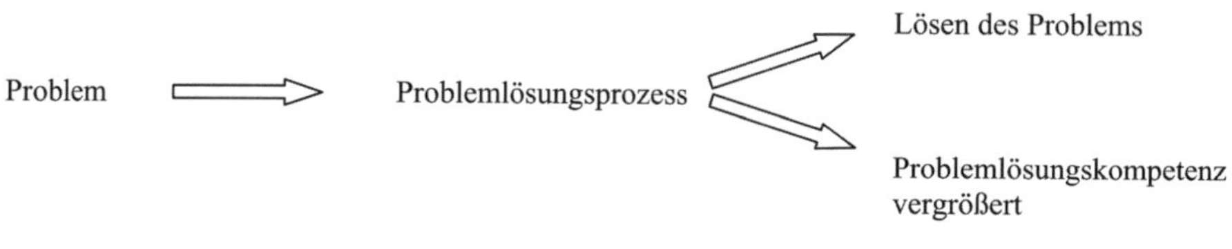

Abb. 8.4 Zweifaches Ergebnis der Problemlösung

Zu 4: Das Lerngespräch, gerichtet auf das Besprechen neuer Arbeitsweisen

- **Beispiel**

Ein Lehrer will die Schüler einer Klasse zum ersten Male bewusst zusammenarbeiten lassen. Er teilt die Gruppen selbst ein, erläutert den Auftrag und lässt die Schüler beginnen. Nicht in allen Gruppen verläuft die Zusammenarbeit reibungslos, u. a. auch, weil der Auftrag ziemlich „offen" formuliert wurde. Der Lehrer lässt die Arbeit stoppen und bittet die Schüler darüber nachzudenken, was ein Gruppenmitglied für das Erzielen eines guten Gruppenresultats tun müsste. Jedes Mal, wenn ein Schüler eine Aussage macht, bittet der Lehrer einen anderen Schüler, diese Antwort zu wiederholen und darauf zu reagieren. Dieser Prozess verläuft solange, bis einige Vereinbarungen formuliert wurden, mit denen die Schüler einverstanden sind. Der Lehrer schreibt diese an die Tafel. Die Schüler notieren sie in ihre Hefte. Danach wird die Zusammenarbeit (kooperatives Lernen) wieder aufgenommen. Jede folgende Unterrichtsstunde in der Zusammenarbeit vorgesehen ist, beginnt nun mit einem kurzen Gespräch zu diesen Vereinbarungen, wie z. B.: „Gelten sie noch?" „Müssen sie angepasst, ergänzt werden?"

Das Ziel des Unterrichtslerngesprächs in obigem Beispiel besteht darin, dass die Verbundenheit der Schüler mit dem Prozess des kooperativen Lernens wächst. Sie sollen sich nicht nur für das Endergebnis, sondern auch für den Lösungsweg verantwortlich fühlen.

■ **Beispiel**

In einer Berufsschulklasse kommen die Schüler öfters zu spät. Das stört den Lehrer und die pünktlichen Schüler. Der Lehrer startet ein Unterrichtslerngespräch zu diesem Problem. Die Schüler sollen sich viele Lösungsmöglichkeiten ausdenken. Sie wählen eine kreative Lösung, die sie am folgenden Tag unmittelbar anwenden.

Das Ziel besteht darin, dass die Schüler sich als die „Besitzer" dieser Lösung fühlen.

Mit dieser Anwendungsform wird man den Schlüsselbegriffen vier und fünf für kooperatives Lernen gerecht. Wünscht der Lehrer, dass die Schüler sich mehr für den Gruppenprozess verantwortlich fühlen, muss er regelmäßig Gruppenprozesse evaluieren und anpassen. Das gilt auch für alle neuen Arbeitsformen in der Klasse. Indem man gemeinsam darüber reflektiert, wird es beiden Parteien (Lehrer und Schülern) klar, warum die Prozesse so verlaufen und was von jedem erwartet wird.

Zusammenfassung

Wir fassen die wichtigsten Merkmale des Unterrichtslerngesprächs in Form von Empfehlungen für Lehrer zusammen:

- Das Unterrichtslerngespräch stellt eine wichtige Strategie für das Entwickeln des Denkens beziehungsweise des Lernens auf höherem Niveau der Schüler dar. Für das Unterrichtslerngespräch muss der Lehrer ein Problem (Unterrichtsgegenstand, Frage) formulieren, welches für ihn selbst, oder für das Fachgebiet wichtig ist, welches die Schüler zum Mitdenken herausfordert und zu welchem er mit den Schülern gemeinsam eine Lösung finden will. Dazu bedarf es einer gründlichen Planung und Stundenvorbereitung.

- Das Unterrichtslerngespräch zu führen erfordert vom Lehrer eine unmittelbar leitende Rolle (geleitete Interaktion), bei der sowohl die Lösung des Problems als auch der Lernprozess der Schüler Beachtung finden. Der Lehrer muss das Lernen der Schüler durch Stellen von Fragen und Einhalten von Wartezeiten sichtbar machen, ohne die Belange der ganzen Gruppe aus den Augen zu verlieren.
- Wichtig ist, dass der Lehrer die Fragen der Schüler nicht selbst beantwortet (das würde das Denken der Schüler stoppen), sondern diese den anderen Schülern zuspielt. Dazu muss er die Übersicht wahren, behutsam steuern und das Ziel im Auge behalten. Der Lehrer hält dabei sein eigenes Fachwissen vorübergehend zurück. Er betrachtet sich selbst als einen Prozessüberwacher, weniger als Informationsüberträger. Dadurch entsteht eine geteilte Verantwortlichkeit.
- Erst zum Schluss ist es möglich, die Antworten der Schüler zusammen zu fassen und mit dem angestrebten Ergebnis zu verbinden und abzugleichen. Ist das Unterrichtslerngespräch gut verlaufen, dann wird das Ergebnis am Ende reicher sein als ursprünglich geplant.
- Der Lehrer hat beim Verwirklichen eines Lernklimas, in dem Diskussion und Dialog Normalität darstellen, in dem die Beiträge aller Schüler gewürdigt und stimuliert werden, eine wichtige Vorbildrolle. Das heißt, dass der Lehrer mit Worten und Gesten unterstreicht, wie wichtig ihm die Beiträge der Schüler sind.

9 Lernen in einer Lerngemeinschaft

9.1 Drei Herangehensweisen an kooperatives Lernen

9.2 Lernen in einer Lerngemeinschaft

9.3 Die Rolle von Schülern und Lehrern in einer Lerngemeinschaft

> „Der Dialog ist die beste Form, einen Krieg zu führen." (*Die Liebe*, 2002)
>
> „Good teaching cannot be reduced to technique; good teaching comes from the integrity of the teacher" (*Palmer*, 1998, 2005)

In diesem Kapitel wird das Lernen in einer Lerngemeinschaft behandelt. Eine Lerngemeinschaft kann bestehen aus:

dem Lehrer und einer kleinen Gruppe von Schülern oder
dem Lehrer und der ganzen Klasse oder
dem Lehrer und den Schülern eines Jahrgangs oder der ganzen Schule.

Hier behandeln wir das Lernen in der ganzen Klasse.

Das Lernen in einer Klassengemeinschaft als Ganzes stellt eine tiefgreifendere Form des kooperativen Lernens dar als die bisher beschriebenen Formen. Hierbei sind die ganze Klasse und der Lehrer miteinander verbunden. Sie sind füreinander da. Eine Lerngemeinschaft ist mehr als eine Summe aus individuellen Schülern und dem Lehrer, denn die große Verschiedenartigkeit führt auch zu einer Vielfalt an Beiträgen. Das betrifft sowohl inhaltliche Beiträge als auch das Verhalten zueinander und die Vorbildwirkung. Diese Auffassung besagt: Wenn *einer* lernt, lernen *alle*. Eine Lerngemeinschaft regt die individuellen Mitglieder zur Entwicklung ihres eigenen kognitiven und persönlichen Lernweges an und ermöglicht allen voneinander zu lernen. Das gilt auch für die Lehrer. Sie bringen ihre Expertisen und Erfahrungen ein und lernen dabei gleichzeitig selbst. Jeder lernt von jedem. Alle Mitglieder einer Lerngemeinschaft haben einander etwas zu bieten.

Die in den vorangegangenen Kapiteln besprochenen Techniken und Instrumente des kooperativen Lernens sind auch hier von Bedeutung. Wegen der anderen Lernauffassung wird dieses Kapitel sehr eingehend ausgearbeitet. Die Schlüsselbegriffe „*Positive gegenseitige Abhängigkeit*" und „*Individuelle Ansprechbarkeit*" erhalten im Rahmen dieses Kontextes eine tiefere Bedeutung. Aus der Sicht dieses Kapitels 9 kann man die vorherigen Kapitel bewerten.

Dieses Kapitel ist wie folgt aufgebaut: Unter 9.1 werden die drei Herangehensweisen an das kooperative Lernen und unter 9.2 die Merkmale für das Lernen in einer Lerngemeinschaft dargestellt. Unter 9.3 beschreiben wir die von Lehrern und Schülern erwarteten Kompetenzen für das Lernen in einer Lerngemeinschaft. Dies wird mit vielen Beispielen unterlegt. Am Ende erfolgt eine Zusammenfassung in Form von Empfehlungen für den Lehrer.

9.1 Drei Herangehensweisen an kooperatives Lernen

Nach Salomon & Perkins (1998) gibt es vier mögliche Herangehensweisen an das Lernen innerhalb von Gruppen. Entsprechend der Zielstellung dieses Buches wählen wir davon drei aus und stellen sie hier kurz dar.

1 *Schüler lernen miteinander*
Die Gruppe kann das Lernen der Schüler „vermitteln", kann es stimulieren. Gemeinsamkeit regt an.

2 *Schüler lernen mit- und voneinander*
Der einzelne Schüler und die Mitschüler werden als eine Einheit betrachtet. Das Lernen erfolgt innerhalb der Gruppe. Die Lernergebnisse werden durch interaktiven Kontext gleichzeitig beim einzelnen Schüler und bei allen entwickelt.
Interaktivität, Gemeinsamkeit in einem Lernprozess

3 *Schüler lernen mit-, von- und übereinander*
Es wird nicht nur kognitiv gelernt, sondern gleichzeitig wird erlernt, wie man miteinander umgeht. Es wird über den Kontext gelernt, durch den man Begriffe und Zusammenhänge dieser Lernkultur erkennt. Es werden also nicht allein die zum Lernen benötigten „Gerätschaften", sondern gleichzeitig auch die Aspekte des Wissens und der Geschichte dieser Lernkultur übertragen.

Abb. 9.1 Drei Herangehensweisen an kooperatives Lernen nach Salomon und Perkins (1998)

Die vierte Herangehensweise betrifft das kollektive Lernen oder das Lernen als Organisation und bewegt sich außerhalb der Zielstellung dieses Buches.

Wir erläutern die drei genannten Herangehensweisen eingehend und zeigen auf, dass in der täglichen Praxis auch Kombinationen möglich sind.

Zu 1: Schüler lernen miteinander

Diese Herangehensweise bevorzugen viele Lehrer. Nach ihrer Meinung verbessert der einzelne Schüler seine Leistungen durch das gemeinsame Lernen, z. B. wenn ein Schüler seine Ergebnisse mit denen anderer Schüler vergleicht, von Mitschülern abgefragt wird, von einem anderen Schüler etwas erklärt bekommt, selbst laut in Worte fasst, was er denkt und dazu Feedback von anderen Schülern erhält.

In dieser Lernsituation sind die beiden Schlüsselbegriffe *positive gegenseitige Abhängigkeit* und besonders die *individuelle Ansprechbarkeit* wichtig. Die *positive gegenseitige Abhängigkeit* dient zur Unterstützung der *individuellen Ansprechbarkeit*. Die Lehrer werden der *positiven gegenseitigen Abhängigkeit* in dieser Situation nicht viel Beachtung schenken. Die sozialen Fertigkeiten sind dann wichtig, wenn diese das Lernen des einzelnen Schülers fördern. Auch die Bewertung wird hauptsächlich individuell erfolgen. Jeder Schüler erhält eine individuelle Note. Diese Herangehensweise kann man als kognitiv bezeichnen: Es geht vor allen Dingen um den Lerngewinn des einzelnen Schülers.

■ **Beispiel „Nummerierte Köpfe"** Sozialkunde:

„Nach Fertigstellung dieses Auftrags weiß also jedes Gruppenmitglied, wie die Überweisung einer Rechnung erfolgt. Ich rufe aus jeder Gruppe willkürlich jemanden auf, der diesen Vorgang erklärt."

Zu 2: Schüler lernen mit- und voneinander

Hier steht die ganze Gruppe im Mittelpunkt. Der einzelne Schüler und alle seine Mitschüler werden als Gemeinschaft betrachtet. Das Lernen entwickelt sich bei dieser Form durch Interaktion zwischen einem Schüler und seinen Mitschülern. Erklärt ein Schüler einem anderen etwas oder vergleicht er seine Lösung mit der eines anderen, dann lernen beide davon. Diese Herangehensweise basiert auf der Haltung, dass Menschen soziale Wesen sind und der einzelne Schüler gemeinsam mit anderen Schülern sein Lernen wesentlich verbessern kann. Wissenszuwachs und Motivation sind dabei nicht losgelöst vom sozialen Kontext. Alle Schlüsselbegriffe sind hier wichtig. Die *positive gegenseitige Abhängigkeit* und die *Beachtung der Gruppenprozesse* erfahren hier größere Bedeutung als bei der ersten Vorgehensweise, weil die Qualität der Gruppenprozesse die Qualität des Lernens der Schüler bestimmt. Wesentlich ist hierbei die Mitarbeit *aller* Schüler. Beurteilt wird in der Regel mit einer gemeinsamen Gruppennote oder mit einer Kombination aus individueller und Gruppennote (siehe dazu Kapitel 7). Diese Herangehensweise wird auf die Mitarbeit orientiert sein und sich der Situation (immer erneut) anpassen, weil die Teilnehmer ihr Wissen gemeinsam konstruieren.

■ **Beispiel**

Berufsschule, Ökonomie: Die Schüler hatten mit zwei Berechnungen aus den Hausaufgaben offensichtlich viele Probleme. Der Lehrer erteilt nun den Auftrag, diese Berechnungen in Dreiergruppen noch einmal auszuführen. Dafür bekommen die Schüler 15 Minuten Zeit. Während der ersten sieben Minuten hilft der Lehrer nicht. Eine Schülergruppe versucht von Anfang an, den Lehrer zur Leistung von inhaltlicher Hilfe zu verleiten. Er reagiert darauf bewusst nicht. Letztendlich beginnen die Mitglieder dieser Gruppe doch gemeinsam zu arbeiten. Aus den Diskussionen in den

Gruppen werden verschiedene Lösungsmöglichkeiten ersichtlich. Als die ersten sieben Minuten vergangen sind, wird der Lehrer gefragt. Er bittet den jeweils fragenden Schüler, das Wesentliche seines Problems so „straff" als möglich zu formulieren. Danach hilft der Lehrer gezielt.

Zu 3: Schüler lernen mit-, von- und übereinander

Es wird bei dieser Herangehensweise voneinander, miteinander und übereinander gelernt. Bei einer Interaktion zwischen zwei Schülern lernt der eine Schüler z. B. vom anderen, wie er sein Problem am besten angehen kann. Gleichzeitig lernt er aber, wie der andere Schüler bei der Lösung des Problems vorgeht und worin sich das von seiner Vorgehensweise unterscheidet. Auf diese Weise wird das gemeinsame Lernen der Schüler zur Normalität, zu einer gemeinsamen Lernkultur.

■ **Beispiel**

Ein an individuelles Lernen gewöhnter Schüler kommt in eine Schule, in der kooperativ gelernt wird. Die anderen Schüler sollen dem neuen Schüler helfen, damit er sich das gemeinsame Lernen zu Eigen machen kann. Gleichzeitig wird der neue Schüler am Verhalten der anderen erkennen, dass das Zusammenarbeiten für sie Normalität ist. Er wird in diese Lernkultur aufgenommen und darin unterstützt seine Lernauffassung zu erweitern.

Auf diese Weise eignet sich der Schüler neue Kenntnissen, Herangehensweisen und Strategien an und lernt, diese in der neuen Lernkultur anzuwenden. Der Erwerb dieser kognitiven und sozialen Fähigkeiten und Fertigkeiten hat einen Effekt für den Schüler: Er kann mehr, er kann besser lernen, und bekommt eine andere Sicht auf die Welt. Verfügen die Schüler über soziale Fertigkeiten, dann können sie auch gemeinsam ein Problem angehen und gleichzeitig begegnen sie einander und sich selbst in der Interaktion zwischen den Schülern und zwischen Schülern und Lehrern.

■ **Beispiele**

- Indem der Schüler die Funktion eines elektrischen Schalters erlernt, lernt er indirekt auch, welch wichtige Rolle die Elektrotechnik und Elektronik in unserer Gesellschaft spielen. Er lernt dabei mehr z. B. über die Hintergründe des Fernsehens, über das mobile Telefonieren und das Internet. Durch dieses Verständnis sozialer Bedeutung der Technik erweitert sich die Perspektive des Schülers.
- Ein einzelner Schüler bittet den Lehrer um Hilfe, obwohl dieser zuvor deutlich gemacht hat, dass die Schüler zusammenarbeiten sollen. Der Lehrer ist verwundert und sagt: „Wieso fragst du mich jetzt, ihr solltet das doch erst gemeinsam besprechen?"

Das Verhalten des Lehrers (Verwunderung) ist beispielhaft. Dadurch werden die Schüler es zunehmend selbst ganz natürlich finden, ein bestimmtes Verhalten zu zeigen. Dies macht auch deutlich, warum wir in diesem Buch regelmäßig angeführt haben, dass Lehrer, die selbst nicht zusammenarbeiten können, das auch von Schülern nicht erwarten können. Aus diesem Grund sollten wir diese Herangehensweise als eine auf die Lernkultur orientierte Vorgehensweise bezeichnen. Diese ist eng mit der Theorie von Vygotski verwandt.

In der täglichen Praxis kann man alle drei Herangehensweisen gleichzeitig handhaben. Eine gut gestaltete Lernumgebung erfordert, dass alle drei Herangehensweisen zum richtigen Zeitpunkt eingesetzt werden, manchmal sogar gleichzeitig. Unter 9.2 zeigen wir durch die Beschreibung des Lernens in einer Lerngemeinschaft, wie Schüler und Lehrer miteinander, voneinander und übereinander lernen.

9.2 Lernen in einer Lerngemeinschaft

Bei Palmer (1998, 2005) fanden wir folgende zwei Beispiele mit der entsprechenden Erläuterung. Abbildung 9.2 zeigt den Ablauf des regulären Unterrichts: ein objektivistisches Modell von Lernen und Wissen. Wir erläutern die Gegensätze zwischen dem Lernen nach diesem Modell und dem Lernen in einer Lerngemeinschaft (Abbildung 9.3). Dann folgen Empfehlungen für Lehrer und Schüler zur Gestaltung des Lernens in einer Lerngemeinschaft.

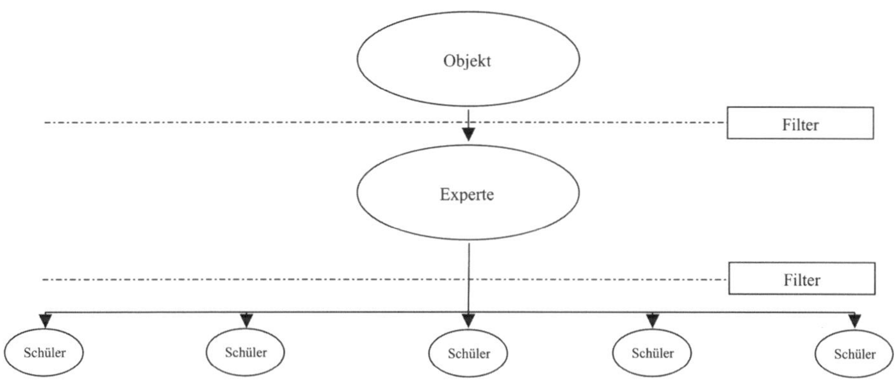

Abb. 9.2 Ein objektivistisches Modell für Lernen und Wissen

Dieses Modell für Lernen und Verstehen nach Palmer hat vier Merkmale:

1 Das Objekt des Wissens (der vom Lehrer zu vermittelnde Lernstoff) ist „objektiviert“ und hat das Merkmal „wahr“. Mit dieser Tatsache ist jeder einverstanden. Dieses reine Wissen muss übertragen werden.

2 Die Experten, die dieses Wissen übertragen wollen, sind darin geschult. Im Unterricht machen das die Lehrer. Sie sind beauftragt, den Schülern das Wissen so objektiv als möglich zu vermitteln, wobei ihre eigene Subjektivität nur

eine sehr kleine Rolle spielen darf. Sie müssen das Wissen möglichst unverfälscht übertragen.

3 Die Schüler sind die Unwissenden. Sie besitzen keine Lernkompetenz und haben im Allgemeinen kein gutes Urteilsvermögen bezüglich des zu vermittelnden Wissens. Deshalb müssen sie das reine Wissen möglichst gut aufnehmen.

4 Die Zwischenstationen (Filter) müssen dafür sorgen, dass das Wissen möglichst rein nach unten durchgereicht wird und das subjektive Wissen nicht hochkommt. Die Schüler sollen den Lehrer möglichst wenig beeinflussen. Ebenso soll der Experte das Wissensobjekt möglichst wenig zur Diskussion stellen.

Dieses Modell basiert auf einer objektivistischen Auffassung. Die Organisation der Wissensübertragung ist hierarchisch. Nach Palmer hat dieses Modell zwei grundlegende Probleme. Erstens: Es vermittelt eine falsche Vorstellung von dem, was wir eigentlich wissen. Wir haben (wesentlich) weniger objektivistisches Wissen, als wir vorgeben. Zweitens: Die Idee, auf der dieses Modell beruht, wird durch unseren Unterricht gründlich deformiert. Beispielsweise kommt das hierarchische Denken in einer Klasse so zum Ausdruck: „Wenn du tust, was ich sage, dann wird das Lernen dir gut gelingen". In diesem Modell wird in Abrede gestellt, dass ein Schüler sein Wissen selbst aufbaut, selbst konstruieren muss. Das Modell geht von der Annahme aus, dass das Lernen einen geordneten, linear strukturierten Prozess mit vorhersehbaren Ergebnissen darstellt. Das ist sehr oft jedoch nicht der Fall. Dem dargestellten Beispiel steht das Modell „Lernen in einer Lerngemeinschaft" gegenüber.

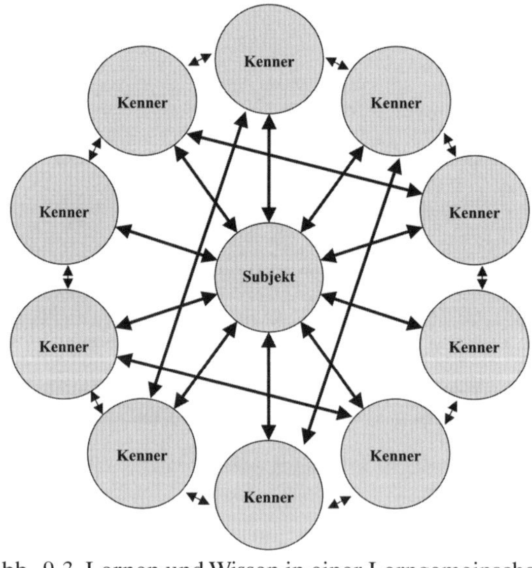

Abb. 9.3 Lernen und Wissen in einer Lerngemeinschaft

Dem Modell des Lernens in einer Lerngemeinschaft liegt eine andere Sicht auf Lernen und Wissen zugrunde. Es gibt bei diesem Modell kein objektives Wissen und keine definitive Autorität auf dem Gebiet des Wissens. Innerhalb einer Lerngemeinschaft konstruieren die Teilnehmer das Wissen selbst, messen dem Wissen selbst Bedeutung bei. Das entspricht unmittelbar der sozial-konstruktivistischen Auffassung vom Lernen. Im Mittelpunkt einer Lerngemeinschaft steht der zu besprechende Gegenstand, das Subjekt. Mit diesem Gegenstand können die Teilnehmer sich verbinden, eine Beziehung zu ihm entwickeln, weil dieser für sie von Bedeutung ist. Der wesentliche Unterschied zum objektivistischen Modell ist: *Das Subjekt steht zur Verfügung. Mit ihm kann man sich verbinden, mit einem Objekt kann man das nicht.*

In Abbildung 9.4 sind die Unterschiede zwischen beiden Modellen wiedergegeben.

Merkmale objektivistisches Modell	**Merkmale Lerngemeinschaft**
• Das Objekt „Wissen" steht obenan.	• Das Subjekt steht mitten in der Gemeinschaft.
• Das Objekt „Wissen" ist wahr (Fakt).	• Wahr ist das, worüber die Gemeinschaft sich einigt.
• Der Experte, der das Wissen überträgt, steht im Mittelpunkt.	• Das Subjekt steht im Mittelpunkt, wodurch die Schüler sich damit verbinden können.

Abb. 9.4 Unterschiede zwischen dem objektivistischen Modell und der Lerngemeinschaft

Die Beziehung zum Gegenstand beginnt, wenn der Lehrer oder einer der Schüler diesen in die Lerngemeinschaft einbringt. Der Unterrichtsgegenstand wird von allen Seiten beleuchtet und besprochen. Zum Beispiel kann man:

- miteinander über den Gegenstand kommunizieren
- die Antworten und Bemerkungen anderer interpretieren
- die gegenseitigen Beobachtungen und Erkenntnisse korrigieren und ergänzen
- einen Dialog führen, wenn jemand eine andere Meinung hat
- gemeinsam Konflikte angehen
- entdecken, das es schön ist, eine gemeinsame Lösung zu finden
- auf Grund der Einzigartigkeit aller Schüler den Beitrag eines jeden anerkennen.

Das Lernen in einer Lerngemeinschaft verläuft nicht statisch, linear oder hierarchisch. Das Lernen ist ein von Dynamik und Interaktion geprägter Prozess. Das Lernen aller Teilnehmer wird angeregt und entwickelt, wenn in der Gemeinschaft verschiedene Meinungen vertreten werden, wenn Unterschiede in der

Gruppe entstehen, wenn ein kreativer Konflikt vorhanden ist. Das ist etwas anderes, als miteinander im Wettbewerb zu stehen. In einem Wettbewerb gewinnt einer, von einem öffentlich ausgetragenen kreativen Konflikt können alle profitieren. Wird der Konflikt in einer sicheren Atmosphäre öffentlich ausgefochten, lernen die Schüler daraus. Natürlich erfordert das eine gute Disziplin und Engagement der Schüler. Die Lehrer arbeiten dabei mit den Schülern zusammen, das verbindet einander und inspiriert auch die Arbeit der Pädagogen.

In vielen Schulen hat man schon Erfahrungen mit dem Lernen in einer Lerngemeinschaft gemacht, auch im außerschulischen Bereich.

■ **Beispiele**

- die Organisation eines Klassenabends wird nach obigem Modell organisiert
  Ein gemeinsamer Klassenabend ist der Gegenstand. Alle Schüler sind bei der Organisation sehr engagiert. Jeder Schüler hat einen Auftrag, durch den er zum Gelingen des Abends beiträgt.
- das Aufführen eines Theaterstücks in der Schule
- das Besprechen der Wochenenderlebnisse
- ein Gruppenprojekt zum Thema „Interkulturelles Leben"

9.3 Die Rolle von Schülern und Lehrern beim Lernen in einer Lerngemeinschaft

In der Abbildung 9.3 kann man keinen Lehrer entdecken. Dessen ungeachtet hat der Lehrer beim Lernen in einer Gemeinschaft eine besonders wichtige Rolle. Das machen wir in Abbildung 9.5 deutlich. Wir zeichnen einen Kreis um die Experten. Dieser Kreis versinnbildlicht die Rolle des Lehrers als Regisseur des Lernprozesses.

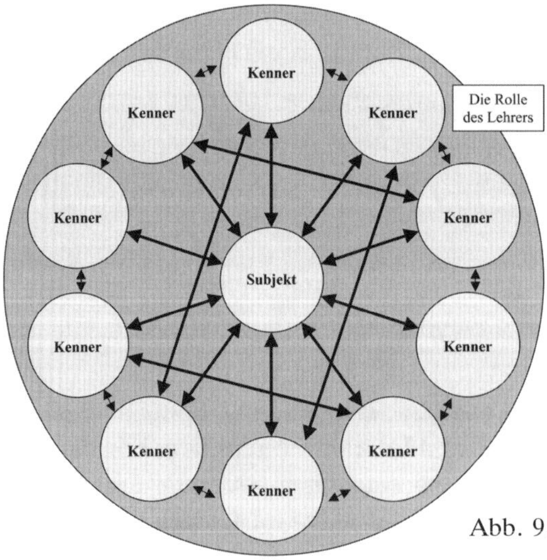

Abb. 9.5 Rolle des Lehrers

Die Rollen des Lehrers und der Schüler werden durch vier Kompetenzen beschrieben.

9.3.1 Vier Kompetenzen für Schüler und Lehrer

Wir unterscheiden vier Kompetenzen für Lehrer und Schüler, die gemeinsam das Lernen in einer Lerngemeinschaft gestalten.

1 dem Gegenstand Bedeutung beimessen, innere Spannung aufbauen, andere zur Mitarbeit einladen

2 sich auf das Wesentliche konzentrieren und offen bleiben für Impulse

3 das Gespräch in Gang halten, alle zu Wort kommen lassen

4 die Selbstbesinnung als notwendigen Bestandteil eines Unterrichtslerngesprächs betrachten

Zu 1: dem Gegenstand Bedeutung beimessen, eine innere Spannung aufbauen, andere zur Mitarbeit einladen

Der Gegenstand des Lernens in einer Lerngemeinschaft muss für die Schüler eine Bedeutung bekommen oder haben. Der Gegenstand muss „lebendig" sein, damit die Schüler sich damit verbunden fühlen können. Ein Lehrer, der das verwirklichen will, muss einigen Anforderungen gerecht werden. Er muss viel über den Gegenstand wissen, muss selbst (ziemlich) begeistert vom Gegenstand sein (ohne aufdringlich zu wirken) und er muss viel Aufhebens um den Gegenstand machen, damit dieser für die Schüler spannend wird. Das Interesse am und die Leidenschaft des Lehrers für den Gegenstand sind für das Lernen der Schüler wichtig. Die Schüler können wesentlich schlechter eine Beziehung zum Gegenstand herstellen, wenn der Lehrer diesem keine Bedeutung beimisst.

■ **Beispiel**

Hightech-High ist eine Schule in den USA. Sie stellt ein wichtiges Ziel, die Verbindung zwischen der Schule und der echten, realen Welt, der Welt der Erwachsenen, in den Mittelpunkt. Der Begriff „echte Welt" ist besonders wichtig. Wenn es echt ist, hat es auch Bedeutung. In dieser Schule wird das durch Praktika in der Wirtschaft, durch Projekte in der Lerngemeinschaft und durch die fortwährende Anwesenheit von Mitgliedern der Kommune in der Schule realisiert. Zum Beispiel sitzen Wissenschaftler und Experten aus der Industrie gemeinsam in einem Forum und geben Kommentare zu den Leistungen der Schüler. Es werden Experten zum Lunch eingeladen, um gemeinsam mit den Schülern über ihr Fachgebiet zu diskutieren und Fragen zum Fach zu beantworten. Sind die Schüler an einem bestimmten Fachgebiet interessiert, werden Experten von außerhalb eingeladen, um den Schülern zu helfen. Hierdurch wird das Lernen bedeutsam.

Der Lehrer darf es den Schülern nicht zu einfach machen, wenn der Unterrichtsgegenstand für die Schüler Bedeutung hat. Es müssen Forderungen und Anforderungen gestellt werden, sofern diese realistisch sind und das Lernen nicht hemmen.

Das Konzept der Zone der nächsten Entwicklung von Vygotsky kann hierbei hilfreich sein. Die Situation darf andererseits nicht so schwierig und spannungsgeladen werden, dass die Atmosphäre für die Schüler unsicher wird. Die Situation muss „gastfreundlich“ bleiben.

■ **Beispiele**

- Hält der Lehrer den Dialog offen (bedacht sein auf unerwartete Fragen und Antworten der Schüler und diese honorieren), dann wird der Dialog spannend, weil niemand weiß, wie das Gespräch enden wird. Der Gesprächsgegenstand erlangt mehr Bedeutung für die Schüler, weil ihre Stimme etwas gilt.
- Lehrer: „Nach meinen Erfahrungen wird ein Dialog für die Schüler bedeutungsvoll, wenn ich fünf Punkte in meinen Unterricht einbaue: Beachtung derer, die mir gegenüber sitzen und ihnen wirklich zuhören, Präzision beim Stellen von offenen Fragen (nicht zu offen und zu herausfordernd), Geduld beim Hören auf die Antworten der Schüler und Geduld, wenn die Antworten etwas länger dauern (nichts hinzufügen) und aufmerksam bleiben, auch wenn es etwas ermüdend ist. Wenn ich mir das vor dem Unterricht noch einmal gut bewusst mache, werden meine Unterrichtsstunden für die Schüler lebendiger und für mich befriedigender sein.“

Die Schüler müssen bereit sein, eine Verbindung zum Lerngegenstand einzugehen. Das wird nicht sofort klappen, es braucht etwas Zeit. Es werden immer mehr Schüler die Bedeutung des Unterrichtsgegenstands erkennen, wenn sie angehört werden und Einfluss auf den Inhalt oder den Prozess haben, wenn auf Grund des Interesses der Schüler Varianten zum Gegenstand entstehen, wenn immer mehr Schüler die Wichtigkeit des Gegenstandes durch Beispiele illustrieren. Die Schüler sollten es sich nicht zu einfach machen, sondern intensiv mitdenken. Im Prinzip geht man mit dem Lernen ein Risiko ein, denn man kann sich ins Unbekannte verirren. Alle Schüler müssen sich daher willkommen und sicher fühlen, sonst lernen sie nicht, sondern versuchen zu „überleben“. Das Lernen in einer Lerngemeinschaft setzt voraus, dass alle Schüler ein Teil dieser Gemeinschaft sind.

■ **Beispiel**

Ein Schüler berichtet über seine Schule in Bezug auf Zusammenkünfte auf Schulebene: „Sie ermöglichen uns, dass alle Schüler der Schule zusammenkommen und über Dinge erzählen können, die uns etwas angehen. Dadurch bekommen wir ein Gemeinschaftsgefühl. Immer öfter bereiten Mitschüler diese Zusammenkünfte vor und leiten sie. Dadurch bekommen wir ein Gefühl von „Das ist unsere Sache.“

1.1.2 Beispiele Gastfreundschaft

- Ein neuer Schüler kommt in die Gruppe. Der Lehrer bittet die ganze Gruppe, sich in einen Kreis zu setzen. Der neue Schüler läuft außerhalb des Kreises zu einem im

Kreise stehenden freien Stuhl und nimmt Platz. Er berichtet etwas über sich selbst, begrüßt jeden und jeder grüßt zurück. Einige Schüler erzählen auch etwas über sich. Der neue Schüler fühlt sich als neues Gruppenmitglied willkommen. Danach bieten zwei Schüler dem neuen Mitschüler an, ihn in die Gepflogenheiten der Schule einzuführen und ihn zu unterstützen.

- Es wurde in einer Gruppe kritisch über abwesende Mitschüler gesprochen. Der Lehrer empfand, dass dadurch die Gemeinschaft zerstört würde. Er brachte das in der Gruppe zur Sprache und führte folgende Regel ein: „Sprecht erst übereinander, wenn ihr euch zuvor ausgesprochen habt."

In Abbildung 9.6 bringen wir praktische Ratschläge für die Umsetzung des Prinzips „dem Gegenstand Bedeutung beimessen, eine innere Spannung aufbauen, andere zur Mitarbeit einladen"

- Machen Sie es den Schülern nicht zu einfach mit dem Antworten und erklären Sie, warum Sie das tun.
- Machen Sie den Schülern klar, dass das Beantworten der Fragen freiwillig ist. Weisen Sie immer wieder darauf hin. Sie brauchen nicht unbedingt zu antworten! Sind Schüler schüchtern, kann man ihnen mehr geschlossene Fragen stellen und ihre erste Antwort näher erläutern lassen.
- Wenn Schüler einander nicht zuhören, bitten Sie den soeben sprechenden Schüler kurz einzuhalten und erklären Sie allen, warum das Zuhören für den Fortgang des Gesprächs wichtig ist.
- Ermuntern Sie alle Schüler, demjenigen Schüler (und nicht nur dem Lehrer), der soeben geantwortet hat, Fragen zu stellen.
- Ist ein Schüler mit dem Lauf der Dinge nicht einverstanden, hat er das Recht etwas zu sagen. Der Lehrer darf ihn nicht davon abhalten.
- ...

Abb. 9.6 dem Gegenstand Bedeutung beimessen, eine innere Spannung aufbauen, andere zur Mitarbeit einladen

Zu 2: Mehr mit weniger tun, Offenheit

Lehrer müssen sich darüber im Klaren sein, dass die Schüler Zeit brauchen, bis sie eine Beziehung zum Gegenstand hergestellt haben. Sie selbst haben dafür manchmal sogar Jahre benötigt. Die Begeisterung für etwas entsteht nicht unmittelbar. Oft lassen sich Lehrer zu wenig Zeit, weil sie durch die Forderungen des Lehrplans unter Druck stehen. Es gibt eine Faustregel: „Mehr mit weniger tun." Damit meinen wir, die Lehrer müssen wählen, welchen Gegenstand sie in den Mittelpunkt stellen wollen (und welchen nicht). Sie müssen den Schülern dann auch Zeit und Gelegenheit geben, damit diese sich in eigener Weise mit dem Gegenstand befassen können. Das bedeutet, dass die Unterrichtslernsituation offen enden muss, denn dann können die Schüler einen eigenen Beitrag liefern. Der Lehrer erwartet also nicht eine (richtige) Antwort, sondern viele unterschiedliche Antworten. Das ist auch ein wichtiges Merkmal für das Unterrichtslerngespräch.

Die Schüler müssen bereit sein, innerhalb dieser Offenheit ihr eigenes Interesse zu entwickeln und dieses an die Beiträge anderer Teilnehmern der Lerngemeinschaft zu koppeln. Neben der Offenheit muss es auch Grenzen geben. Wenn man Raum gibt, ohne Grenzen festzulegen, erntet man Chaos. Begrenztheit wird ohne Offenheit rigide. Die Schüler haben dann keine Möglichkeiten, ihre eigenen Wege zu untersuchen. Und eigene Wege zu suchen, das ist gerade eines der besonders wichtigen Merkmale einer Lerngemeinschaft.

■ **Beispiel**

Der Auftrag für die Schüler in einer Projektwoche über „Interkulturelle Gesellschaft“ bestand darin, dass für jedes Teilthema etwas gemacht werden sollte. Zwei Schüler konnten sich mit einigen Teilthemen nicht anfreunden. Sie äußerten das in einem aggressiven Ton. Der Lehrer akzeptierte das nicht. Er begann eine Diskussion über die Gründe dieser Bemerkungen und gab sich Mühe, das Gespräch offen zu halten. Diese Konfrontation war für Lehrer und Schüler sehr nachhaltig. Das wurde aus Bemerkungen der Schüler ersichtlich: „Eigentlich ging es vor einigen Wochen gar nicht um „interkulturell“. Es ging doch darum, ob sie uns als kleine Kinder oder als angehende Erwachsene sehen. Ich denke, dass wir viel erwachsener sind als die Lehrer glauben. Das wurde mir bei diesem Gespräch klar.“ Der Lehrer machte diese Aussage zum neuen Gesprächsthema und brachte es in die Gruppe ein. Aus den Äußerungen der Schüler erkennt man, wie wichtig es war, dass der Lehrer das Gespräch vor sechs Wochen offen gehalten hatte und wie wichtig dieses Thema für die Schüler zu diesem Zeitpunkt war.

Konfrontationen zwischen Schülern und Lehrern kann man bei dieser Form von kooperativem Lernen nicht vermeiden. Sie zeigen jedoch, dass sich die Menschen berührt fühlen. Konfrontationen müssen sein. Die Lehrkräfte müssen sehr kompetent im Umgang damit sein, damit der Lernprozess eines jeden durch die Konfrontationen produktiv wird. Der Lehrer muss darauf achten, dass keine destruktiven Gespräche aufkommen, durch welche dann aus „berührt“ „geschädigt“ wird.

Durch „Mehr Zeit für weniger Stoff“ erhalten die Schüler die Gelegenheit, eine bessere Beziehung zum Thema aufzubauen und tiefgründiger darauf einzugehen. Wir haben festgestellt, dass die Schüler hierauf sehr viel Wert legen, weil auf diese Weise mehr „Tiefgang“ möglich ist. Das Lernen wird dadurch im Allgemeinen anziehender und interessanter.

Lehrer fühlen sich oft nicht wohl, wenn sie weniger Stoff vermitteln. Es drückt der Lehrplan. Es muss eigentlich entsprechend der Übereinkünfte auf Schulebene oder bezüglich anstehender Prüfungen viel mehr Stoff behandelt werden.

er sollte an den Dialog glauben. Er ist das Mittel, verschiedene Auf-
auf der Basis der Gleichberechtigung miteinander zu teilen und auf
e voneinander zu lernen. Die Stärke des Dialogs beruht auf der Viel-
ıfkommenden Erkenntnisse. Und das ist etwas anderes, als zu glau-
petenz oder reiner Eigennutz seien die Menschen antreibende Moti-

rholen der Antworten eines Schülers, Fragen, die nur eine Antwort
Fragen, auf die nur der Lehrer antworten kann, sollten vermieden

ertigkeiten des Lehrers für das Inganghalten des Dialogs sind: die
gfältig stellen, eine Frage umformulieren, damit andere Schüler sie
aufmerksam zuhören.

ist es günstig, eine Aufstellung der wichtigsten Fragen an die Tafel
n. Diese können als Vorrat dienen. Lehrer können das vorbereiten.
lie Schüler mit den Fragen vertraut machen, indem man sie sichtbar

tig, dass der Lehrer, immer dem jeweiligen Thema neue, bisher
Seiten abgewinnt (frischer Blick). Wenn nicht abzuschätzen ist, in
tung die Diskussion gehen wird, dann soll er die Diskussion so neh-
kommt, ohne sie zu stoppen (weil daraus sicher doch wieder nichts
ehrer muss mit Verwirrung umgehen können und der Gruppe ver-
sie aus der abdriftenden Diskussion keinen Klamauk macht. Er
usgang der Diskussion auch nicht immer kennen.

se zur Kontinuität des Dialogs

bstbesinnung als notwendigen Bestandteil des Unterrichts- betrachten

ıtige Fertigkeit beim Schaffen einer Lerngemeinschaft ist das
Alleinseins innerhalb der Lerngemeinschaft. Das gilt für Schü-
Gründe dafür sind: Man musst sich als Mitglied einer Lernge-
t gut kennen. Es kommen in der Lerngemeinschaft sehr viele
Erkenntnisse zusammen. Als Schüler muss man darüber nach-
e für einen selbst bedeuten, wie das Erlernte mit der eigenen
iert. Oder man muss entscheiden, wie man mit einer neuen
ehen will, die einem nicht so liegt, weil sie einen zwingt, in eine
zu denken. Man musst darüber nachdenken, ob man eine
nicht direkt akzeptierte Meinung in die Gruppe einbringen
Veise animiert die Lerngemeinschaft den Schüler, außer der
eine persönliche Lernreise anzutreten. Das heißt, ein Schüler
llein sein, z.B. wenn seine Meinung nicht von den anderen

„So schaffen wir das Buch nie, aber die Schulbehörde rechnet damit.“ Für den Umgang mit diesen „Zwängen“ muss der Lehrer eine unabhängige Haltung einnehmen, ohne zum Außenseiter zu werden. Ist der Lehrer frustriert und nicht in der Lage, dieses Lerngespräch gut zu führen, „gleitet“ der Unterricht in das (erste) objektivistische Modell ab.

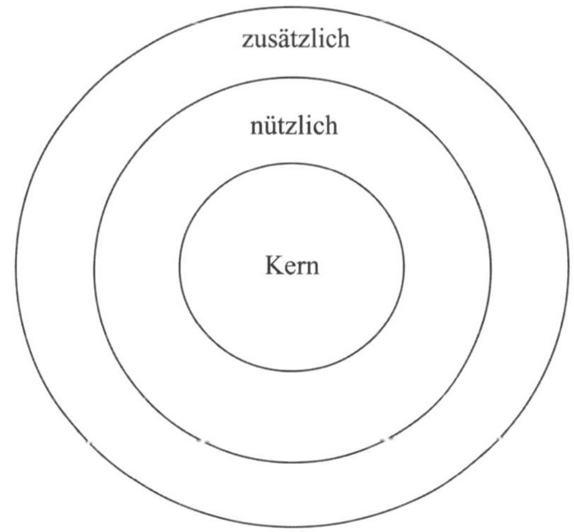

Abb. 9.7 Lernstoff

■ **Beispiel**

Es ist ein schwieriges Essay zu besprechen. Der Lehrer beschließt, die Schüler der Klasse zu bitten, einen sie beeindruckenden Satz aus diesem Essay auszuwählen. Danach diskutiert die Gruppe unter Leitung des Lehrers eingehend über die ausgewählten Sätze. Aus der Diskussion geht hervor, dass die Gruppe durch das Diskutieren dieser Sätze einen guten „Einstieg“ in das Essay gefunden hat. Danach können die Schüler ihre eigenen Sätze in kleineren Gruppen kurz besprechen. Die Schüler sagen nach der Besprechung in den kleinen Gruppen, dass sie die gewählte Vorgehensweise auf das ganze Essay übertragen könnten. Der Lehrer erläutert: „Ist der Unterricht auf den Stoffkern oder auf das Teilthema bezogen, dann haben die Schüler mehr Zeit, um in die Tiefe zu gehen. Deshalb animiere ich meine Schüler immer dazu, einen Satz oder eine Passage, welche sie ansprechend finden, aus einem Text zu selektieren. Alle diese Passagen besprechen wir. Die Passagen werden persönlich und gleichzeitig auch für die ganze Lerngemeinschaft bedeutsam. Diese Vorgehensweise schafft eine Art Gleichgewicht zwischen dem, was ich gern tun will und der Verbindung mit den Schülern auf Grund ihrer persönlichen Wahl. Das erfordert Mut und natürlich Vertrauen in die Schüler.“

Es folgen einige praktische Hinweise für „Weniger ist mehr“ in einer Lerngemeinschaft.

- Fangen Sie mit allgemeinen, offenen Fragen an. Stellen Sie spezifischere Fragen, wenn die Schüler sichtlich Widerwillen gegen das Formulieren von Beiträgen haben. Stellen Sie geschlossenere Fragen, wenn ein interessantes Thema in der Gruppe angeschnitten wird, welches man tiefgründiger behandeln sollte.
- Die Schüler müssen das ganze Thema genau kennen, wenn sie daraus einige wichtige Elemente auswählen sollen. Man kann seinen Lieblingsbaum erst wählen, wenn man viele Bäume oder den ganzen Wald kennt. Honorieren wir eine individuelle Wahl, ohne gemeinsam den Wald zu kennen, dann reden wir aneinander vorbei. Der Lehrer muss sich ausgiebig über das Thema informieren, bevor er die Schüler daraus etwas für sie Relevantes, Spezifisches auswählen lässt und bevor er einen Dialog mit der ganzen Gruppe beginnt
- Der Lehrer sollte dem aktuellen Lernen in der Lerngemeinschaft immer neue Seiten abgewinnen (einen frischen Blick haben). Wenn man im zweiten Jahr noch einmal dasselbe Thema aufgreift, verleitet das dazu, wieder in derselben Weise vorzugehen, wie beim letzten Mal. Empfehlung: Schauen Sie mal aus dem Fenster, auf den Raum draußen. Sehen Sie sich die Schüler gut an und geben Sie ihnen die Gelegenheit, eine neue Sicht auf das Thema zu entwickeln. Kurzum, stellen Sie sich vor, Sie wären unerfahren auf dem Gebiet und geben Sie sich auch so vor den Schülern und in der Unterrichtslernsituation. Auf die Weise entsteht eine offene Atmosphäre. Die Gefahr, das Thema zu objektiv oder zu isoliert zu betrachten, verringert sich dadurch.
- …

Abb. 9.8 Hinweise für „Weniger ist mehr“, Offenheit

Zu 3: Kontinuität des Gesprächs, Schüler und Lehrer zu Wort kommen lassen

Das Gespräch in der Lerngemeinschaft in Gang zu halten, damit es Kontinuität erhält, ist eine weitere wichtige Fertigkeit des Lehrers. Kommunikation muss von zwei Seiten her geführt werden – als Dialog. Der Dialog ist ein gemeinsames, öffentliches Denken des Lehrers und der Schüler. In einem Dialog:

- reden die Schüler ebenso miteinander, wie auch mit dem Lehrer
- versorgen sie einander mit vielen unterschiedlichen Antworten
- werden ihre Begründungen innerhalb der Lerngemeinschaft bestärkt
- werden sie herausgefordert oder angefochten
- kämpfen sie mit den offenen Fragen ebenso wie der Lehrer
- versuchen sie immer einander zuzuhören

Ein Merkmal eines solchen Dialogs beste
auch die Schüler einem bekannten The
frischen Blick haben). Darin besteht die
offensichtlich etwas Falsches, so ist es für c
zu halten. Nach dem objektivistischen Mo
die Aussage des Schülers im Widerspruch

Honoriert der Lehrer die Antwort des
„falsch“, dann wird das Lernen in d
gestoppt, denn der Experte berichtet, wa
nicht mehr. Beim Lernen in einer Ler
regung „falsch“ unterdrücken und nach
diesem und den anderen Schülern das L
wird entsprechend der Situation unte
Sekunden, 60 Minuten, drei Stunden o
muss Geduld haben oder entwickeln.

Eine weitere wichtige Fertigkeit ist, da
Schüler nehmen, wie sie sind. Sind die
ten Lehrer sie erläutern, ohne sie zu be
fühlungsvermögen und eine gute Qu
divergent und assoziativ denken.

Die Schüler werden ihre Standpunkte
an diese Lernweise gewöhnt haben. H
weise, dann werden sie auch persönlic
die Diskussion einbringen. Die Schü
träge vor Auge führen. Das Lernen i
Bedeutung, wenn die Schüler ihre pe
den Fachinhalten des Unterrichts ve
ter, in die Erfahrungswelten von Sch

■ **Beispiel**

Ein Lehrer lässt die Schüler in eine
Philosophien Buddhismus, Konfuzia
zepte des Lehrers für die Präsentatio
rung flach und trocken für die Schüler
noch einige Fragen hinzu, um das Ga
Schüler, den Einfluss eines typische
ihres eigenen Vaters zu vergleichen.
die Schüler sich sehr verbunden fühl
Gefühl, dass das Ganze etwas flach w
würde. Ich habe mir diesen Auftrag
dadurch lebendiger wird. Das ist zun

- Der Leh
fassunge
diese We
falt der a
ben, Kon
vationen.
- Das Wied
erfordern
werden.
- Wichtige
Fragen so
verstehen,
- Manchmal
zu schreib
Man muss
macht.
- Es ist wich
unbekannt
welche Ric
men, wie si
wird). Der
trauen, das
muss den A

Abb. 9.9 Hinwe

Zu 4: Die Se lerngesprächs

Eine vierte wic
Akzeptieren de
ler und Lehrer.
meinschaft selb
unterschiedlich
denken, was di
Identität intera
Information um
andere Richtun
„quergedachte“
will. Auf diese
kognitiven auch
wird ab und zu

akzeptiert wird oder, wenn er gebeten wird, ehrlich sein Meinung zu sagen und er nicht im Namen anderer sprechen oder sich hinter der Gruppe verschanzen kann. In einer Lerngemeinschaft muss ein Gleichgewicht zwischen dem Alleinsein und der Unterstützung durch die Lerngemeinschaft vorhanden sein. Diese Unterstützung kann von sozial-emotionaler Art (ein Arm um die Schulter) sein, aber auch durch Fragenstellen und das Fortsetzen des Dialogs erfolgen.

Die Schüler müssen also akzeptieren, dass sie manchmal allein dastehen. Das ist ein wichtiger Teil ihrer Entwicklung. Das kommt beim Normalunterricht auch oft vor, ohne dass wir viel über die Schüler wissen. Insofern ändert sich also nicht viel. Der einzige Unterschied besteht darin, dass die Schüler beim Austausch in der Lerngemeinschaft voneinander wissen, wenn sie allein sind. Das ist der ganzen Gruppe bekannt. Da jeder mal allein sein wird, kann das auch jeder leichter als einen Teil seiner Lernreise akzeptieren. Der Lehrer sollte das Thema „Allein sein in einer Lerngemeinschaft" ab und zu zur Diskussion bringen.

■ **Beispiel**

Lehrer: „Im Alter von 14 bis 18 Jahren haben viele Schüler das Bedürfnis, sich aus der eigenen Familie zurückzuziehen und sich einer Peer-Group anzuschließen. Ich beobachte oft, dass die Peer-Group nicht die persönliche Entwicklung der Schüler unterstützt. Im Gegenteil! Ich stelle daher dieses Thema ab und zu zur Diskussion. Wie kannst du dich in der Gruppe verstecken? Wie kannst du deine eigene Meinung anbringen? Wie kannst du Hilfe von Gleichaltrigen bekommen? Wie läuft das, wenn du deine eigene Meinung nicht mehr äußern darfst? Entsprechend meiner Erfahrungen legen Schüler dieses Alters und auch anderer Altersgruppen großen Wert auf derartige Diskussionen. Oft weise ich darauf hin, dass ich es sehr wichtig finde, eine eigene Meinung zu vertreten, auch wenn diese nicht von den anderen Altersgenossen oder den Gruppenmitgliedern getragen wird. Ich vertrete natürlich als Vorbild auch ab und zu meine eigene Meinung."

Es ist wichtig, dass die Lernsituation spannend bleibt. Lehrer sollten es den Schülern nicht zu einfach machen. Lernen ist auch eine Form von Risiko eingehen.

■ **Beispiel**

Lehrer: „Ich spiele oft die Rolle des „Anwalts des Teufels", wenn ich einen Dialog angehe. Ich schlüpfe in diese Rolle, wenn der Dialog zwischen den Schülern zu einfach verläuft und sie sich zu schnell auf eine gemeinsame Meinung einigen. Es entsteht dann eine Art von Gruppengeist, bei dem keiner mehr kritisch denkt und die Entwicklung des Denkens stecken bleibt. Das will ich aber nicht. Ich will, dass der Dialog bedeutungsvoll bleibt. Ich muss wohl aufpassen, dass ich meinen Standpunkt nicht durchdrücke."

Es folgen einige praktische Hinweise für das Alleinsein in einer Lerngemeinschaft.

- Stellen Sie ab und zu das Thema „Alleinsein" zur Diskussion. Besprechen Sie, ob Alleinsein und Gruppenunterstützung sich bei den Schülern die Waage halten.
- Würdigen Sie, wenn ein Schüler sich ab und zu zurückzieht, weil er das „Zusammen" satt hat. Die Schüler fühlen sich damit bestätigt.
- Machen Sie sich klar, dass auch der Weg des Lehrers manchmal einsam ist. Das Alleinsein hat seine guten Seiten, aber kann auch das Gefühl der Isolation erzeugen, wenn die Stütze der Gruppe fehlt. Haben Lehrer die Vor- und Nachteile des Alleinseins und der Teilnahme an der Lerngemeinschaft selbst erfahren, dann können sie auch diese Balance bei den Schülern einfacher realisieren. Die Schüler brauchen Unterstützung bei ihrer persönlichen Reise.

Abb. 9.10 Hinweise für das Alleinsein in einer Lerngemeinschaft

9.3.2 Organisation des Lernens in einer Lerngemeinschaft

Das Unterrichtslerngespräch eignet sich gut für die Realisierung von „Lernen in einer Lerngemeinschaft". Hier passen alle bereits genannten Prinzipien und Kompetenzen für Lehrer und Schüler. Die in Kapitel 10 beschriebene Zusammenarbeitsstruktur „Zusammen-Zusammen" eignet sich ebenfalls gut. Hierbei bearbeitet die ganze Gruppe zusammen ein gemeinsames Thema, indem Schülergrüppchen jeweils Teilthemen bearbeiten (das erste „Zusammen") und danach ihre Ergebnisse allen anderen Schülern der ganzen Gruppe (das zweite „Zusammen") präsentieren.

■ Beispiel

Beispiele zu der Zusammenarbeitsstruktur „Zusammen-Zusammen" entsprechend Kapitel 10. Der Unterrichtsgegenstand kann auf folgende Weise in Angriff genommen werden:

- In der Biologiestunde bekommt eine Klasse den Auftrag, das Leben im Umfeld der Schule zu kartieren. Eine kleine Gruppe übernimmt das Leben im Wasser, eine andere das Leben auf der Weide, eine dritte das Leben in den Bäumen usw. Danach werden Berichte erstattet und gemeinsam Schlussfolgerungen gezogen.
- Die Klasse bekommt den Auftrag, die Autobiographie eines berühmten Menschen zu studieren. Die Aufgaben werden folgendermaßen verteilt: 1. die Kindheit, 2. das Familienleben, 3. die Zeit der Krankheit, 4. die Phase, in der die Person bekannt geworden ist, 5. die Zeitspanne, in der alles schief ging, 6. wie es ausging.
- Die Klasse bekommt den Auftrag, einige Staatsformen auszuwählen, wie z.B. Demokratie, Diktatur ... Jede kleine Gruppe bekommt die Aufgabe, ihre gewählte Staatsform zu untersuchen und danach über die zugrunde liegende Philosophie, die Struktur, Geschichte und Länder mit dieser Regierungsform zu berichten, sowie eine Meinungen zu diesen Staatsformen zu formulieren.

- Die Klasse bekommt den Auftrag, die Jahreszeiten zu studieren. Man kann das ergänzen mit: Nahrungsmittel, Urlaub, Wetter, usw. in der jeweiligen Jahreszeit.
- Weitere Themen für diese Zusammenarbeitsstruktur sind: Planeten, Länder, Landschaftsformen, Nahrungsmittel, Kunstrichtungen, Romanfiguren, Theaterstücke usw.

Aus den genannten Beispielen erkennt man, dass untergliederte Themen für das Lernen in einer Lerngemeinschaft gut geeignet sind. Jedes Thema kann man in zahlreiche Teilthemen zerlegen, sodass viele kleine Gruppen daran arbeiten können. Es besteht dabei immer eine Verbindung zwischen den Teilthemen und dem übergeordneten Thema. Dadurch sind die gegenseitigen Präsentationen für die Gruppen von Bedeutung, denn es besteht ein Zusammenhang zwischen den präsentierten Erkenntnissen.

Es folgt eine Schrittfolge zur Wahl eines Themas.

Lehrer können im Allgemeinen folgende Schritte ausführen:

1. ***Auswahl des Themas:*** **das betrifft meistens große integrierte Systeme (wie eine Stadt, ein Ökosystem) oder ein Konzept (wie Demokratie, Wetter). Das Thema sollte einen Bezug zum Lebensalltag der Schüler haben. Das kann dadurch erreicht werden, dass die Schüler an der Auswahl des Themas beteiligt werden.**
2. ***Entwurf des Themas:*** **Die Lehrer müssen eine Beziehung zwischen Lehrplaninhalten und Thema herstellen. Dabei können sie ein Teilthema quantifizieren, indem sie spezifische Ziele formulieren, wie z.B. die Durchführung einer bestimmten Berechnung. Arbeiten mehrere Lehrer an einem Thema (in verschiedenen Klassen), dann bilden auch sie eine Lerngemeinschaft und sie können den Schülern ein Beispiel geben, wie diese Zusammenarbeit funktioniert.**
3. ***Entwurf der Struktur:*** **Das beinhaltet das Organisieren des Materials, eine eventuelle Lehrplanänderung, das Gewinnen von externen Sachkundigen, das Kombinieren von Unterrichtsstunden usw.**
4. ***Organisieren der Präsentationen und Feste:*** **In diesem Kapitel steht das Lernen in einer Lerngemeinschaft im Mittelpunkt, daher muss man den Präsentationen der Schüler besonders viel Beachtung schenken. Diese Präsentationen sind etwas Festliches und das sollte gefeiert werden. Schüler und Lehrer sehen dabei, was sie gelernt haben und stellen fest, was sie gemeinsam erarbeitet haben.**
5. ***Nachdenken über die Evaluation des Arbeitsprozesses:*** **Das bedeutet, gemeinsam darüber nachzudenken, was eine Lerngemeinschaft ist, wie die Gleichwertigkeit zwischen den Teilnehmern verwirklicht werden kann und wie man das den Schülern vor, während und am Ende der Arbeit am Thema verdeutlicht.**

Aus dem Schrittplan kann man erkennen, dass der Lehrer bei der Realisierung des Lernens in einer Lerngemeinschaft viel Arbeit hat und über viele spezifische Fertigkeiten verfügen muss. Lehrer erhalten dadurch die Möglichkeit, ihre Erfahrungen in ihrem persönlichen Lehrplan (Curriculum), in der Schüler eine wichtige Rolle spielen, zu verankern. So lernen die Schüler nicht nur etwas vom Lehrer, sondern es wird auch miteinander, voneinander und übereinander gelernt.

9.3.3 Fünf Schlüsselbegriffe für eine Lerngemeinschaft

Durch die oben genannten Kompetenzen der Lehrer und Schüler bekommen die fünf Schlüsselbegriffe von kooperativem Lernen eine andere Dimension.

„Individuelle Ansprechbarkeit" heißt jetzt: du bist sowohl für deine eigene kognitive und persönliche Reise als auch für deinen eigenen Beitrag zur Gruppe und für das Gesamtergebnis der Lerngemeinschaft verantwortlich.

„Positive gegenseitige Abhängigkeit" bedeutet jetzt, dass du viel von anderen lernen kannst und andere viel von dir lernen können. Die Bedeutung des Lerngegenstands erkennt man oft erst im Dialog mit anderen. Wird das realisiert, dann entsteht eine andere Form der Zusammenarbeit. Es wird dann mit, von und durch die Schüler gelernt; der Lehrer lernt mit, von und über die Schüler, die Schüler lernen mit, von und über den Lehrer. Ein Außenstehender wird keine Unterschiede feststellen können, aber die Atmosphäre wird zweifellos eine ganz andere sein.

Eigenschaften der Leiter bei Lerngemeinschaften

Zum vertiefenden Nachdenken folgt Abbildung 9.11, die aus dem Buch *„Die Liebe"* (2002) entnommen wurde. Dieses Buch untersucht Lern- und Lebensgemeinschaften in Afrika. Deren Philosophie deckt sich mit unseren Auffassungen über das Lernen in einer Lerngemeinschaft. Leiter sind Lehrer bzw. Schüler mit Erfahrung beim Leiten des Lernens in einer Lerngemeinschaft.

Eigenschaften Leiter Gemeinschaft	**Fertigkeiten Leiter Gemeinschaft**
• kann gut zuhören	• hört jeden an, stoppt aber uferlose Diskussionen
• Körpersprache stimmt mit den eigenen Worten überein	• orientiert sich an der Realität
• vertraut Menschen	• stellt (viele) Fragen
• hat eine gute Intuition	• hat gutes Einfühlungsvermögen und eine Vision

• hat keine Angst vor der Zukunft	• erweckt Vertrauen durch Ermutigen und Motivieren
• setzt vorurteilslos die eigene Energie im Interesse der Lerngemeinschaft ein	• kreiert eine wesentliche Verbundenheit
• wirkt auf andere Menschen inspirierend	• fasst Beschlüsse
• …	• hält die Gemeinschaft zusammen

Abb. 9.11 Merkmale der Leiter entsprechend der afrikanischen Philosophie der Gemeinschaft

Zusammenfassung

Es folgt eine Zusammenfassung in Form von Empfehlungen für Lehrer:

- Wenn Lehrer in Zusammenarbeit mit den Schülern eine Lerngemeinschaft aufbauen wollen, ist eine Grundregel (Grundhaltung) zu beachten: Die Schüler und der Lehrer sind gleichwertig. Dabei geht es weniger um die Gleichwertigkeit in Bezug auf das Wissen, sondern um die Gleichrangigkeit der Personen. Daraus ergeben sich u. a. folgende Konsequenzen:
  - Jeder Schüler der Klasse ist Mitglied der Lerngemeinschaft; keiner ist ausgeschlossen.
  - Jeder Schüler ist in der Lage, einen Beitrag für die Gemeinschaft zu liefern, ist dieser auch noch so klein.
  - Die Beiträge werden von der Lerngemeinschaft anerkannt.
- In einer Lerngemeinschaft lernen die Schüler miteinander (gemeinsam an Aufgaben oder Aufträgen lernen), voneinander (Ein Schüler bringt etwas ein, worauf ein anderer Schüler gar nicht gekommen wäre.) und übereinander (Die Schüler lernen z. B. wie man gemeinsam einen Konflikt löst, dass es dazu verschiedene Wege gibt und dass unterschiedliche Schüler unterschiedliche Lösungswege vorziehen.). Auf das Lernen „mit“, „von“ und „über“ sollte der Lehrer hin und wieder in der Lerngemeinschaft eingehen.
- Mindestens vier Kompetenzen des Lehrers und der Schüler sind für das Lernen in einer Lerngemeinschaft wichtig:

  1 *Bedeutungsvoll machen:* Der Gegenstand muss für Schüler und Lehrer bedeutungsvoll sein. Dann können die Schüler dazu eine Beziehung herstellen und sie werden sich weiter damit beschäftigen wollen (hinein vertiefen).

2 *Mehr mit weniger tun:* Damit die Schüler sich auf ihre eigene Weise in den Gesprächsgegenstand vertiefen können, sollte der Lehrer aus dem Lehrplan eine Auswahl treffen, was die Schüler studieren sollten und was nicht. Wird dem Kern des Gegenstands Beachtung geschenkt, bekommen die Schüler mehr Raum, ihren eigenen Lernweg zu gehen und diesen als für sie bedeutsam anzusehen. Bei einem vollen Lehrplan behandelt jedoch der Lehrer oft den Gegenstand, weil er den Druck des Lehrplanes verspürt. Damit „verschwindet" die Bedeutung des Gegenstands.

3 *Kontinuität des Dialoges:* Lehrer und Schüler müssen darauf achten, wie sie dem Dialog Kontinuität verleihen können. Beantwortet der Lehrer die Fragen der Schüler, hilft das keinesfalls. Lässt der Lehrer eine Frage „durchspielen" und jeden Schüler zu Wort kommen, dann ist Kontinuität gegeben.

4 *Allein sein können:* In einer Lerngemeinschaft zu lernen bedeutet, dass man als Schüler oder Lehrer manchmal allein dasteht. Das geschieht z. B., wenn die anderen Schüler einen Standpunkt nicht vertreten oder wenn ein Schüler sich nicht hinter einem anderen Schüler verstecken kann. Durch die „Individuelle Ansprechbarkeit" sind die Schüler manchmal allein. Es ist wichtig, das zu akzeptieren und zu beachten.

Empfehlung: Besprechen Sie diese Kompetenzen regelmäßig mit den Schülern, damit ihnen klar wird, was das Lernen in einer Lerngemeinschaft für alle Beteiligten bedeutet.

Hintergründe: Untersuchungsergebnisse zum kooperativen Lernen in einer Gruppe (Kapitel 1 bis 9)

1 Ergebnisse des kooperativen Lernens

2 Erläuterung von Untersuchungsergebnissen und Theorien

3 Das Unterrichtslerngespräch und das Lernen in einer Lerngemeinschaft

In den verschiedenen Kapiteln haben wir eine große Anzahl von Beispielen für das kooperative Lernen dargestellt. In diesen Hintergründen wird die Frage erörtert, was der Lehrer, der das kooperative Lernen regelmäßig in der Klasse handhabt, an Verbesserung der Lernergebnisse der Schüler erwarten kann und welche Effekte gleichzeitig noch erzielt werden können. Wodurch kommt das? Wie hängen die Schlüsselbegriffe damit zusammen? – Diese Fragen versuchen wir in den Hintergründen zu beantworten.

Wir fallen mit der Tür ins Haus: Aus vielen Untersuchungen geht hervor, dass ein Lehrer vom Einsatz kooperativer Lernformen viel erwarten kann (in Abhängigkeit von deren Einsatzweise). Das kooperative Zusammenarbeiten scheint im Allgemeinen gute Lernresultate, sowohl für die Schüler als auch für Lehrer zu erbringen. Bei den Erläuterungen erheben wir keinen Anspruch auf Vollständigkeit. Die enorme Menge an Untersuchungsergebnissen und theoretischen Abhandlungen bildet den Kontext zu diesem Buch. Wir haben ausgewählt, was wir im Rahmen dieses Buches als wichtig erachteten und haben dazu in der Regel Übersichtsartikel über Untersuchungsergebnisse herangezogen, wie z. B. eine Übersicht von Cohen (1994) (schon etwas älter, aber eine gute Übersicht) oder Bücher, die eine Artikelübersicht enthalten, wie Van der Linden & Roelofs (2000, die Einleitung von Roelofs u. a.) oder eine Kombination aus beiden, wie bei Richardson (2001).

Dieser Abschnitt ist wie folgt gegliedert. Unter § 1.1 erläutern wir allgemeine Resultate des kooperativen Lernens und unter § 1.2 die spezifischeren Ergebnisse. Unter § 1.3 fassen wir die Bedeutung der Untersuchungsergebnisse für das Verhalten der Lehrer zusammen. Diese Ergebnisse gelten für alle in den Kapiteln 1 bis 9 beschriebenen Formen des kooperativen Lernens.

1.1 Allgemeine Ergebnisse des kooperativen Lernens

Wir beginnen zunächst mit einem allgemeinen Resultat.

Aus diversen Studien kann man folgende allgemeine Schlussfolgerung ziehen: „*Werden Schüler nicht anders unterwiesen, dann neigen sie dazu, die einfachste Arbeitsweise zu wählen.* (Cohen, 1994).

Kommentar:

Dieses Untersuchungsergebnis ist sehr wichtig. Es sagt aus, dass die Zusammenarbeit wesentlich uneffektiver ist, wenn die Lehrer nicht deutlich auf Qualität achten. Die Schüler wählen dann selbst einfache und für sie praktische Lernweisen. Viele Schüler streben hauptsächlich danach, die richtige Antwort (Lösung) zu finden und den Auftrag fertig zu stellen. Sie orientieren sich weniger auf die beste Antwort (Lösung) oder auf den besten Lösungsweg. Ihr Ausgerichtetsein auf das Produkt ist eine Folge der Schulkultur (Politik), in der sehr auf richtige Antworten geachtet wird. Das kann dazu führen, dass Schüler das Ergebnis eines Mitschülers unbesehen übernehmen. Es kann auch zu einer (unerwünschten) Rollenverteilung führen: „Wenn du die Aufgabe löst, schreibe ich die Lösung auf das Blatt.“ Das ist keine „Positive gegenseitige Abhängigkeit“. Dies gilt auch für die interpersonellen Fertigkeiten. Wenn es den Schülern nicht anders vermittelt wird, werden sie denjenigen zum Gruppenleiter auswählen, der es nach ihrer Meinung am besten kann, statt für eine gleichmäßige Rollenverteilung innerhalb der Gruppe zu sorgen. Das (ver)führt schnell zum Trittbrettfahren.

Wollen die Lehrer das gemeinsame Lernen effektiv gestalten, müssen sie den Zusammenarbeitsstrukturen deutlich Beachtung schenken und die Schüler zur kooperativen Zusammenarbeit herausfordern. Die in den Hintergründen beschriebenen Ergebnisse entstammen Untersuchungen von Zusammenarbeitsstrukturen, die diese Bedingungen erfüllen. Diese Lernprozesse laufen für Schüler und Lehrer nicht ohne Hindernisse, ohne Hinfallen und Aufrappeln ab. Oder wie Hertz u. a. (1992) anführen: „The risk of failing to establish these conditions, and, thereby, failing to induce positive benefits, is evident.“

Allgemeine Resultate

Nahezu alle Untersuchungen und Studien zeigten, dass die Schüler in Unterrichtssituationen, in denen das kooperative Lernen im Mittelpunkt steht, im Durchschnitt wesentlich bessere Leistungen brachten, als in Unterrichtssituationen mit Wettbewerbscharakter oder individuellem Charakter. Auch lernten die Schüler mehr auf höherem Niveau. Sie brachten öfter neue Ideen ein und entwickelten Lösungswege. Der Transfer des Gelernten in neue, unbekannte Situationen war ebenfalls besser als beim kompetitiven oder individuellen Unterricht. Diese Ergebnisse wurden im Allgemeinen von nahezu jeder Studie bestätigt (Johnson, Johnson & Holubec, 1991; Good & Brophy, 1987; Cohen, 1994).

Kommentar:

Viele Autoren meinten (in Hertz u. a., 1992) die Zusammenarbeit allein stelle keine Lösung für alle Probleme dar. Diese Auffassung teilen wir. Wir plädieren für eine Kombination aus kooperativem und individuellem Lernen. Die Auswahl einer dieser beiden Formen oder einer Kombination aus beiden ist z. B. abhängig von den Lernzielen, Lernvoraussetzungen und den Fähigkeiten des Lehrers.

Good & Brophy (1987) geben an, dass noch wesentlich eindrucksvollere Effekte zu verzeichnen sind (neben den guten Effekten bezüglich der Leistungen der Schüler). Das gemeinsame Lernen fördert Freundschaften und ein gutes Verhältnis der Schüler untereinander, z. B. die Akzeptanz behinderter Schüler. Außerdem hat das kooperative Lernen (entsprechend der meisten Untersuchungsergebnisse) positiven Einfluss auf Verhaltensformen wie Selbstvertrauen bezuglich des eigenen Lernens entwickeln, sich in der Klasse wohl fühlen, die Mitschüler freundlich finden und selbst von den Mitschülern als freundlich empfunden zu werden. Das fördert die gegenseitige Empathie und die soziale Zusammenarbeit.

Noch eine allgemeine Bemerkung zur Betrachtungsweise im genannten Buch. Roelofs u. a. (2000) schreiben: „Zusammenarbeit ist eine Situation, in der zwei oder mehrere Personen gemeinsam etwas lernen (aus eigener Initiative oder dazu angehalten) oder etwas versuchen zu verstehen." Sie formulieren weiterhin: „Diese Beschreibung zeigt, dass die Zusammenarbeit eine breites Spektrum sehr unterschiedlicher Situationen umfasst, z. B. Unterschiede: in der Anzahl der Betroffenen, der aufzuwendenden Zeit, der Lerninhalte und Lernweg sowie bei den Inhalten der Zusammenarbeit. Es ist engstirnig, die Zusammenarbeit als eine spezifische Form des Lernens oder als eine pädagogisch-didaktische Methode zu betrachten. Das gemeinsame Lernen ist eine komplexe Lernsituation, in der das Lernen fördernde Zusammenarbeit und Interaktion stattfinden. Dabei sind wesentliche Fragen:

(a) Welche Interaktionen oder Zusammenarbeitsformen tragen zu den erwünschten Lernaktivitäten oder zu den ins Auge gefassten Lernergebnissen bei?

(b) Wie können durch die Gestaltung der Lernumgebung die gewünschte Interaktionen oder Zusammenarbeitsform realisiert werden?
Man kann das gemeinsame Lernen aus zwei Blickwinkeln betrachten: Erstens die Ergebnisse der Zusammenarbeit: Was bringt sie ein?
Zweitens der Prozess der Zusammenarbeit: Was passiert genau mit dem Lernen der Schüler beim Zusammenarbeiten? Wie ist das Verhältnis zwischen sozialer Interaktion, Lernen und Entwicklung?

Dieses Hintergrundkapitel richtet sich hauptsächlich auf die erste Frage. In diesem Buch findet man viele Aussagen dazu, in welcher Form die kooperative Zusammenarbeit zum Lernen der Schüler und dessen Entwicklung beiträgt.

1.2 Spezifische Resultate von kooperativem Lernen

Das eingehende Studium diverser Untersuchungsergebnisse ergaben, dass nicht alle Untersuchungen die gleichen Resultate erbracht haben. Cohen (1994) hat deshalb eine Literaturstudie zu den Konditionen, unter denen die Ergebnisse erzielt wurden, durchgeführt. Wir führen einige Untersuchungsergebnisse mit den dazugehörigen Konditionen an und gehen darauf in den folgenden Subparagraphen ein: „Positive gegenseitige Abhängigkeit“, „Individuelle Ansprechbarkeit“, „Soziale Fertigkeiten“ und „Gruppenprozesse“, Gruppenzusammensetzung, Begleiten der Zusammenarbeit und Honorieren der Gruppen.

„Positive gegenseitige Abhängigkeit“, Interaktion und Struktur

Manche Autoren (z. B. Cohen) haben festgestellt, dass ein Zusammenhang zwischen den Leistungen der Schüler und dem Umfang der (funktionellen) Interaktion in einer Gruppe besteht. Aus anderen Literaturangaben geht jedoch hervor, dass die Frequenz der Interaktion nicht im direkten Verhältnis zu den Leistungen der Schüler steht. Das erfordert ein genaueres Studium der Literatur. Cohen (1994) meint, das könne durch zwei Faktoren erklärt werden: durch das Arbeitsverhältnis zwischen den Schülern und durch die Art der Aufgabenstellung.

1 Das Arbeitsverhältnis zwischen den Gruppenmitgliedern auf Grund von gegenseitiger Abhängigkeit.

Dieses Verhältnis scheint von dem Auftrag abhängig zu sein, in dem die gegenseitige Abhängigkeit realisiert werden muss. Kann ein einzelner Schüler diesen Auftrag ohne seine Mitschüler ausführen, dann gibt es keine Beziehung zwischen Interaktion und Leistung. Kann aber ein einzelner Schüler diesen Auftrag nicht allein ausführen, dann entsteht eine Beziehung zwischen Interaktion und Leistung. In dem Fall spricht man von „Positiver gegenseitiger Abhängigkeit“. Die Gruppenmitglieder brauchen einander, z. B. wenn sie gegenseitig Quellen austauschen müssen, damit der Auftrag zu Ende geführt werden kann. Hier besteht eine gegenseitige Abhängigkeit. Es kann aber auch ein guter Schüler einem schwächeren Schüler etwas erklären. Das ist eine andere Form der Abhängigkeit, denn hier besteht keine gegenseitige Abhängigkeit.

Die gegenseitige Abhängigkeit kann besonders gefördert werden, wenn jeder Schüler eine den Gruppenprozess fördernde Rolle ausübt.

2 Art der Aufgabenstellung

Die Untersuchungen haben zwei verschiedene Resultate ergeben:

a Schüler erledigen Aufträge mit einer richtigen Lösung (Fakten, Algorithmen, usw.) am erfolgreichsten mit einer gegliederten Vorgehensweise. Eine strukturierte Vorgehensweise ist für derartige Aufträge signifikant besser als eine unstrukturierte (außer beim Behalten von Fakten). Man kann allgemein feststellen: Ist der Auftrag auf Erinnern und Verstehen oder auf eine routinemäßige Handhabung von Prozeduren ausgerichtet, dann wird eine Strukturierung von Rollen und Vorschriften ziemlich effektiv sein. Hierdurch werden die Schüler (auch der schwächste Schüler) zu Diskussionen stimuliert, werden sie zum Mitdenken gezwungen.

b Aufträge mit offenem Ausgang, wie bei „Kreativ anwenden", erfordern weniger Struktur. Hier ist eine weniger strukturierte Aufgabenstellung für die Entwicklung des Denkens auf höherem Niveau effektiv, während die Erinnerungsleistungen (Behalten) schlechter ausfallen. Schüler, die die Möglichkeit bekommen, ihre eigenen Lernprozeduren zu entwickeln, werden bessere Leistungen bringen als Schüler, welche die Aufgabe nach einem Schema mit festgelegten Schritten ausführen sollen. Zu viel Struktur in einem Auftrag bremst das Lernen auf höherem Niveau, weil sie die gezielte Interaktion hemmt (Ideen und Auffassungen entsprechend dem Konzept).

Cohen schlussfolgert aus diesen Untersuchungsergebnissen: *Bei einem Gruppenauftrag mit Standardlösung wird das Ergebnis von der Struktur des Auftrages abhängig sein.*

Bei einem Gruppenauftrag ohne Standardlösung wird das Resultat von der Frequenz der auf den Auftrag gerichteten Interaktion abhängig sein.
Roelofs (2000) bestärkt diese Schlussfolgerungen.

Dieses Untersuchungsergebnis wird durch einige Untersuchungen zur Aufgabenverteilung in Gruppen bestätigt. Bei einem Test nahmen alle Schüler für fünf Aufträge abwechselnd die Rollen „Beschlussfassender", „Ratgeber" und „Schreiber" ein. Die Lernleistungen korrelierten negativ mit der strikten Aufgabenverteilung (Rollen) und der straffen Struktur. Eine zu straffe Aufgabenverteilung hemmt die für die Lösung eines komplexen Problems erforderliche Interaktion.

Kommentar:

Lehrer müssen die Schüler für Aufgaben, die Denken auf höherem Niveau („Integrieren" und „Kreativ anwenden") erfordern, die Schüler zu möglichst viel Interaktion, maximalem Gedankenaustausch und ausgedehnten Diskussionen stimulieren.

Dazu gibt es folgende Möglichkeiten:

- Prozeduren, bei denen die Aussagen der einen Gruppe die Basis für die Arbeit einer anderen Gruppe bilden;
- Diskussion mit Rollenspielen, wobei die Rollen regelmäßig gewechselt werden. Hierdurch wird das Thema von allen Seiten beleuchtet;
- Den Schülern Interaktion erfordernde Rollen zuweisen, z.B. Ermunterer oder Berichterstatter.

Hier würde eine zu straffe Struktur das Lernen auf höherem Niveau behindern. Ganz und gar ohne Struktur kann der Auftrag natürlich nicht sein. Es muss ein Gleichgewicht gefunden werden. Die Instruktion sollte so sein, dass durch die Formulierung des Auftrags, durch die Strategien, mit der das Problem in Angriff genommen werden kann und durch Zuweisung spezifischer Rollen eine optimale Interaktion entsteht.

Es scheint schwierig zu sein, das Lernen der Schüler auf höherem Niveau beim gemeinsamen Lernen effektiv zu gestalten und die Interaktion zu stimulieren. Aus einer Untersuchung zu den Effekten der Zusammenarbeitsstruktur Expertenpuzzle geht z.B. hervor, dass das Realisieren der Quellenabhängigkeit wenig Einfluss auf die Lerneffekte hat. Das allein scheint also nicht zur gewünschten Interaktion in der Gruppe zu führen. Aus einer anderen Untersuchung (Johnson, Johnson & Stanne, 1990) geht hervor, dass die „Zielabhängigkeit" allein auch nicht ausreicht, die Interaktion in einer Gruppe zu stimulieren. Werden dagegen sowohl Quellen-, als auch Zielabhängigkeit verwirklicht, bringen die Schüler bessere Leistungen. Man sollte also bei der Zusammenarbeitsstruktur Expertenpuzzle die Quellen- und die Zielabhängigkeit in der Instruktion verankern. Dadurch entsteht die erforderliche Interaktion.

Ist die Interaktion stimuliert, scheinen gute Resultate möglich zu sein. In der Untersuchung von Laughlin u.a. (in Hertz u.a., 1992a) wird erkannt, dass eine Vierergruppe dasselbe leisten kann, wie der beste Schüler dieser Gruppe unter der Bedingung, dass ein komplexer Auftrag vorliegt und ausreichend Zeit für die Ausführung des Auftrags vorhanden ist. Sie sagen aus: „These are circumstances that can characterize many types of classroom tasks." Anders gesagt, das funktioniert im Prinzip bei so ziemlich allen Aufgaben.

Kommentar:

Die Kunst der Zusammenarbeit (und vielleicht des Lernens allgemein) besteht offensichtlich darin, *ein Gleichgewicht zwischen der Strukturierung* (die das Lernen auf höherem Niveau behindert, aber das Faktenwissen stimuliert), *der Offenheit und der zugehörigen Interaktion zu finden* (die das Lernen auf höherem Niveau stimuliert). Und hierin besteht der Sinn dieses Buches. Wir behaupten stets, wenn die Übertragung von Informationen im Mittelpunkt steht, dann kann ein klarer, deutlicher Lehrer Wunder vollbringen. Dann ist von effektivem Lernen die Rede. Siehe dazu Ebbens & Ettekoven (2005). Steht aber das Lernen der Schüler auf höherem Niveau im Mittelpunkt, dann liegt eine offene Form des Unterrichtens vor. Die Kernpunkte dieser Unterrichtsform sind die Interaktion, der Dialog (die Lernaktivität „Integrieren") und die Anwendung des Gelernten in einem bedeutungsvollen Lernauftrag (Lernaktivität „Kreativ anwenden"). Dafür brauchen die Schüler viel Zeit, wie auch aus der zuvor besprochenen Untersuchung hervorgeht.

Kooperatives Lernen muss man in einer Klasse langsam aufbauen, weil die Schüler das Zusammenarbeiten erst lernen und die Lehrer das oben genannte Gleichgewicht finden müssen. Im Kapitel 10 unter § 10.6 führen wir an, wie Lehrer das mit diversen Zusammenarbeitsstrukturen verwirklichen konnen.

Die Resultate von Cohen werden von Johnson, Johnson & Holubec (1991) (Studium einiger Untersuchungen) und durch eigene Untersuchungen bestätigt. Sie behaupten, dass Schüler viel gemeinsam mit ihren Mitschülern lernen sollten und dass vor allen Dingen nach gemeinschaftlichen Produkten gestrebt werden sollte. Dabei wird mit dem Realisieren der gegenseitigen positiven Abhängigkeit die Produktivität der Gruppe größer.

Lehrer können die gegenseitige positive Abhängigkeit anregen (Johnson u.a), indem sie:

- Zusammenarbeitsstrukturen kreieren, in denen Schüler (und Erwachsene) zusammen an einem gemeinschaftlichen Ziel arbeiten
- gemeinschaftliche Produkte gegenüber individuellen Produkten hervorheben
- den (gewünschten) interpersonellen Fertigkeiten der Schüler Beachtung schenken, sodass eine Zusammenarbeit erfolgen kann
- die Verantwortung für das gegenseitige Wohlbefinden auf die Schüler übertragen
- Gefühle der Unterstützung, der Akzeptanz, der Sorge und Verbundenheit der Schüler untereinander fördern
- den Schüler die Bedeutsamkeit ihrer gegenseitigen Verantwortlichkeiten bewusst machen
- den Schülern versichern, dass gemeinsam lernende Schüler erfolgreich sind

Kommentar:

Diese Verhaltensweisen von Lehrern sind in diesem Buch ausgiebig besprochen worden und werden hier noch einmal bestätigt.

Individuelle Ansprechbarkeit

Es ist erwiesen, dass bei durch „Individuelle Ansprechbarkeit" gekennzeichneten Zusammenarbeitsaufträgen die Schüler viel mehr leisten, als bei Aufträgen, bei denen es möglich ist, dass einige Schüler die Arbeit machen, während die anderen eine passive Rolle einnehmen (Good, 1987; Johnson, Johnson & Holubec, 1991). Wir haben das „Trittbrettfahren" genannt. Hertz u. a. verweisen auf eine Untersuchung, aus der hervorgeht, dass die Strukturierung der „Individuellen Ansprechbarkeit" eine Evaluation der individuellen Beiträge erleichtert, z. B. indem man Schüler willkürlich aufruft und berichten lässt, was sie gelernt haben. Sie weisen jedoch daraufhin, dass dieses Strukturieren die innere Motivation eines Schülers wegen des Drucks durch die externe Belohnung für die Leistungen untergraben kann.

Kommentar:

Sobald Schüler in der Lage sind, selbst das gemeinsame Lernen angemessen in die Tat umzusetzen, muss das auch unmittelbar zugelassen werden und geschehen. Die Struktur an sich stellt niemals ein Ziel dar, es sei denn, es soll ein Lernklima kreiert werden oder das Übertragen von Grundwissen und Grundfertigkeiten steht im Vordergrund. Das deckt sich auch mit dem zuvor genannten Untersuchungsergebnis: Zu viel Struktur kann das Lernen auf höherem Niveau behindern.

Soziale Fertigkeiten und Gruppenprozesse

Schüler benötigen für das gemeinsame Lernen (in Gang setzten und halten) einige soziale und kognitive Fertigkeiten.

Aus Untersuchungen (Cohen 1994) geht hervor: *Training (vorab) der sozialen Fertigkeiten der Schüler hat einen positiven Einfluss auf die Produktivität der Gruppe.*

Das Trainieren von Fertigkeiten wie Gedankenaustausch, auf Aufgaben gerichtetes Arbeiten, einander loben und animieren, dafür sorgen, dass jeder antworten kann, scheint effektiv zu sein. Auch das Trainieren folgender Fertigkeiten (Good, 1987) hat positive Effekte: Fragen stellen, Feedback geben und Antworten kontrollieren. Dabei sind zwei Aspekte wichtig.

Erstens: Das Trainieren der Verhaltensweisen muss spezifisch sein.
Zweitens: Die Verhaltensweisen müssen unmittelbar relevant für das bessere Ausführen eines spezifischen Auftrags sein.

> **Kommentar:**
>
> Beide Forderungen werden in diesem Buch unter § 5.2 beschrieben. Der Schrittplan (Schritt 2 bis 4) gibt an, wie die spezifischen Fertigkeiten der Schüler verbessert werden können.

Zwei weitere Aspekte haben positiven Einfluss auf die Leistungen. Erstens: das unmittelbare Feedback des Lehrers auf den Gruppenprozess. Zweitens: Beachtung der Evaluation der Beiträge zur Zusammenarbeit durch die Schüler selbst. Eine Kombination aus beiden ist besonders wirkungsvoll.

Gruppenzusammensetzung (1): Status

Oft ist die Teilnahme am gemeinsamen Lernen der einzelnen Gruppenmitglieder sehr unterschiedlich. Untersuchungen sagen aus, dass die Teilnahme durch den kognitiven Status der Schüler mitbestimmt wird: Schüler mit einem niedrigeren Status nehmen weniger an den Beratungen teil und üben weniger Einfluss aus, als Schüler mit einem hohen Status (Cohen, 1994). Hierbei ist zu beachten, dass dieser Status (oft) nicht mit dem tatsächlichen Niveau übereinstimmt, sondern mit dem von den Schülern eingeschätzten Niveau. Auch die Leitung einer Gruppe übernehmen meistens gute Schüler.

Der kognitive Status ist ein wichtiger Faktor, dem die Lehrer beim gemeinsamen Lernen Rechnung tragen sollten.

Aus dieser Untersuchung geht außerdem hervor, dass Unterschiede in Rasse, ethnischer Herkunft und Geschlecht ebenfalls einen Einfluss auf den Gruppenprozess haben. Statusprobleme machen das kooperative Lernen auf Grund der ungleichen Teilnahme und ungleichen Leistungen weniger effektiv. Bittet der Lehrer eine Gruppe von Schülern gemeinsam eine Kleinigkeit zu erledigen, dann haben die eingeschätzten Statusunterschiede großen Einfluss auf die Zusammenarbeit. Schüler mit einem niedrigeren Status arbeiten weniger mit und haben weniger Einfluss auf den Gruppenprozess. Ein Unterschied im eingeschätzten Status kann sogar die Zusammenarbeit vollkommen zum Erliegen bringen: „Mit dir arbeite ich nicht." Denken Sie an den Sündenbock in einer Gruppe (Hertz u.a., 1992a; Van der Meer, 1992). Die Statusverleihung seitens der Schüler wird abgeschwächt, wenn der Lehrer es schafft die Schüler davon zu überzeugen, dass für die Lösung des Problems Beiträge aller Gruppenmitglieder benötigt werden, dass also *jeder* einen Beitrag liefern *muss*. („Multiple ability treatment"). Cohen sagt dazu aus: Wenn Lehrer wirklich daran etwas ändern wollen, müssen sie auf ein „multiple ability curriculum" hinwirken. Er meint, wenn in einer Schule die rein akademischen Fertigkeiten weiterhin bevorzugt werden, dann ist eine Änderung der Verhaltensweisen der Schüler eher unwahrscheinlich. Hertz u. a. (1992a) unterstreichen, dass die Beachtung des Verhältnisses der Schüler zueinander notwendig ist.

Kommentar:

Was Lehrer noch zur Abschwächung der Statusverleihung tun können:

- Starkes Betonen der positiven gegenseitigen Abhängigkeit, z. B. durch Zuweisung geeigneter Rollen.
- Das gemeinsame Lernen der Schüler beobachten und die Beiträge der als „schwach" eingeschätzten Schüler öffentlich würdigen. Dabei muss der Lehrer Gründe angeben, warum es gute Beiträge sind und warum diese Beiträge wichtige Quellen für das gemeinsame Lernen in der Gruppe darstellen. Das entspricht unserer Auffassung, dass alle Schüler etwas dazu tun können (siehe Kapitel 9).

Gruppenzusammensetzung (2): heterogen oder homogen gruppieren, Erklärungen geben und empfangen

Die Gruppenzusammensetzung ist wesentlich für die Ergebnisse der Zusammenarbeit der Schüler. Untersuchungen (u. a. Good, 1987) haben gezeigt, dass in heterogen zusammengestellten Gruppen (mit einem sehr guten, zwei mittelmäßigen und einem schwächeren Schüler) die meiste Interaktion aus der Unterstützung des leistungsschwachen Schülers durch die Leistungsstärksten erfolgt, während das „Mittelfeld" relativ passiv ist. Das ist nicht Sinn der Sache und in dem Fall ist die heterogene Gruppe uneffektiv. Heterogene Gruppen werden effektiv, wenn die Gruppenmitglieder das Zusammenarbeiten trainieren. Homogene Gruppen bringen wechselnde Resultate. Gruppen mit ausschließlich guten oder ausschließlich weniger guten Schülern sind weniger effektiv, weil die Gruppenmitglieder einander weniger zu bieten haben. Good fasst das zusammen: „In general, these data support the decisions of developers of cooperative learning methods to use heterogeneous groups, but they underscore the need of training the students in how to act during group activities."

Diese Resultate kann man mit Hilfe von Untersuchungsergebnissen zu „Erklärung geben und Erklärung empfangen" erläutern. Das macht deutlich, warum manche (heterogene) Gruppen effektiv sind und andere nicht.

Aus einer großen Anzahl von Untersuchungsergebnissen geht hervor, dass das Geben von Erläuterungen effektiv für die Verbesserung der Lernergebnisse ist (Johnson, Johnson, 1989; Webb, 1991; Slavin, 1992; Swing & Peterson, 1982). Davon profitieren in den heterogenen Gruppen hauptsächlich die besseren Schüler. Besonders wichtig ist die „cognitive facilitation“ (gezwungen werden, die Gedanken in Worte zu fassen und eine Reaktion darauf bekommen).

Studien (King, 1989) haben ergeben, dass das laute Äußern der Gedanken im Vergleich zur Stillarbeit viel bessere Ergebnisse bringt. Das „Gezwungenwerden“, seine Gedanken in der Gruppe laut zu äußern (laut zu denken), ist ein wichtiger Faktor für die Erklärung der günstigen Effekte der Zusammenarbeit besonders bei komplexen Aufträgen. Die Untersuchungen zeigen, dass die weniger guten Schüler vom Gedankenaustausch auf höherem Niveau in einer heterogenen Gruppe profitieren. Das wird besonders effektiv, wenn:

- eine Beziehung zwischen der Frage und der erhaltenen Antwort besteht. Das korreliert (folgerichtig) negativ mit der Leistung, wenn man auf seine Bitte hin keine Erklärung bekommt oder im äußersten Falle nur die richtige Antwort „vorgesagt“ wird.
- die Hilfe eines Schülers den anderen in die Lage versetzt, das Problem besser lösen zu können. Das wird effektiver sein, wenn die Frage des Schülers spezifisch ist. Das bestätigt Good (1987).

Betrachten wir diese Ergebnisse, scheint es auf den ersten Blick keine Beschwerden gegen das Lernen der Schüler in heterogenen Gruppen zu geben. Die Schüler sollen aber trainiert werden, spezifische Fragen zu stellen und ihre Erläuterung daran anzupassen. Das ist die unmittelbare Voraussetzung für das heterogene Gruppieren. Dies gilt auch für Lehrer. Es gibt zu den heterogenen Gruppen viele Kommentare, besonders aus der Sicht des besseren Schülers (Hertz u. a., 1992). Meistens sind die Eltern besorgt, dass das Niveau als Folge der Anwesenheit des schwächeren Schülers absinken wird. Hertz u. a. (1992a) stellen die berechtigte Frage, ob die positiven Effekte des heterogenen Gruppierens die negative Haltung der Schüler aufwiegen, wenn diese von ihren Eltern genährt wird. Tatsächlich ist das eine politische Diskussion. Untersuchungen in den Niederlanden (z. B. De Vries, 1992; Perrenet u. a., 1991; De Koning, 1987) zeigen, dass das mittlere Niveau in den heterogenen Gruppen steigt, aber nicht auf Kosten der besseren Schüler.

Kommentar 1:

Diesem Thema muss man viel Beachtung schenken. Lehrer, die Schüler in heterogenen Gruppen arbeiten lassen wollen, müssen das in der Klasse oder Schule besprechen. Die erste Voraussetzung ist, dass die Lehrer mit den Schülern das kooperative Lernen trainieren. Die zweite Voraussetzung könnte sein, dass die Schüler auch Gelegenheit bekommen, in homogenen Gruppen zu arbeiten oder durch individuelle Aktivitäten ihr eigenes Lernen entwickeln zu können.

Das entspricht unserer Auffassung in diesem Buch: Es gibt nicht nur *eine (allein selig machende)* Methode für die Entwicklung des Lernens der Schüler. Das erfordert beim Lehrer ein Repertoire an Instruktionstechniken und -strategien.

Kommentar 2:

Die Untersuchungsergebnisse zu *Erklärung geben und empfangen* plädieren stark für rollenwechselndes Unterrichten. Rollenwechselnd zu unterrichten bedeutet, dass Schüler regelmäßig die Rolle eines Lehrers für ihre Mitschüler (oder für den Lehrer selbst) übernehmen. Darauf basiert die Zusammenarbeitsstruktur „Expertenpuzzle". Hierbei wird die Entwicklung des Denkens (Lernens) der Schüler besonders gefördert, da alle Schüler sich in Expertengruppen vorbereiten, um danach in ihrer eigenen Gruppe die erworbenen Kenntnisse darzustellen und zu erläutern. Auch das Durchführen von Präsentationen ist (in einer sicheren Lernumgebung) sehr effektiv, abgesehen von der sozialen Funktion der Präsentation.

Siehe auch: Aernoutse (2000) und Brown & Palinscar (1989) zum rollenwechselnden Unterrichten bei Leseverständnis.

Begleiten des kooperativen Lernens der Schüler

Eins der wesentlichen Merkmale der Gestaltung des gemeinsamen Lernens ist eine Instruktion, durch die die „Positive gegenseitige Abhängigkeit" und die „Individuelle Ansprechbarkeit" adäquat verwirklicht werden und die Verantwortung für das Lernen teilweise an die Schüler abgegeben wird. Lehrer finden es oft schwierig den Schülern mehr Verantwortung zu übertragen. Aus Untersuchungen geht hervor, dass lediglich die Lernsituationen effektiv sind, in denen Lehrer die Verantwortung für das Lernen auch wirklich an die Schüler übergeben können. Das manifestiert sich im gemeinsamen Suchen nach Lösungen von Problemen. Eine direkte Steuerung des Lehrers (z. B. durch unmittelbares Antworten auf Fragen) während des Lernens in kleinen Gruppen ist wenig effektiv. Es ist effektiver, als Lehrer gemeinsam mit den Schülern nach Lösungen zu suchen. Sehr effektiv ist das bei Entdeckeraufträgen. Lehrer sollten demzufolge beim Lernen auf höherem Niveau nicht die zentrale Leitung übernehmen.

Kommentar:

Das entspricht unseren Auffassungen. Durch eine klare, eindeutige Struktur entsteht ein schülerorientiertes Lernklima. Sobald dieses geschaffen ist, sollten die Lehrer einen Teil ihrer Verantwortung für das Lernen auf die Schüler übertragen. Manche Lehrer werden das allmählich aufbauen: zunächst mit einfachen, später mit komplexeren Zusammenarbeitsstrukturen. Dann haben sie nicht das Gefühl, ihre Klasse dem Schicksal zu überlassen. Lehrer mit einem „Sprung-ins-Wasser-Lehrstil" werden komplex beginnen und dann gemeinsam mit den Schülern in Richtung Lösung „schwimmen".

Es ist auch möglich andere Techniken zur Übertragung der Verantwortung auf die Schüler anzuwenden. Zum Beispiel wird der Lehrer der Gruppe erst einen neuen Auftrag geben, nachdem er kontrolliert (überprüft) hat, ob die ganze Gruppe den Auftrag ausgeführt hat. Auf diese Weise trainiert er die Schüler.

Ein Lehrer kann den Schülern Rollen zuweisen, durch die sie mehr Verantwortung für ihr Lernen bekommen.

Gruppenbelohnung

Auch die Honorierung der Gruppe hat einen Einfluss auf das Lernen (Cohen, 1994). Aus vergleichenden Untersuchungen geht hervor, dass die Leistungen einer Schülergruppe (Klasse) bei einer Kombination von individueller Belohnung und Gruppenbelohnung besser waren, als die Leistungen einer Klasse, bei der nur individuell beurteilt wurde. Das gilt auch für Situationen, in denen eine Kombination aus Ziel- und Belohnungsabhängigkeit gehandhabt wird. Im letzten Fall sind die Leistungen besser.

Hertz u.a. (1992) warnen vor einer zu starken Betonung der Belohnung. Er zitiert Newman: „An intrinsically motivated student is likely to perceive help-seeking instrumentally, as a means towards achieving task mastery, where as an extrinsically motivated student is likely to view help-seeking as expedient means of obtaining the reward associated with task completion." Es wird wohl vorkommen, dass manche Aufträge mit einer aus dem Innersten der Schüler kommenden Motivation besser ausgeführt werden können. Belohnung kann aber beim In-Angriff-Nehmen einer Aufgabe helfen.

Kommentar:

Die Gruppenbelohnung beim gemeinsamen Lernen ist ein heikles Thema. Und doch geht aus Untersuchungen hervor, dass Gruppenbelohnung ein Hilfsmittel für die Leistungssteigerung der Schüler ist. Dieses Thema muss viel diskutiert werden. Die Vor- und Nachteile müssen abgewogen werden. Wir verweisen auf das vorab beschriebene Untersuchungsergebnis über eine Kombination von Belohnungen. Das entspricht unserer Auffassung. Es geht nicht nur um „entweder, oder", sondern zumindest ebenso oft um „und, und".

1.3 Zusammenfassung der Untersuchungsergebnisse in Form von Konsequenzen für den Lehrer

Wir fassen die verschiedenen Untersuchungsergebnisse in Form von Empfehlungen für Lehrer zusammen und verwenden dabei die Einteilung in vier Arten nach Cohen (1994). Wir fügen die allgemeinen Ergebnisse aus § 1.1 hinzu.

Vier Arten von Untersuchungsergebnissen:

1 Das Verbessern des konventionellen, kognitiven Lerngewinns: Das betrifft Ergebnisse des Lernens auf niedrigem Niveau, wie „Behalten" oder „Verstehen" von Fakten und das Benutzen von Standardlösungen (Algorithmen).

2 Das Verbessern des konzeptionellen Lernens und des Lernens auf höherem Niveau mit Hilfe eines Dialogs: Das betrifft Ergebnisse, die bei den Lernaktivitäten „Integrieren" und „Kreativ anwenden" erzielt werden.

3 Das Realisieren der Gleichheit der Schüler: Das betrifft gleiche Teilnahme am Unterricht innerhalb der Gruppe oder Klasse, unabhängig von verschiedenen Rassen, Status usw..

4 Das Realisieren von interethnischer und Rassengleichheit innerhalb der Gruppen: Hier geht es um das Entwickeln positiver Beziehungen zwischen den Gruppenmitgliedern und in der ganzen Klasse.

Alle Lernziele

Bei allen Lernzielen muss der Lehrer das, was er von den Schülern verlangt, auch vertreten können. Er muss Modell stehen, Vorbild sei. Er kann von einem Schüler nicht erwarten, dass dieser mit anderen Schülern zusammenarbeitet, wenn er selbst nicht mit den Schülern zusammenarbeitet. Es ist effektiver, wenn er mit den Schülern gemeinsam an gemeinschaftlichen Zielen arbeitet, statt als Lehrer im Mittelpunkt zu stehen. Er wird die Verantwortung für das Lernen an die Schüler delegieren und den Schülern vertrauen müssen. Das Delegieren wird einfacher sein, wenn der Lehrer die Schüler auch üben lässt, wie sie mit der Verantwortung umgehen können. Und für die Ausführung des Auftrages sollten

„Positive gegenseitige Abhängigkeit" und „Individuelle Ansprechbarkeit" vorausgesetzt werden.

Lernziel 1: Das Verbessern des traditionell kognitiven Lerngewinns

Das Lernziel 1 wird erreicht, wenn der Lehrer den Lernauftrag eindeutig strukturiert und dabei die Betonung auf ein gemeinschaftliches Produkt legt (Positive gegenseitige Abhängigkeit). Außerdem muss er der Entwicklung der sozialen Fertigkeiten und den Statusunterschieden in den Gruppen Beachtung schenken.

Lernziel 2: Das Verbessern von konzeptionellem Lernen und Lernen auf höherem Niveau

Das Lernziel 2 wird erreicht, wenn der Lehrer dafür sorgt, dass in den Gruppen viel Interaktion zum Auftrag stattfindet. Der Lehrer muss dazu:

- die Interaktion durch Rollenzuweisung fördern
- den Schülern Raum geben, die Aufgabenverteilung innerhalb der Gruppen nicht zu straff handhaben
- die Schüler regelmäßig an komplexen Aufträgen arbeiten lassen und ihnen dafür ausreichend Zeit geben
- für individuelle und Gruppenbelohnung sorgen

Außerdem muss er die „Individuelle Ansprechbarkeit", die Entwicklung der sozialen Fertigkeiten der Schüler und die Statusunterschiede in der Gruppe beachten.

Lernziel 3: das Realisieren der Gleichheit der Schüler

Das Lernziel 3 wird erreicht, wenn Lehrer:

- die Schüler regelmäßig in heterogenen Gruppen zusammenarbeiten lassen
- bei der Zusammenstellung der heterogenen Gruppen den Zufall nicht ausschließen
- die negativen Effekte bei der Arbeit in heterogenen Gruppen beachten
- anregen, dass jeder einen Beitrag zum Gruppenprozess liefert
- positives Feedback zum gewünschten Verhalten geben

Lernziel 4: Das Realisieren von interkultureller Gleichwertigkeit und gegenseitiger Akzeptanz innerhalb der Gruppen

Das Lernziel 4 wird erreicht, wenn Lehrer:

- für eine einheitliche Linie für dieses Lernziel in der Schule sorgen
- die Schüler in heterogenen Gruppen arbeiten lassen und dabei aber das Heterogene betreffs der ethnischen Unterschiede nicht so sehr betonen
- die negativen Effekte beim Arbeiten in heterogenen Gruppen beachten
- anregen, dass jeder einen Beitrag zum Gruppenprozess liefert

2 Erläuterung von Untersuchungsergebnissen und Theorie

Es gibt unterschiedliche Erklärungen für die Ergebnisse des gemeinsamen Lernens. Wir zeigen hier einige Theorien auf und wir verweisen auf eine Übersicht von Hertz u. a. und auf die Theorie von Vygotsky und ergänzen diese mit weiteren Aussagen.

2.1 Übersicht Hertz u. a.

Hertz u. a. (1992a) geben eine Übersicht über die während der Zusammenarbeit ablaufenden verschiedenen kognitiven Prozesse, die die Resultate möglicherweise erklären können. Sie meinen: „Though the use of conceptually distinct dependant measures, as well as uniquely structured cooperative interventions, may seem is more suggest that distinct causal processes are associated with each, it is more likely that each is influenced by multiple, overlapping and complex causal mechanisms." Es gibt also nicht eine Erklärung für alle Effekte. Hier geht es (wieder) um eine Kombination von Faktoren. Roelofs (2000) unterstreicht das so: „Effekte werden meistens komplexen Interaktionen zwischen verschieden untersuchten Variablen (...) zugeschrieben. Selten liefert eine einzige Variable den Haupteffekt."

Hertz u.a. nennen folgende kognitive Faktoren, welche die Resultate der Zusammenarbeit beeinflussen:

1 voneinander lernen anhand der Modelle effektiver Lernstrategien der Mitschüler und Lehrer

2 kognitives Rekonstruieren der Informationen durch die Schüler als Ergebnis des Bedürfnisses, neue oder konfliktreiche Information, die die Mitschüler eingebracht haben, zu integrieren

3 Verbesserung der Arbeitsorganisation durch die Nutzung mehrerer Informationsquellen

4 Zunahme von Übungs und Wiederholungsphasen, die zur Festigung des Wissens und Könnens führen

5 Entwicklung der Selbstregulierung des Lernens der Schüler durch Entwicklung von Fertigkeiten wie „Hilfe suchen" und „Übernehmen von Verantwortung"

Außerdem nennen sie folgende affektive Faktoren und Motivationsfaktoren, die diese Ergebnisse unterstützen:

1 Die zunehmende gegenseitige Wahrnehmung beim Lernen
Dadurch wird ein Unterrichtstag abwechslungsreicher, als ein Unterrichtstag, in dem traditionelle Prozesse ablaufen, wie man sie oft im Schulalltag antrifft (Lernstoff vermittelt bekommen, individuell arbeiten, Kontrolle, Hausaufgaben machen).

2 Mehr Verantwortung für das eigene Lernen
Hierdurch nimmt die intrinsische Motivation der Schüler zu und ersetzt extrinsische Faktoren, die zum Beispiel entstehen, wenn der Lehrer mit Nachdruck auf die anstehende Leistungskontrolle hinweist.

3 Gegenseitige Unterstützung und Kontrolle der Schüler innerhalb der Gruppen
Das führt zu einer größeren Verbundenheit der Schüler während der Arbeit an Aufträgen. Die Schüler halten bei der Arbeit an Aufträgen länger durch, unterstützen und korrigieren einander.

4 Möglichkeit zum verbalen Austausch mit anderen beim Lernen
Das ermöglicht und erleichtert den Schülern zum Beispiel das Erteilen und Empfangen von Hilfe.

5 Stärkere Beachtung von auf Methodenkompetenz gerichteten Lernzielen
Dem Lernprozess durch Interaktion in der Klasse wird viel Beachtung geschenkt, besonders wenn oft zusammengearbeitet wird.

All diese Faktoren wirken nur, wenn „die Gruppenmitglieder ein gemeinsames Ziel anstreben. Jedes Gruppenmitglied trägt zum Erreichen dieses Zieles bei und fühlt sich aus einem Zusammengehörigkeitsgefühl heraus verantwortlich. Es herrscht eine Verbundenheit durch die gemeinsame Arbeit. Durch diese Faktoren ist das Zusammenarbeiten lohnenswert. (Roelofs, 2000)."

Hertz u. a. betonen, dass der Einsatz kooperativer Lernformen zu einer besseren Lernstoffdarlegung und Instruktion durch den Lehrer führen kann, weil die verschiedenen Zusammenarbeitsstrukturen spezifische Unterweisungs- und Lernstrategien voraussetzen. Das gilt besonders bei komplizierten Zusammenarbeitsstrukturen, wie zum Beispiel dem Expertenpuzzle. Besonders am Anfang muss der Lehrer diese Zusammenarbeitsstrukturen intensiv vorbereiten, wenn er sie in der Klasse verwirklichen will. Die Instruktionen des Lehrers für die Schüler sollten deshalb genauer und spezifischer sein, als in „normalen" Lernsituationen. Ein gutes Unterrichtskonzept verlangt große Klarheit der Strukturen.

2.2 Vygotsky

Vygotsky (1978,1986) gibt eine allgemeinere Erklärung für die Bedeutung und die Resultate von kooperativem Lernen. Wir geben das Wesentliche dieser Theorie kurz wieder. Tharp und Gallimore (1988) haben diese Theorie sehr gut für den Unterricht ausgearbeitet. Obwohl ihr Buch bereits etwas älter ist, hat es nicht an Aktualität verloren. Auch Jansen-Vos (1997, 2001) und Van Oers (1998, 2001) haben diese Theorie ausführlich für den Basisunterricht ausgearbeitet. Jansen-Vos spricht über einen auf die Entwicklung gerichteten Unterricht.

Die Rolle des Lehrers

Vygotsky behauptet, „education leads development" – und die Lehrer spielen eine wichtige Rolle beim Entwicklungsprozess der Schüler. Entwicklung ist nicht etwas, was der Schüler auf eigene Faust macht. Damit kann man die Rolle, welche die Ausbildung für die Entwicklung des Schülers spielt, sowie den Anteil, den der Lehrer daran hat, sehr optimistisch sehen. (Froumin, 1995). Wir teilen diese Auffassung. Unsere Erfahrungen und Untersuchungsergebnisse bestätigen das (Ebbens, 1994).

Zone der nächsten Entwicklung

Erstes wichtiges Merkmal der Theorie von Vygotsky ist die „Zone der nächsten Entwicklung". *Die Definition dieser Zone lautet:* Der Unterschied zwischen: Was kann der Schüler selbst (z. B. beim Lösen von Problemen) und: Was kann ein Schüler unter Leitung eines Erwachsenen oder mit Unterstützung durch befähigte Mitschüler. Das ist gleichzusetzen mit dem Unterschied zwischen Handeln ohne und Handeln mit Unterstützung. Nach Vygotsky erfolgt das Lernen des Schülers innerhalb dieser Zone. Für jeden Lerngegenstand gibt es bei jedem Schüler eine „Zone der nächsten Entwicklung".

Auf der Basis dieses Merkmals richten Tharp und Gallimore (1998) sich an den Lehrer: „Adäquates Unterrichten erfolgt, wenn der Schüler in seinem Handeln innerhalb der „Zone der nächsten Entwicklung" unterstützt wird." Sie bezeichnen das Handeln des Lehrers mit „assisted performance". Unterstützung können Lehrer und Schüler geben. Vygotsky sagt weiterhin, dass auch die Unterstützungsleistung (mehr auf die Schüler) übertragen werden muss, weil die Schüler immer selbstständiger werden bei der Ausführung des Auftrages.

Hedegaard (1990), Moll & Greenberg (1990), Tharp & Gallimore (1988) und Jansen-Vos (2001) führen Beispiele von Unterrichtsstunden an, denen diese Theorie zugrunde liegt.

Konstruktion des Wissens in einem sozialen Kontext

Zweites wichtiges Merkmal der Theorie von Vygotsky ist: „Jede psychologische Funktion tritt im Laufe der Entwicklung eines Kindes zweimal auf, das erste Mal in Form einer sozialen Aktivität zwischen Kindern oder zwischen Kind und Erwachsenen, das zweite Mal in Form einer individuell verinnerlichten Aktivität." Konkret gesagt: Der Schüler entwickelt das Denken durch Interaktion mit anderen Schülern oder mit dem Lehrer, indem er seine Gedanken laut kundgibt. Damit verinnerlicht der Schüler das Denken (Wissen) und weiß und versteht es nun individuell. In der Theorie von Vygotsky ist das (laute) Denken ein sozialer Vorgang und das Lernen ist das Resultat der Verinnerlichung der sozialen Interaktion. Er sagt: „Das gemeinsame Lernen von heute wird das gemeinsame Denken von morgen sein. Das Lernen erfolgt in der „Zone der nächsten Entwicklung" (McCartey & McMahon, 1992).

Diese Erkenntnisse rücken die Rolle des Dialogs, der Interaktion zwischen Lehrer und Schülern oder zwischen Schülern und Schülern in den Vordergrund. Nach dieser Theorie entwickelt sich das Denken während der Interaktion mit anderen, indem die Schüler eine „gemeinsame Sprache" entwickeln, damit ein Problem gelöst werden kann. Diese Sprache werden die Schüler allmählich verinnerlichen. Sie wird zum festen Bestandteil eines Repertoires internen kognitiven Wissens und von Fertigkeiten. Bestimmte Untersuchungen (u. a. von Bershon, 1992) bestätigen diese Auffassungen. Bershon zeigt auf, dass das kognitive Repertoire besonders dann entwickelt wird, wenn die Schüler Probleme haben und darüber laut mit ihren Mitschülern nachdenken.

Dieser Teil der Theorie von Vygotsky unterstützt die Bedeutung des kooperativen Lernens. Das kooperative Lernen bietet eine Lernumgebung, in der soziale Interaktion stattfindet, in der individuelle Schüler gemeinsam an einer Aufgabe lernen. Das verbindet Reden und Denken, also den externen und den internen Dialog der Schüler.

Brown & Palinscar (1989) fügen noch hinzu, dass diese Arbeitsweise für Lernanfänger auf diesem Gebiet einige Merkmale hat. Sie nennen u. a. folgende Merkmale:

- Sie beginnen damit ohne allzu viel Druck, oft aus eigenem Antrieb.
- Sie partizipieren nur auf dem Niveau, das sie beherrschen oder auf etwas höherem Niveau.
- Sie werden selten etwas tun, was außerhalb ihrer Kompetenz liegt.

In dieser Theorie ist der Lehrer ein aktiver Partner, der Zusammenarbeit anbietet (und fordert), der mittels diverser Formen von kooperativem Lernen eine Lernumgebung schafft, in der Schüler regelmäßig miteinander oder mit dem Lehrer Diskussionen führen.

Reflexion und Entwicklung

Das dritte wichtige Merkmal der Theorie Vygotskys ist die dialektische Herangehensweise. Er stellt fest, dass die Entwicklung nicht nur linear und gleichmäßig verläuft, sondern auch sprunghaft. Es geschieht immer viel Unvorhergesehenes, selbst bei gründlicher Planung. Vygotsky sagt, die Lehrer müssen lernen, mit Unvorhergesehenem umzugehen. Er plädiert darum für eine entwicklungsorientierte Vorgehensweise (Froumin, 1995). Das heißt, Lehrer müssen Gegensätze und enttäuschende Ergebnisse zum Gegenstand einer *Reflexion* machen. Durch diese Reflexion können Gegensätze ausgeräumt und enttäuschende Ergebnisse korrigiert werden. Meinungsverschiedenheiten und Konflikte sind wichtige Voraussetzungen für die Entwicklung eines Schülers, für dessen Befähigung z. B. Entscheidungen zu treffen. Das muss der Lehrer in seiner Herangehensweise beachten. Vygotsky sagt: „Aus der Reaktion und dem Handeln beim Auftreten von Hindernissen entsteht das Denken" (siehe dazu Bershon). Siehe auch die Kapitel 8 und 9, aus denen hervorgeht, dass gerade Gegensätze für das „In-Gang-kommen" des Gesprächs wichtig sind.

Das heißt aber auch, dass es für Lehrer wichtig ist, Grenzen zu setzen. Erst wenn ein Schüler mit Einschränkungen konfrontiert ist und darauf reflektiert, kann er seine eigenen Freiheitsgrade definieren und seine Entwicklung setzt ein. Das gemeinsame Reflektieren des Lehrers mit den Schülern oder der Schüler untereinander ist somit ein wichtiges Instrument für die Entwicklung von Schülern. Damit wird der fünfte Schlüsselbegriff für das gemeinsame Lernen „Beachtung der Gruppenprozesse" betont.

3 Das Unterrichtslerngespräch, Lernen in einer Lerngemeinschaft

In diesem Abschnitt behandeln wir eingehend das Lernen in einer Gruppe als Ganzes (siehe Kapitel 8 und 9). Alle Untersuchungsergebnisse aus diesen beiden Kapiteln bleiben gültig. Wir fügen noch einige Aspekte und Erkenntnisse hinzu. Diese können auch für die Kapitel 1 bis 7 wichtig sein.

3.1 Das Unterrichtslerngespräch

Zuerst möchten wir einige Aussagen und Feststellungen zum Unterrichtslerngespräch machen. Man kann das Unterrichtslerngespräch als eine von Experten geführte Gruppendiskussion bezeichnen. Das Unterrichtslerngespräch hat einige wichtige Merkmale: Während eines Unterrichtslerngesprächs werden die Schüler „gezwungen", unter Leitung des Lehrers ihre Gedanken in Worte zu fassen. Der Lehrer kann gezielt und direkt Feedback geben. Davon können alle Schüler lernen. Falsche Begründungen und Vorstellungen und falsche Formulierungen können unmittelbar korrigiert werden. Dadurch lernen die Schüler effektiver. Ihr Denken und Lernen entwickelt sich weiter.

Brown & Palinscar unterstreichen das. Sie äußern, dass „durch kooperatives Lernen in den an Problemen arbeitenden Gruppen die Denklast auf alle Mitglieder verteilt wird. Diese Verteilung hat sowohl kognitive als auch emotionale Konsequenzen. Emotionale Konsequenzen hat sie z. B. in der Hinsicht, dass untereinander Ergänzungen möglich sind, sodass nicht jeder Schüler die ganze Antwort (die komplette Lösung) herausfinden muss. Kognitive Konsequenzen hat sie, weil alternative Argumente aufkommen werden. Die Gruppenmitglieder nehmen spontan deutlich unterschiedliche Rollen, wie z. B. die Rolle des Ausführenden, des Schritthaltenden, des Versöhnenden. In vielen Zusammenarbeitsformen mit Erwachsenen scheinen Zweiergruppen erfolgreich zu sein, wenn einer der Ausführende und Denker, der andere der Kritiker oder der Evaluierende ist."

Das Unterrichtslerngespräch hat noch ein anderes Ziel. Wird das Unterrichtslerngespräch regelmäßig im Unterricht praktiziert, kommt es zu mehr Interaktion in der Klasse. Das Verhältnis Lehrer-Schüler wird zusehend symmetrisch und gleichwertig. Die Schüler werden für ihr Lernen mitverantwortlich. Das ist im Wesentlichen auch der Grundzug des aktiven Lernens. Ist das Verhältnis zwischen den Schülern untereinander und zwischen Schülern und Lehrern gleichberechtig und -gewichtig, kann man von einer Wandlung der Umgangsformen sprechen. In dem Fall ist es sehr viel wichtiger, als Gruppe eine Lösung zu finden, denn als Individuum. Durch diese Wandlung der Umgangsformen ist es für die Lehrer oft schwierig, das Lernen in einer Lerngemeinschaft in der täglichen Unterrichtspraxis zu realisieren. Das betrifft nicht besondere Verhaltensformen, sondern andere Auffassungen. Das gilt sowohl für den Lehrer, als auch für die Schüler. Siehe dazu die Untersuchungsergebnisse von Van der Linden (2000) im Abschnitt 3.2 in diesem Kapitel.

3.2 Untersuchungsergebnisse

Es existieren wenige Untersuchungsergebnisse über den Einsatz des Unterrichtslerngesprächs. Rowe (1974) und Tobin (1980) führten Untersuchungen zu den Wartezeiten durch, was wir bereits in Kapitel 8 erwähnten. Zum Fragenstellen wurden viele Untersuchungen durchgeführt. Das Unterrichtslerngespräch „lebt" vom Fragenstellen. Betreffs Ergebnisse zu Fragenstellen verweisen wir auf Ebbens & Ettekoven (2005). Es sind uns über das Lernen in einer Lerngemeinschaft keine anderslautenden Untersuchungsergebnisse bekannt. Wir haben aber viele Erfahrungen in der Praxis gesammelt und plädieren daher für das Lernen in der ganzen Gruppe. Wir meinen, dass dieses Herangehen an das Lernen der Schüler von großer Bedeutung ist (Lernen im weiteren Sinne: also sowohl das kognitive, als auch das sozial-emotionale Lernen einer Person). Indirekt wird unsere Auffassung durch die von den Lehrern gesammelten Erfahrungen und Informationen aus der Literatur bestätigt. Wir führen im Folgenden eine begrenzte Anzahl von Argumenten für das Unterrichtslerngespräch und Anzahl von für das Lernen in einer Lerngemeinschaft an.

- Gallimore & Tharp (1990) stellen fest, dass das Unterrichtslerngespräch („instructional conversation, instructional discourse, socratic dialogue") wenig im Unterricht eingesetzt wird. Das haben auch Good & Brophy (1987) festgestellt. Wir haben diese Erfahrung ebenfalls gemacht. Gallimore & Tharp nennen zwei Gründe dafür:

  1. Lehrer meinen, sie hätten zu wenig Zeit und Gelegenheit, das Denken der Schüler sichtbar zu machen, zu beobachten und darauf einzugehen.
  2. Ferner meinen Lehrer, sie wüssten nicht richtig, wie sie das Lerngespräch durchführen sollen. Sie hätten zu wenige Beispiele. Es sei ihnen nicht vermittelt worden.

Sie sagen jedoch, es gäbe Gründe, optimistisch zu sein. Positive Zeichen wären die zunehmende Interaktion in der Klasse durch das Zusammenarbeiten, das Vorhaben, die Schüler unabhängiger vom Lehrer lernen zu lassen und die Entwicklung neuer Unterrichtsmaterialien und Technologien, durch welche diese Lernform möglich wird. Auch neue konstruktivistische Erkenntnisse und Gehirnuntersuchungen sprechen für mehr Dialog in der Klasse (Perkins, 1999).

Kommentar

Wir verweisen auf unsere Auffassung: „Mehr mit weniger tun." Entsprechend den Erfahrungen der Lehrer scheint das eine für das Herangehen an das Problem adäquate Strategie zu sein.

- Bei Knoers (1971) entdeckten wir eine (etwas ältere) Untersuchung zu Lern- und Lösungsstrategien. Es handelt sich dabei um eine niederländische Untersuchung von Prins aus dem Jahre 1951. Prins war auch Schachgroßmeister. Knoers schreibt: „Prins hat das Unterrichtslerngespräch mit einer größeren Schülerbeteiligung beim Entwickeln des Lernens erfolgreich angewendet. Dadurch wird das Unterrichtslerngespräch zu einer ausgeprägten „Verbesserungsmethode". Die Schüler lernen voneinander, wie sie das Erlernen des Stoffes am besten anpacken können. Der Lehrer bekräftigt hauptsächlich die besten Methoden für die Anregung und Entwicklung der Schüler." Er berichtet auch, dass, „nicht alle Schüler von sich aus eine Verbesserung ihrer Arbeitsmethoden erzielen können. Die besseren Resultate der guten Schüler hängen unmittelbar mit deren Lernmethoden zusammen." Darum will er die schwachen Schüler von den Lernmethoden der guten Schüler profitieren lassen. Das verwirklicht er in Lerngesprächen oder Besprechungen, in denen zu Beginn die guten Schüler mit kleinen Lernaufsätzen den schwachen Schülern verdeutlichen, wie sie gelernt haben. Prins begleitet das mit knappen Kommentaren. Er hält diese Methode für besser (übrigens ohne das untersucht zu haben), als den Schülern zu erzählen, wie sie lernen müssen. Hier spielt wahrscheinlich die stärkere Motivation eine große Rolle: Wenn andere damit Erfolg haben, wirkt das vermutlich anregend ..."

Kommentar:

Das sind genau die Gründe für die Anwendung des Unterrichtslerngesprächs. Die Schüler müssen selbst herausbekommen, wie sie ein Problem lösen können. Andere Schüler können dabei helfen.

3.3 Das Unterrichtslerngespräch und Lernen in einer Lerngemeinschaft

Die Entwicklung des Lernens in einer Klasse bedarf einer anderen Lernkultur und einer anderen Sicht auf die Schüler, damit das Lernen erfolgreich wird. Die folgenden Untersuchungsergebnisse und Erkenntnisse beweisen das zwar nicht, bieten jedoch einige Argumente dafür.

- Lipman (2003) berichtet über Lernen in einer Lerngemeinschaft und die zugehörigen Merkmale („community of inquiry"). Es sagt: „First I think we need to see that the community of inquiry is not aimless. It is a process that aims at producing a product – at some kind of settlement or judgement, however partial or tentative this may be. Second, the process has a sense of direction; it moves where the argument takes it. Third, the process is not merely conversation or discussion; it is dialogical. This means it has a structure. Just a parliamentary debate is governed by parlamentary rules of order, so inquiry has its procedural rules, which are largeley logical in nature. Fourth, we need to consider a bit more closeley how reasonableness, creativity and care apply to the community of inquiry. Finally, there is the matter of using the community of inquiry to operationalize and implement the definitions of critical, creative and caring thinking."

> **Kommentar:**
>
> Durch die Beschreibung der Merkmale des Lernens in einer Lerngemeinschaft wird diese Art zu Lernen zu einer Lernmethode, die nach unserer Meinung sehr wirkungsvoll ist. Lipmann drückt das noch deutlicher aus: „How surprising it is that so unconventional a notion should be proposed as a master educational paradigm."

- Gallego (1992) hat die in der Klasse entstandenen Interaktionsmuster beim Einführen des Unterrichtslerngespräches (Klassendialoges) untersucht. Ihre Ergebnisse erklären, warum dieser Prozess schwierig ist und vorsichtig aufgebaut werden muss. Sie beschreibt: „Nicht alle Schüler verfügen von sich aus über eine Balance zwischen dem Erstreben persönlichen Wissens und den Verpflichtungen, die sie gegenüber der Gruppe haben (fühlen). Sie müssen das Gleichgewicht suchen. Das kann bedeuten, dass ein Schüler ganz individuell mit der Arbeit am Auftrag beginnt, während ein anderer Schüler Rat beim Nachbarn sucht. Die gegenseitigen Beziehungen (Rollen) der Schüler sowie deren Einschätzung durch die Schüler führen teilweise zu diesem unterschiedlichen Lern- und Zusammenarbeitsverhalten. Das Festlegen von Regeln für die Interaktion beeinflusst die Gruppendiskussion günstig. Das ist jedoch keine einfache Angelegenheit." Weiter führt sie in ihrem Buch aus, dass „die mündliche Sprache die (Lern) Kultur in der Gruppe bestimmt. Versuche zur Änderung der Diskussionen in der Gruppe sind daher nichts anderes, als eine Änderung der Gruppenkultur."

- Wir entdeckten ein anderes Kapitel von Gallego u. a. (2001) über die Kultur in Schulen und Gruppen. Darin zitieren sie Dewey: „Clearly the literature we have reviewed here has been replete with the „either-or" that characterized the debate between traditional and progressive approaches to education. Consistent with Dewey's call to overcome dualistic thinking, we have repeatedly referred tot the hybrid nature of classrooms that builds on, rather fight against, diversity." Sie meinen, dass die Kultur in der Gruppe oft eine Kombination verschiedener Kulturen darstellt. Das sind „the local school culture, the professional culture of the teachers, the pop culture, and the kid culture. We could add to this list. What is clear is that the culture of the classroom is always *„the cultures"* of the classroom." Sie beenden ihren Artikel mit einem Plädoyer für diese Lernkultur und hoffen, dass die Schulen kritisch über ihre Schulkultur nachdenken, dass die Schulen fortwährend nach solchen Möglichkeiten suchen, die zur künftigen Entwicklung einer Schulkultur beitragen: „We now find solace in the hope that what we have written will be judged as ... a critical and creative assessment that is based on current (and everchanging) circumstances." Eine Schulkultur verändert sich stets.
- Wir fanden einen Artikel von Honig u. a. (2001) in dem Handbuch (Richardson, 2001) über die Lernkultur. Sie plädieren am Ende ihres Artikels dafür, die Perspektiven und Haltungen ins Auge zu fassen, aus welchen wir Unterrichten und Lernen betrachten. Den Kontext, in dem wir denken, sollten wir auch in die Diskussion aufnehmen. Sie geben fünf bei dieser Untersuchung zu beachtende Punkte an. Wir weisen darauf hin, dass das Wort „community" in diesem Kontext eine andere Bedeutung hat, als unser Begriff „Lerngemeinschaft". Hier betrifft es eine Gemeinschaft außerhalb der Schule. Wir nennen drei ihrer favorisierten Punkte:

  1 „Develop a broader conception of what learning is and where it takes place." Daraus ist ersichtlich, dass an sehr vielen anderen Orten gelernt wird, nicht nur in der Schule. All diese Lernerfahrungen von außerhalb beeinflussen das Lernen in der Schule erheblich.

  2 „Focus on what enables school-community connections for opportunities to learn and teach." Wenn noch an anderen Orten gelernt wird, sollte man davon auch Gebrauch machen und diese Gelegenheiten, z. B. in der Umgebung der Schule nutzen.

  3 „Examine specifically the roles of the classroom teachers and principals at schools engaged in school-community collaborations." Annahme: Wenn durch diese Lernart bereits viele Erfahrungen vorhanden sind, wird das

Unterrichten und Anleiten in der Schule anders aussehen. Die ersten Untersuchungsergebnisse (obwohl noch sehr begrenzt) sind „promising".

Kommentar:

Der letzte Artikel zeigt, wie unser eigener Kontext (unsere eigenen Rahmenbedingungen) unsere Auffassungen über Lernen und Unterrichten bestimmen. Mit einer anderen Sicht auf das Lernen (z. B. der Feststellung, dass ein Zusammenhang zwischen dem Lernen in und außerhalb der Schule besteht) können sich auch andere Auffassungen und andere Verhaltensweisen herausbilden. Damit entsteht eine andere Lernkultur. Wir stimmen mit Callego überein und finden es besonders wichtig, dass Schulen diese Kultur des Lernens und Unterweisens beachten, auch wenn das kein leichtes Unterfangen ist. Wir hoffen, dass wir mit der Beschreibung des Unterrichtslerngesprächs und Lernen in einer Lerngemeinschaft ausreichend Hinweise angeboten haben, um zu erkennen, wie eine andere Kultur möglicherweise aussehen kann. Die Kultur basiert auf der Gleichwertigkeit der Teilnehmer als wichtiges Fundament des Lernens.

- Zum Schluss wollen wir noch etwas aus dem Buch von De Liefde (2002) uber Leitung in afrikanischen Lerngemeinschaften (tribes) zitieren. In der Einleitung des Buches steht: „Es ist bemerkenswert, dass in der westlichen Welt das Phänomen *tribes* wenig beachtet wird. Viele Unternehmen und Gemeinschaften suchen jedenfalls nach Möglichkeiten zum Entwickeln eines „Wir-Gefühls." ... „Viele Auffassungen vom Management sind in Richtung Technik und Macht des Stärksten orientiert." ..... „Die Basis der afrikanischen Denkweise bildet die Auffassung: „Ich bin, weil wir (bestehen) existieren." Das ist das afrikanische Ubuntu-Konzept. Es sagt aus, dass Gruppenmitglieder, aber auch die Leiter, ihr eigenes Ich den gemeinschaftlichen Belangen der Gruppe unterordnen, um als Gruppe erfolgreich überleben zu können." Beispielsweise basiert die Arbeit die Versöhnungskommission in Südafrika auch auf dieser Denkweise.

In Abb. 3 führen wir Unterschiede zwischen der afrikanischen und unserer Denkweise an.

Wir wollen damit nicht sagen, dass wir das afrikanische Denken über das westliche Denken stellen würden. Zu einigen Standpunkten haben wir eine andere Meinung, während uns andere sehr ansprechen, wie z. B. die genannte Gleichwertigkeit der Teilnehmer einer Lerngemeinschaft. Das gilt auch für den Lehrer trotz seiner besonderen Rolle in der Lerngemeinschaft. Wir wollen lediglich zeigen, dass man durch eine andere Brille auch andere Dinge sieht, dass mit einer anderen Brille eine andere (Lern) Kultur entstehen kann.

Afrikanische Stammeskultur	**Westliche Kultur**
• Identität in Beziehung zur Umgebung	• Individuum steht allein
• gegenseitige Abhängigkeit	• Unabhängigkeit
• gemeinsame Existenz	• individuelle Existenz
• gemeinsame Evolution	• individuelle Entwicklung
• Zusammenarbeit aus gemeinschaftlichen Belangen	• Konkurrenz aus Eigeninteresse
• zyklischer Verlauf der Veränderungen	• linearer Verlauf der Veränderungen
• Stabilität der Kultur	• kulturelle Instabilität
• Steuerung auf der Basis von Werten und Inhalten	• Steuerung auf der Basis von Zielen und Ergebnissen
• kommunikative Steuerung (Lenkung)	• Steuerung (Lenkung) durch Machtgebrauch
• Gleichwertigkeit	• Ungleichwertigkeit
• dienende Leitung	• hierarchische Leitung
• soziale Verantwortlichkeit	• Eigenverantwortlichkeit
• Mensch sein	• Menschen sind Kapital

Abb. 3 Unterschiede zwischen der afrikanischen und unserer Denkweise

Zusammenfassung

Wir geben eine Zusammenfassung in Form von Empfehlungen für Lehrer:

- Das Einführen von kooperativem Lernen in der Klasse führt im Allgemeinen zu einer Verbesserung der Lernergebnisse und des Verhaltens und des Umgangs der Schüler miteinander. Das sind wichtige und gute Gründe für ein regelmäßiges Anwenden dieser Struktur in der eigenen Unterrichtslernsituation.
- Für die Realisierung des gemeinsamen Lernens in der Klasse sind die fünf Schlüsselbegriffe für Zusammenarbeitsstrukturen ausschlaggebend. Man kann sagen: Erst mit dem Einfügen dieser fünf Schlüsselbegriffe in die Zusammenarbeitsstruktur erhält diese eine funktionierende Struktur und Form. Die Lehrer sollten demzufolge die fünf Schlüsselbegriffe in ihrem Konzept für die Zusammenarbeit in ihrer Unterrichtslernsituation und bei der Evaluation des kooperativen Lernens beachten. Oder wie im Text steht: „Das bedeutet, dass Lehrer Gegensätze oder enttäuschende Resultate zum Gegenstand der *Reflexion* machen.“

- Bei der Planung muss sich der Lehrer bewusst machen, ob er eine kooperative Lernform nur für den Erwerb von Sachwissen, also als Mittel zum Zweck, nutzen möchte. Dann ist die klare Anleitung und Strukturierung der Zusammenarbeitsform durch den Lehrer besonders wichtig.
  Strebt der Lehrer die Entwicklung des Denkens der Schüler auf höherem Niveau an, ist es wichtig, dass kooperative Lernformen häufiger angewendet werden, die Schüler nicht nur über das erworbene Wissen, sondern auch über ihr Lernen nachdenken und reflektieren.
- Das Einführen von kooperativem Lernen in die Unterrichtslernsituation stellt eine komplexe Veränderung des Unterrichtsgeschehens dar. Diese Veränderung stellt hohe Anforderungen an Lehrer und Schüler und muss langsam begonnen und aufgebaut werden. Das heißt aber nicht, dass der Lehrer die Forderungen an die Schüler herunterschraubt. Im Gegenteil! Die Lehrer sollten auf jeden Fall hohe Anforderungen stellen, weil die Schüler bei dieser Lernform einander Unterstützung geben können. Das gilt auch für die Lehrer. Sie sollten auch an sich selbst hohe Anforderungen stellen (bezüglich des Unterrichtskonzepts u. ä.). Sind die Anforderungen an die Schüler zu gering, besteht die Gefahr des Trittbrettfahrens. Stellen die Lehrer an sich selbst zu niedrige Anforderungen, dann wird die Zusammenarbeit wenig transparent.
- Die Interaktion in einer Unterrichtslernsituation braucht viel Zeit, daher sollte der Lehrer regelmäßig nach der Faustregel „Mehr mit weniger tun“ handeln.
- Wollen die Lehrer etwas Systematik in ihre Unterrichtslernsituation bringen, dann sollten sie ihre eigenen Auffassungen über die Rolle des Schülers beim Gestalten seines eigenen Lernens und über die Rolle der ganzen Gruppe einschließlich des Lehrers entwickeln. Das gemeinsame Lernen basiert darauf, dass das Verhältnis zwischen den Schülern, auch bei vorhandenen Niveauunterschieden, gleichwertiger wird. Auch das Verhältnis zwischen Lehrer und Schüler wird gleichwertiger. Das heißt nicht, dass an der Expertise des Lehrers gezweifelt werden muss. Die Schüler werden als gleichwertige Partner gesehen, als Partner, die in der Lage sind, ihr Lernen teilweise selbst zu gestalten. Das Wesentliche der Zusammenarbeit ist das Delegieren der Verantwortung für das Lernen an eine Gruppe von Schülern. Voraussetzung dafür ist: Der Lehrer weiß, dass die Schüler das können und vertraut ihnen.

Teil 3:

Übersicht „Kooperative Lernformen“

10 Neunzehn kooperative Lernformen, Funktion und Aufbau

10.1 Kooperative Lernformen abzielend auf die Entwicklung des Zusammenhalts innerhalb kleiner Gruppen

10.2 Kooperative Lernformen abzielend auf die Entwicklung des Zusammenhalts in der Gruppe als Ganzes

10.3 Kooperative Lernformen abzielend auf das Beherrschen des Gelernten

10.4 Kooperative Lernformen abzielend auf die Entwicklung des Lernens und Denkens

10.5 Multifunktionell einsetzbare kooperative Lernformen

10.6 Aufbau der kooperative Lernformen

> „Es ist sinnlos, wenn Menschen ihre Handlungen nicht aufeinander abstimmen und „aneinander vorbei leben“. Sinn, das ist der Zusammenhang, Sinnlosigkeit, das ist das Fehlen des Zusammenhangs.“
> *(Schmidt, 2003)*

In diesem Kapitel führen wir einige ergänzende kooperative Lernformen auf. Das sind zum Teil neue, zum Teil Varianten der bereits beschriebenen fünf Basisstrukturen. Manche behandeln wir ausführlich, manche etwas kürzer. Voraussetzung für den Einsatz dieser Strukturen im Unterricht ist, dass Lehrer und Schüler bereits regelmäßig mit den fünf elementaren kooperative Lernformen im Unterricht gearbeitet haben und die Schlüsselbegriffe für auf das Lernziel orientiertes Zusammenarbeiten handhaben können.

Beim Besprechen der ergänzenden kooperative Lernformen halten wir uns an die Regel: „Die Form folgt der Funktion“ und legen dabei die Einteilung von Kagan zugrunde (Brandt, 1992; Kagan, 1992), die wir etwas an unsere Lerntheorie angepasst haben. Bei den Ausführungen zu den kooperative Lernformen werden stets die nach unserer Meinung wichtigsten kognitiven und sozialen Fertigkeiten angegeben, welche die Schüler innerhalb dieser kooperative Lernform benötigen oder sich aneignen sollen.

Abbildung 10.1 zeigt eine Übersicht über die nach ihrer Funktion geordneten kooperativen Lernformen, die wir in unter 10.1 bis 10.5 besprechen. Unter 10.6 führen wir aus, wie Lehrer gemeinsam mit den Schülern die verschiedenen kooperative Lernformen nach steigendem Schwierigkeitsgrad aufbauen können. Ebenso zeigen wir, wie Lehrer die kooperative Lernformen einsetzen können, um den Umgang der Schüler damit allmählich aufbauend oder unmittelbar reflektierend (Sprung ins Wasser) zu entwickeln. Danach erfolgt eine Zusammenfassung mit Empfehlungen für Lehrer.

Außer den von uns genannten kooperative Lernformen findet man in der Literatur noch mehr als hundert andere Strukturen (siehe bei: Kagan, (1992), Bennet (1991), Silberman (1996) (alle drei in Englisch), Van der Vugt (2002, besonders für den Basisunterricht) und Hoogeveen & Winkels (1986) (beide in Niederländisch). Diese Bücher haben uns sehr inspiriert. Auf der Basis der in diesem Kapitel beschriebenen kooperative Lernformen kann man durch Kombinationen eigene Strukturen entwerfen.

Funktion der kooperative Lernform	**Struktur**	**Abschnitt**
1 abzielend auf die Entwicklung des Zusammenhalts in kleinen Gruppen	**1** Runde	10.1
	2 Suche jemanden, der ...	10.1
	3 Eigene Geschichte erzählen	10.1
2 abzielend auf den Zusammenhalt in der ganzen Gruppe	**4** Vier Ecken	10.2
	5 Aufstellung an der Linie	10.2
	6 Aufstehen und Teilen	10.2
3 abzielend auf das Beherrschen des Gelernten	**7** Nummerierte Köpfe	Kapitel 4
	8 Check in Duos	Kapitel 4
	9 Teamturnier	10.3
4 abzielend auf die Entwicklung des Lernens	**10** Denken-Austauschen-Besprechen	Kapitel 4
	11 Drei-Schritte-Interview	Kapitel 4
	12 Das Unterrichtslerngespräch	Kapitel 4
	13 Brainstorming	-
	14 Team-Wörter-Karten	Kapitel 8, 10.4
5 Multifunktionell einsetzbar	**15** Gruppenreise	10.5
	16 Runder Tisch	10.5
	17 Expertenpuzzle	Kapitel 4
	18 Gruppenuntersuchung	-
	19 Zusammen-Zusammen	10.5

Abb. 10.1 Kooperative Lernformen geordnet nach ihrer Funktion

10.1 Kooperative Lernformen abzielend auf die Entwicklung des Zusammenhalts innerhalb kleiner Gruppen

Abbildung 10.2 zeigt eine Übersicht über kooperative Lernformen, die auf den Zusammenhalt innerhalb kleiner Gruppen gerichtet sind.

Kooperative Lernform	**Wichtigste kognitive Fertigkeiten der Schüler**	**Wichtigste soziale Fertigkeiten der Schüler**
1 Runde	Ausdrücken von Ideen, Meinungen	*zuhören, gleichberechtigte Teilnahme*
2 Suche jemanden, der ...	klar ausdrücken, was du weißt, erzählen können, was du soeben gelernt hast	*sich wagen, Fragen zu stellen, gründlich abfragen, bis dir die Lösung klar ist*
3 Eigene Geschichte erzählen	sich klar ausdrücken	*etwas Persönliches erzählen*

Abb. 10.2 Übersicht kooperative Lernformen abzielend auf den Zusammenhalt in kleinen Gruppen

Darstellungen zu den drei oben genannten kooperativen Lernformen

1 Runde

Bei Gesprächen in kleineren Gruppen fällt es der Gruppe schwer, jeden einen Beitrag liefern zu lassen (trotz verschiedener Hilfsmittel). Es ist auch immer möglich, dass Schüler sich der Teilnahme am Gespräch entziehen oder immer derselbe Schüler auf Kosten der anderen den Vorreiter spielt. Durch die kooperative Lernform-Runde werden die Beiträge der Schüler unmittelbar sichtbar. Auch können innerhalb dieser Struktur den Schülern Rollen zugewiesen werden. Die Struktur ist auch für etwas größere Gruppen geeignet.

Mögliche Schritte:

1 **Die Gruppe bekommt eine Aufgabe zugewiesen. Diese Aufgabe muss so gestaltet sein, dass jeder einen Beitrag liefern kann, wobei die verschiedenen Sichtweisen zu mehr Verständnis führen können.**

2 **Falls die Aufgabe es erfordert, kann zunächst eine individuelle Bedenkzeit zugestanden werden, in der die Schüler ihre Gedanken in Form von Stichwörtern niederschreiben.**

3 **Jeder Schüler legt einen kleinen Gegenstand mitten auf den Tisch, z.B. einen Radiergummi, einen Bleistift oder einen Stiftspitzer. Dann beginnt ein Schüler, seine Gedanken zu seinem Gegenstand zu äußern. Danach nimmt er seinen Gegenstand wieder an sich. Jeder kommt an die Reihe, bis alle Gegenstände wie-**

der bei ihren Besitzern sind. Regel: Ein Schüler darf seinen Gegenstand auch wieder zurücknehmen, ohne etwas dazu zu sagen.

4 **Werten Sie die Aufgabe inhaltlich und die Arbeitweise aus.**

■ **Beispiele für Fragen (Aufgaben)**

- Wie bereitest du deine Prüfung vor?
- Welches Thema wählen wir für unsere Belegarbeit?
- Wie verteilen wir die Funktionen (Aufgaben)?

2 Suche jemanden, der ...

Es gibt immer Schüler, die bereits etwas zu einem neu zu behandelnden Unterrichtsthema wissen. Und am Ende der Stunde gibt es immer Schüler, die noch nicht alles zum Thema wissen. Diese Zusammenarbeitstruktur gibt den Schülern die Chance, ihren Mitschülern zu erzählen, was sie bereits wissen. Schüler, die noch nicht alles wissen, haben die Gelegenheit, ihre Mitschüler zu befragen. Diese kooperative Lernform hat viele informelle Momente und muss nicht lange dauern.

Mögliche Schritte:

1 Um zu überprüfen was die Schüler gelernt haben oder um Vorkenntnisse zu aktivieren, schreibt der Lehrer die Fragen (Aufgaben) auf ein Blatt.

2 Die Schüler erhalten die Chance, nachzusehen, welche Fragen (Aufgaben) sie beantworten können und welche nicht.

3 Die Schüler stehen auf, laufen im Klassenraum umher, um Mitschüler zu suchen, welche die Antworten (Lösungen) auf diejenigen Fragen kennen, die sie selbst nicht beantworten können (oder wo sie sich unsicher sind). Als Regel wird festgelegt: In einer Zweiergruppe darf nur ein Schüler eine Frage stellen oder eine Antwort anbieten. Danach muss dieser Schüler einen anderen Mitschüler suchen. Hat er die Antwort bekommen, checkt der andere Schüler kurz, ob die Antwort auch wirklich verstanden wurde. Ist das der Fall, darf der Schüler seine Unterschrift auf das Blatt setzen.

4 Die Schüler gehen weiter auf Suche. Regel: Eine erhaltene Antwort darf einem anderen Schüler weitergegeben werden.

5 Der Lehrer muss die Schüler anregen, durch den Klassenraum zu gehen, Ideen auszutauschen und um Erläuterungen zu bitten.

6 Werten Sie die Ergebnisse der Aufgabe und die Arbeitsweise aus.

■ **Beispiele für Fragen (Aufgaben)**

- Rückblick auf ein gelesenes Buch nehmen, indem zu verschiedenen Buchteilen Fragen gestellt werden: „Suche jemanden, der weiß, warum ...“
- Beziehungen zwischen Figuren aus dem Buch und Personen des realen Lebens herstellen, indem Fragen gestellt werden, wie: „Kennst du jemanden, der der Hauptfigur des Buches sehr gleicht? In welcher Hinsicht gleicht er der Hauptfigur?“

- Einzelheiten eines historischen Ereignisses abfragen
- für mathematische Probleme nach möglichen Lösungen suchen
- im Sportunterricht Regeln kontrollieren und Argumente für deren Sinnhaftigkeit sammeln

Um den Austausch persönlicher zu gestalten (diese Struktur fördert auch den Gruppenbildungsprozess), wird empfohlen, neben Fragen zum Inhalt auch persönliche Fragen zu stellen (Abb. 10.3).

Beispiele für Fragen

Suche jemanden, der ...

- die Elf-Städte-Tour gelaufen ist, gern kocht, Schuhgröße 38 hat, ...
- die gleichen Vorlieben hat betreffs Hobby, Sport, Musik. ...

- weiß, was in den Jahren 1918, 1929, 1945 und 1968 geschah.

  Antwort: 1918: ______________________

  1929: ______________________

  1945: ______________________

  1968: ______________________

Antwort beantwortet von ____________ Unterschrift ____________

- schon mit Stäbchen gegessen hat und jemanden kennt, der andere Essgewohnheiten als er/sie selbst hat. Berichte etwas ausführlicher darüber, z.B. wie es war und was du über die anderen Eßgewohnheiten erfahren hast.

  Antwort 1: ______________________

  Antwort 2: ______________________

Antwort beantwortet von ____________ Unterschrift ____________

Abb. 10.3 Beispiel Fragenformular „Suche jemanden, der ...“

3 Eigene Geschichte erzählen

Arbeiten Schüler zum ersten Male in einer Gruppe zusammen, können die Mitglieder sich auf diese freundliche Art miteinander bekannt machen. Das ist besonders wichtig, wenn die Gruppe für längere Zeit zusammenarbeiten oder gemeinsam einen komplexen Auftrag lösen muss. Berichten die Mitglieder einander über sich selbst, kann das für die Entwicklung einer guten Atmosphäre in der Gruppe sehr förderlich sein. Dadurch werden die Schüler einander auch beim Lernen besser zuhören. Die eigene Geschichte muss etwas enthalten, was für den sprechenden Schüler persönlich wichtig ist. Das können Ereignisse, Erfahrungen oder derzeitige Sorgen sein.

- **Beispiele für Fragen, die die eigenen Geschichten anregen können**

1 Was ist dein Lieblingsort auf dieser Welt? Warum gerade dieser Ort?
2 Warst du jemals in Gefahr? War dir das damals bewusst? Wie bist du der Gefahr begegnet?
3 Was ist das Schwierigste, das du je bewältigt hast?
4 Kennst du eine Geschichte zu deinem eigenen Namen? Wie lautet die Geschichte?
5 Welches sind die drei besten Musikstücke auf deiner Hit-Liste? Wodurch ist diese Musik für dich etwas Besonderes?

Die Schritte für diese Struktur entsprechen den Schritten für „Runde“.

10.2 Kooperative Lernformen abzielend auf die Entwicklung des Zusammenhalts in der Gruppe als Ganzes

Abbildung 10.4 enthält eine Übersicht über kooperative Lernformen, die auf den Zusammenhalt in der Gruppe als Ganzes gerichtet sind.

Kooperative Lernform	Wichtige kognitive Fertigkeiten der Schüler	Wichtige soziale Fertigkeiten der Schüler
4 Vier Ecken	Alternativen erkennen, Stellung nehmen, Probleme lösen	andere Gesichtspunkte sehen und hören, Mitschülern begegnen
5 Aufstellung an einer Linie	Ausdrücken von Ideen und Meinungen, Stellung nehmen	andere Gesichtspunkte sehen und hören, Mitschülern begegnen
6 Aufstehen und Teilen	Ausdrücken von Ideen und Meinungen	Standpunkt (verbal) einnehmen, gegenseitige Standpunkte sehen und hören, Mitschülern begegnen

Abb. 10.4 Übersicht kooperative Lernformen abzielend auf den Zusammenhalt in der Gruppe als Ganzes

Wir erläutern die drei oben genannten kooperative Lernformen.

4 Vier Ecken

Bei der kooperative Lernform „Vier Ecken“ müssen die Schüler oder die Schülergruppen ihre Stellungnahme physisch sichtbar machen. Die Art und Weise ist nicht vorgeschrieben. Die Schüler müssen aufstehen und eine Position einnehmen, aus der man eine These, eine Auffassung oder eine getroffene Auswahl erkennen kann. Durch physische Manifestation (laufen und eine Ecke wählen) werden die Auffassungen für Schüler und Lehrer direkt sichtbar. Es ist nicht möglich, keine Position einzunehmen. Durch diese Struktur lernen die Schüler sich selbst und einander (Gemeinsamkeiten und Unterschiede) kennen. Sie lernen, einander zu sehen und zu akzeptieren. Meinungsverschiedenheiten, Auffassungen oder Werte können mit dieser Struktur direkter sichtbar gemachen werden.

Mögliche Schritte:

- **Formulieren Sie im Vorfeld sorgfältig eine Problemstellung, eine Aussage oder Aufgabe und geben Sie den Schülern mindestens drei Wahlmöglichkeiten. Verwenden Sie dabei z. B. die Standpunkte: „ stimme vollkommen überein"; „stimme überein "; „stimme nicht ganz überein"; „stimme überhaupt nicht überein". „Neutral" darf hier nicht vorkommen, weil es für die Schüler wichtig ist, zu wählen, einen Standpunkt einzunehmen. Für jeden Standpunkt wird ein Ort (Ecke) im Klassenraum gewählt, an dem sich Schüler mit gleichem Standpunkt einfinden können. Markieren Sie diesen Ort mit einem Plakat, aus dem die Wahlmöglichkeit zu ersehen ist.**

- **Geben Sie den Schülern etwas Bedenkzeit, damit sie ihre Wahl treffen können und lassen Sie dann die verschiedenen „Standpunkt-Orte" aufsuchen. Lassen Sie die Schüler ihren Standpunkt zunächst schriftlich festhalten, damit sie sich beim Aufsuchen des Ortes (Ecke) nicht von Freunden beeinflussen lassen.**

- **Lassen Sie die Schüler in den verschiedenen Ecken Duos bilden und untereinander Argumente für ihren Standpunkt austauschen. Dann können in den Ecken Verergruppen gebildet werden, wobei das eine Duo dem anderen berichtet, warum es sich hier eingefunden hat. Fordern Sie, dass jeder die wichtigsten Argumente für seinen Standpunkt formulieren kann. Rufen Sie danach beliebige Schüler aus beliebigen Ecken auf („Individuelle Ansprechbarkeit").**

- **Es kann eine Diskussion zwischen den verschiedenen Gruppen (Ecken) entstehen, wobei angewiesene Schüler miteinander diskutieren. Die anderen Gruppenmitglieder dürfen etwas ergänzen. Eine Faustregel bei heftigen Diskussionen: Die Reaktion einer Partei muss immer mit der Wiederholung des Standpunktes der Gegenpartei beginnen. Erst wenn die Gegenpartei mit der Formulierung ihrer Argumente einverstanden ist, kann die eigentliche Reaktion erfolgen.**

- **Lassen Sie den Schülern die Möglichkeit des Eckenwechsels (Standpunktwechsels) offen, wenn sie das gut begründen können. Das kann ein Wettkampf-Element darstellen: Welche Gruppe kann die meisten Schüler in ihre Ecke locken?**

- **Lassen Sie die Schüler zu ihren Tischen zurückgehen und ihre wichtigsten Argumente für ihre jeweilige Wahl (Standpunkt) zu notieren. Sorgen Sie dafür, dass jeder das auch kann und fragen Sie es ab.**

- **Werten Sie die Arbeitsergebnisse einzelner Schüler und die Arbeitsweise aus.**

- **Beispiele für Problemstellungen**

- die beliebtesten Jahreszeiten
- der Vogeltyp, der du gerne wärst, wenn du wählen könntest
- bevorzugter Beruf, wenn du wählen dürftest
- bevorzugtes Auto, wenn du wählen dürftest
- Parteienwahl in einem Krieg
- Personenwahl in einem Krieg: Churchill, Hitler, Rooseveld oder Stalin
- bestimmte Standpunkte einnehmen: für oder gegen Abtreibung, für oder gegen Gruppenzusammenstellung durch den Lehrer (oder durch die Schüler); für oder gegen die Mitgliedschaft in der EU, usw.
- Möglichkeiten auswählen für die Auflösung eines Krimis: Wer hat den Mord begangen?

5 Aufstellung an einer Linie

Diese kooperative Lernform ist mit „Vier Ecken" verwandt. Der Unterschied besteht darin, dass die Schüler sich nicht in Ecken einfinden, sondern sie nehmen physisch auf einer Linie einen Standpunkt ein. Dadurch können Schüler zeigen, ob sie für oder gegen etwas sind. Sie zeigen damit auch, wie differenziert sie daruber denken. Eine Position an einem Ende der Linie einzunehmen bedeutet, dass sie mit der Problemstellung einverstanden sind. Eine Position am anderen Ende der Linie bedeutet, dass sie mit der Problemstellung nicht einverstanden sind. Zwischenpositionen ergeben sich automatisch. Es geht hier um Problemstellungen, mit denen ein Schüler einverstanden, teilweise einverstanden oder nicht einverstanden sein kann. Auch hier werden die Standpunkte der Schüler schnell sichtbar.

Mögliche Schritte:

- **Überlegen Sie sich eine Problemstellung, mit der Schüler einverstanden, teilweise einverstanden oder nicht einverstanden sein können. Zeigen Sie, wo die Linie im Klassenraum verläuft (z. B. mit Kreide oder Klebeband markieren) und was für eine Bedeutung die beiden Enden haben (gegebenenfalls mit einem Plakat sichtbar machen).**
- **Geben Sie den Schülern Bedenkzeit.**
- **Lassen Sie die Schüler wählen, an welcher Stelle der Linie sie stehen wollen. Lassen Sie sie ihre Position einnehmen.**
- **Bitten Sie die Schüler, einem in der Nähe stehenden Mitschüler zu erklären, warum sie stehen, wo sie stehen. Eine Alternative dazu: Schüler können Schülern, die z. B. auf der Linienmitte stehen, erklären, warum sie da stehen.**
- **Fragen Sie einige Schüler nach ihren Argumenten.**
- **Bitten Sie die Schüler aufzurücken oder die Position zu wechseln, wenn sie gute Argumente hören.**
- **Lassen Sie die Schüler wieder zu ihren Tischen zurückkehren und die wichtigsten Argumente (pro und contra) für sich selbst notieren. Fragen Sie beliebige Schüler nach ihren Notizen und Gedanken. Reflektieren Sie kurz die Arbeitsweise.**

Eine Alternative: Eine Gruppe erarbeitet zunächst einen gemeinsamen Standpunkt zu einer Problemstellung und diskutiert danach mit anderen auf der Linie stehenden Gruppen.

■ **Beispiele für Problemstellungen**

- Bist du einverstanden/nicht einverstanden? „Die Gefängnisstrafe muss durch die Verpflichtung, soziale Dienste zu leisten, ersetzt werden."
- Bist du einverstanden/nicht einverstanden? „Das Geld, welches jetzt für die Armee ausgegeben wird, muss zum Kampf gegen Hunger auf der Welt verwendet werden."
- Was wärst du lieber, ein Krokodil oder ein Schmetterling?

6 Aufstehen und Teilen

Es ist manchmal schwer, alle Schüler beim Zusammentragen von Arbeitsergebnissen oder dem Besprechen der Ergebnisse von Zusammenarbeitsaufträgen einzubeziehen. Diese kooperative Lernform kann dabei helfen. Die Schüler werden hierbei aufgefordert aufzustehen statt den Finger zu heben. Das bringt die Schüler buchstäblich in Bewegung. Diese kooperative Lernform ist geeignet für Aufgaben (Fragen) mit unterschiedlichen Antworten, Meinungen und Werten.

Mögliche Schritte:

- **Formulieren Sie die Frage, auf welche die Schüler reagieren sollen, sorgfältig. Es sollten verschiedene Antworten auf die Frage möglich sein.**
- **Stellen Sie der Gruppe die Frage und geben Sie jedem Zeit, über die Antwort nachzudenken und diese gedanklich zu formulieren.**
- **Bitten Sie alle Schüler aufzustehen.**
- **Bitten Sie einen der Schüler um die Antwort. Dieser Schüler setzt sich danach wieder. Fordern Sie nun alle Schüler mit der gleichen oder einer ähnlich lautenden Antwort auf, sich ebenfalls zu setzen. In dieser Phase wird ersichtlich, worüber sich der größte Teil der Gruppe einig ist.**
- **Bitten Sie erneut einen Schüler um seine Antwort. Wiederholen Sie das, bis alle wieder sitzen.**
- **In Abhängigkeit von der Art der Frage kann der Lehrer jetzt ein Unterrichtslerngespräch (zu Inhalt oder Arbeitsweise) beginnen oder eine Anschlussaufgabe erteilen.**

■ **Beispiele für Fragen/Aufträge**

- Welche Möglichkeiten gibt es, um den Bürgerkrieg in ... zu beenden?
- Welches ist der erste Schritt, den du zur Lösung solch einer Aufgabe gehst?
- Gib ein Schlüsselwort für dieses Kapitel an.
- Was war für dich das Wichtigste an diesem Unterrichtsthema?
- Wie hat dir unser gestriger Klassenabend gefallen?

	Zwei höchste gleich	Zwei mittlere gleich	Zwei niedrigste gleich	Drei höchste gleich	Drei niedrigste gleich	Zwei niedrigste und zwei höchste gleich
60	50	60	60	50	60	50
40	50	40	40	50	30	5
30	30	40	30	50	30	30
20	20	30	30	20	30	30

nkteverteilung für ein Spiel mit vier Spielern

m-Turnier wiederholt, dann werden die Sieger aus der ersten Runde Gruppen verteilen, welche einen niedrigeren Wert hatten.

erative Lernformen, abzielend auf das Entwickeln von n und Denken

0.8 zeigt eine Übersicht über kooperative Lernformen, die be- lie Entwicklung des Lernens und Denkens gerichtet sind.

Lernfor	Wichtigste kognitive Fertigkeiten der Schüler	Wichtigste soziale Fertigkeiten der Schüler
Austauschen- en	Entwickeln und Korrigieren von Hypothesen, induktiv begründen, deduktiv begründen, Anwendung	einander ergänzen, Verbundenheit
itte-Inter-	persönliche Information teilen, wie z. B. eigene Auffassungen, Hypothesen, Reaktionen	zuhören, nachfragen, zusammenfassen
tslern-	Testen der eigenen Auffassungen, eigenes Denken am Denken anderer Schüler und des Lehrer testen	zuhoren, nachfragen, sich einer Diskussion stellen

10.3 Kooperative Lernformen abzielend auf das Beherrschen des Gelernten

Abbildung 10.5 gibt eine Übersicht über kooperative Lernformen, welche besonders das Beherrschen des Gelernten unterstützen.

Kooperative Lernform	Wichtige kognitive Fertigkeiten der Schüler	Wichtige soziale Fertigkeiten der Schüler
7 Nummerierte Köpfe	Rückblick auf das Gelernte, Zusammenfassung mit eigenen Worten wieder-geben	*sich einigen, einander helfen bei der Suche nach der Lösung*
8 Kontrolle im Tandem	Rückblick auf das Gelernte, Üben der Fertigkeiten	*einander helfen, Feedback geben*
9 Team-Turnier	Rückblick auf das Gelernte, Üben der Fertigkeiten	*gegenseitig verantwortlich sein, akzeptieren, Gruppeninteressen bilden*

Abb. 10.5 Übersicht kooperative Lernformen abzielend auf das Beherrschen des Gelernten

Die kooperativen Lernformen 7 und 8 wurden im Kapitel 4 besprochen. Die Struktur 9 besprechen wir im folgenden Abschnitt.

9 Team-Turnier

Die Organisation der kooperativen Lernform ist sehr komplex.

Wir haben die Struktur ausgewählt, weil verschiedene Untersuchungsergebnisse aussagen, dass sie für das Beherrschen von Basiswissen sehr effektiv ist. Die Struktur kann sehr gut eingesetzt werden z. B. zum Abrunden eines Kapitels oder Stoffgebiets, zur Vorbereitung auf eine Leistungskontrolle bzw. Prüfung oder für das Revue-Passieren der wichtigsten Begriffe am Ende eines Schuljahres. Wir skizzieren das Wesentliche ihrer Arbeitsweise. Bei der Anwendung in der eigenen Unterrichtslernsituation sind viele Varianten möglich. Die eigene Stundenvorbereitung (für diese Lernform) ist zeitaufwändig und erfordert viel Organisation. Es kann deshalb sinnvoll, dass zwei oder drei Lehrer (Fachkollegen) dies gemeinsam vorbereiten und erproben. In der englischen Literatur heißt diese Struktur TGT: Team-Games-Tournament. STAD (Student Teams Achievement Divisions) ist eine hiermit verwandte Struktur.

Prinzip der Struktur: Die Schüler machen sich in einer (heterogenen) Stammgruppe das geforderte Wissen zu eigen und treten dann mit anderen Schülern in Wettbewerb, um zu testen, ob sie das Wissen auch wirklich beherrschen. Dieser Wettbewerb ist fair, weil die Schüler ungefähr das gleiche „Niveau" haben. Alle Schüler haben die gleiche Chance, durch Punktesammeln zu gewinnen. Nach Beendigung des Wettbewerbs kehren die Schüler in ihre Stammgruppen zurück. Ihre gesammelten Punkte werden summiert und ein Gruppensieger ermittelt (die Stammgruppe mit dem höchsten Mittelwert ist der Gruppensieger).

Folgende Schritte:

- **Bereiten Sie circa 25 Übungsfragen zum Stoff vor. Schreiben Sie die dazugehörigen Antworten auf ein gesondertes Blatt. Bereiten Sie (wieder auf einem gesonderten Blatt) 25 Testfragen vor, die den Übungsfragen ähneln nach dem Prinzip: Wenn die Übungsfragen beherrscht werden, dann müssen die Schüler im Prinzip auch die Testfragen lösen können. Es dürfen also keine neuen Anwendungsfragen gestellt werden. Jede Schülergruppe (es können acht bis neun Gruppen innerhalb einer Schulklasse gebildet werden) bekommt ein Set von Kärtchen, die von 1 bis 25 durchnummeriert sind. Daraus kann man, wenn das Set gemischt ist, Nummern ziehen.**
- **Teilen Sie die Schüler der Klasse z.B. in Dreiergruppen ein. Das sind dann die Stammgruppen. Diese Gruppen müssen betreffs der Stoffbeherrschung heterogen sein. Es ist günstig, nach der Methode von Slavin (siehe Gruppeneinteilung in Kapitel 3) vorzugehen: In jeder Gruppe befindet sich ein „guter", ein „normaler" und ein „schwacher" Schüler. Für die Atmosphäre in der Klasse ist es gut, wenn die Stammgruppen sich einen Namen geben.**
- **Lassen Sie die Schüler der Stammgruppen der Reihe nach ein Kärtchen ziehen. Der Schüler, der gezogen hat, sucht die der Nummer entsprechenden Frage auf und versucht, diese zu beantworten. Die anderen Gruppenmitglieder ergänzen die Antwort und versuchen gemeinsam, die „beste" Lösung zu finden. Das Ergebnis vergleicht dann jeder mit dem Antwortenblatt. Auf diese Weise arbeiten die Schüler innerhalb einer festgelegten Zeit (20 bis 30 Minuten) möglichst viele Fragen durch.**
- **Machen Sie den Schülern klar, dass nach dieser „Übungsperiode" drei verschiedene Arten von Testgruppen gebildet werden: Gruppen, die mit den Übungsfragen sehr gut zurechtkamen, Gruppen, die diese Fragen als schwer empfanden und Gruppen mit Schüler, denen es teils so, teils so erging.. Die Schüler werden gebeten, sich in solche Gruppen einzuteilen.**
- **Organisieren Sie, dass die Schüler ihre Stammgruppen verlassen und erneut Dreiergruppen bilden. Diese Gruppen sind entsprechend den obigen Anweisungen zusammengesetzt. Sie sind homogen und durch die von den Schülern festgelegten Niveaus bestimmt. In diesen Grüppchen findet ein Wettbewerb zwischen den Schülern statt. Der Arbeitsprozess verläuft folgendermaßen:**
  - **Ein Schüler zieht ein Kärtchen. Er sucht die zugehörige Frage auf, liest sie vor und versucht sie möglichst gut zu beantworten.**

- **Einer der anderen Schüler darf den betreff**
  er eine bessere Antwort gibt. Auch der dı
  Antwort herausfordern. Gibt es zwei Hera
  Schüler Sitzende als erster herausfordern.
  derers weniger wert als die Antwort des er
  abgeben.
- **Danach überprüfen die Schüler mit dem A**
  nigen auf dem Antwortblatt am nächsten l
  chen behalten. Ist die Antwort des erst
  Herausforderer, bekommt niemand das K
  weniger gute Antwort, muss dieser das ber
  er noch kein Kärtchen, bekommt er einen
- **Auf diese Weise wetteifert die Gruppe, bis**

- **Bitten Sie jetzt die Schüler jeder Dreiergru**
  meln. Die Person mit den meisten Kärtche
  mittleren Anzahl an Kärtchen 40 Punkte u
  Punkte. Haben zwei Schüler eine gleich groß
  je 50 Punkte, bzw. je 30 Punkte bei den weni
  ler die gleiche Anzahl von Kärtchen, bekom
  nen 120 Punkte verteilt werden. In den Abb
  verteilung für ein Spiel mit Dreier- und Vier

- **Lassen Sie die Schüler zu ihrer Stammgrupp**
  erzielten Punkte zusammengezählt und dar
  mit dem höchsten durchschnittlichen Wert i
  Möglichkeit, alle zu belohnen: Es werden
  durchschnittlich 40 Punkten kann als *okay-*
  durchschnittlich 45 Punkten kann als *gutes*
  mit durchschnittlich 50 Punkten oder mehr

- **Werten Sie Inhalt und Arbeitsweise aus.**

Spieler		Punkte bei zwei mit höchstem Score
Höchster Score	60	50
Mittlerer Score	40	50
Niedrigster Score	20	20

Abb. 10.6 Punkteverteilung für ein Spiel mit dre

Abb. 10.7 Pu

Wird das Tea
sich über die

10.4 Koop
Lern

Abbildung 1
sonders auf

10	Denken-, Besprech
11	Drei-Sch view
12	Unterricl gespräch

13 Brainstorming	Möglichst viele Ideen, Varianten (Möglichkeiten) und Argumente bedenken	gegenseitige Ideen akzeptieren, auf andere Ideen aufbauen
14 Team-Mind-Map	Analyse der Ideen, die Komponenten zugrunde liegen, Beziehung zwischen den Komponenten erkennen	Ergänzen, unterschiedliche Qualitäten erkennen

Abb. 10.8 Übersicht kooperative Lernformen abzielend auf die Entwicklung von Lernen und Denken

Die kooperative Lernformen 10 und 11 haben wir im Kapitel 4, die Nummer 12 im Kapitel 8 besprochen. Die Strukturen 13 und 14 beschreiben wir im folgenden Abschnitt.

13 Brainstorming

Das Brainstorming ist eine der effektivsten kooperativen Lernformen für das Stimulieren des kreativen Denkens in einer Gruppe. Da viele Schüler daran gewöhnt sind „gelenkt" zu denken, muss man zu Beginn darauf achten, dass durch das Brainstorming sehr viele Ideen entwickelt werden. Dabei werden im Prinzip (in der ersten Runde) alle Beiträge aller Schüler honoriert: niemand findet eine Idee weniger gut. Metapher: Alle Schleusen öffnen!

Vier Merkmale von Brainstorming:

1 hohe Geschwindigkeit (nicht zu lange nachdenken, hereinrufen lassen, für Zeitdruck sorgen)
2 keine Bewertung (die Beiträge nicht kommentieren, nicht auf die Schüler eingehen, alles akzeptieren)
3 humorvoll-kreativ (komische Einfälle gehören dazu, alle Ideen können helfen)
4 Synergie (auf Ideen anderer aufbauen, offener Ausgang)

Brainstorming ist beim Sammeln von Fakten, Ideen, Argumenten und dem anschließenden Durchdenken sehr effektiv.

Sind die Schüler noch nicht mit dieser Arbeitsweise vertraut, sollte man mit einfachen Aufträgen beginnen, z. B. die Schüler möglichst viele Straßennamen, Städte oder Gemüsearten ... innerhalb einer kurzen Zeit (z. B. drei Minuten) nennen lassen. Das sollte der Lehrer unter Berücksichtigung der vier Merkmale des Brainstormings kurz auswerten. Dann sollte er den Schülern evtl. einen neuen Auftrag geben oder sie Argumente für oder gegen etwas bedenken lassen.

■ **Beispiel**

Ein Lehrer möchte, dass die Schüler Argumente für oder gegen die Nutzung von Atomenergie entwickeln. Er lässt sie mit der kooperativen Lernform „Brainstorming" zunächst möglichst viele Argumente (für oder gegen Atomenergie) sammeln (mindestens 15). Danach lässt er die Schüler aus den 15 Argumenten jeweils zwei befürwortende und zwei ablehnende Argumente auswählen. Er erwartet, dass sie die jeweils besten Argumente auswählen.

Mögliche Fragen/Aufträge

- Woran denkst du, wenn du das Wort ... hörst? Nennt zu dritt mindestens 15 Gedanken.
- Zähle 15 Verwendungsmöglichkeiten für einen Steckschlüssel auf und wähle die zwei häufigsten Verwendungsmöglichkeiten aus. Begründe deine Wahl.
- Nenne möglichst viele Fortbewegungsmittel, die zwei Menschen gleichzeitig nutzen können. Wähle davon zwei aus, die auch in 50 Jahren noch aktuell sein könnten und zwei, die es in 50 Jahren nicht mehr geben wird. Erkläre deine Wahl.

14 Mind-Map (Team-Mind-Map)

Für das Entwickeln und Erklären von Konzepten ist die Mind-Map (semantische Karte, Mind-Map, Konzeptkarte) ein wirksames Hilfsmittel. Die Mind-Map hilft den Schülern, Begriffe zu verdeutlichen und zu erkennen, wie diese Begriffe miteinander verbunden sind.

Geben Sie den Schülern dazu verschiedene Farbstifte (jeder eine andere Farbe) und dem Team ein großes Blatt Papier. In die Mitte schreiben Sie das zu bearbeitende Konzept und rahmen es ein. Lassen Sie mit der kooperativen Lernform „Runde" zunächst die wichtigsten Teilkonzepte notieren, zu denen jeder nach Gutdünken noch wichtige und weniger wichtige Teilkonzepte hinzufügt oder Verbindungslinien zieht. Da jeder Schüler mit einem farbigen Stift schreibt, besteht „Individuelle Ansprechbarkeit". Man kann schnell erkennen, wer was beigetragen hat. Manche Schüler werden mehr Verbindungslinien ziehen, manche mehr Details beitragen. Wieder andere bringen noch wichtige Teilkonzepte ein.

Die Mind-Map kann der Lehrer am Anfang eines neuen Unterrichtsthemas einsetzen (Was wissen die Schüler bereits zu dem neuen Thema und erkennen sie Beziehungen zwischen bestimmten Themen?) und auch nach Beendigung des Themas (Wie bringen die Schüler die verschiedenen Teilthemen miteinander in Verbindung? Müssen bestimmte Teilthemen noch besonders hervorgehoben werden?). Setzt der Lehrer die Mind-Map zu Beginn und am Ende einer Unterrichtsserie ein, können die Schüler ihr Ausgangs- und Endwissen vergleichen. Sie sehen dann, was sie gelernt haben.

Variante: Die einzelnen Schüler der Gruppe fertigen ihre eigene Mind-Map an und vergleichen diese dann miteinander. Entweder einigen sich die Schüler dann auf eine gemeinsame Mind-Map oder sie ergänzen die eigenen Mind-Map.

Werten Sie Inhalt und Arbeitsweise aus.

Abbildung 10.9 ist ein Beispiel für eine Mind-Map.

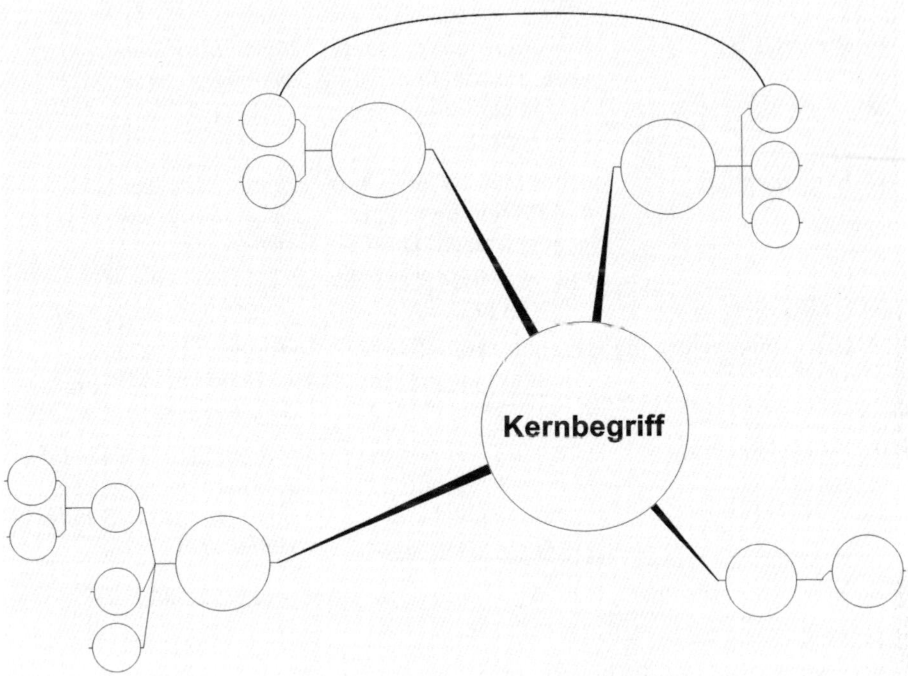

Abb. 10.9 Mind-Map

■ **Beispiele**

- Lassen Sie die Schüler gemeinsam eine Mind-Map zu wichtigen Begriffen aus dem Unterricht anfertigen: Schlacht bei Waterloo, Italien, Alkohol, Gesundheit, Hauptfiguren aus einem Buch oder Theaterstück.
- Lassen Sie die Schüler eine Mind-Map anfertigen zu Begriffen, wie z. B. die künftige Welt, der spätere Beruf, arbeiten oder weiter lernen
- Lassen Sie die Schüler eine Mind-Map zu den verschiedenen Hobbys oder den ausgeübten Sportarten der Schüler der Klasse anfertigen.

10.5 Multifunktionell einsetzbare kooperative Lernformen

Abbildung 10.10 zeigt eine Übersicht über multifunktionell einsetzbare kooperative Lernformen.

Kooperative Lernform	**Wichtigste kognitive Fertigkeiten der Schüler**	**Wichtigste soziale Fertigkeiten der Schüler**
15 Gruppenreise	Präsentation der erworbenen Kenntnisse, Ergänzungen bekommen, Übersicht	*präsentieren, zuhören, zusammenfassen, anderen Schülern begegnen*
16 Runder Tisch	Bewerten der Vorkenntnisse, Informationen einholen oder Fertigkeiten einsetzen	*Teamentwicklung, jeder beteiligt sich (still)*
17 Expertenpuzzle	neues Material erwerben und Präsentieren, Übersicht gewinnen, Diskussion, in das vorgestellte Material vertiefen	*Status aufheben, präsentieren, zuhören, sich einigen*
18 Gruppenuntersuchung	teilen des komplexen Materials, auswählen, verwenden	*Aufgabenverteilung, verhandeln, die starken Seiten sehen*
19 Zusammen-Zusammen	teilen des komplexen Materials, oft mit mehreren Quellen, verteilen, verwenden	*präsentieren, verhandeln, Konflikte lösen, erkennen, wie viel die Schüler gemeinsam wissen*

Abb. 10.10 Übersicht über multifunktionell einsetzbare kooperative Lernformen

Die kooperative Lernform „Expertenpuzzle“ haben wir bereits im Kapitel 4 beschrieben. Die übrigen vier werden wir in diesem Abschnitt erläutern.

15 Gruppenreise

Für den Lehrer ist das Nachbesprechen (als Abschluss der Zusammenarbeit) eines Zusammenarbeitsauftrages oder eine klassenweite Inventarisierung der Ergebnisse der Zusammenarbeitsaufträge schwierig. Gruppen, die schon an der Reihe waren, verlieren sehr bald das Interesse am weiteren Verlauf der Auswertung. Andere Gruppen haben nichts Neues mehr hinzuzufügen. Auch für sie wird es langweilig.

Durch die Struktur „Gruppenreise“ können die Schüler (ohne ein vom Lehrer organisiertes klassenweites Nachgespräch) sich selbst von den Ergebnissen in anderen Gruppen in Kenntnis setzen. Alle Schüler sind dabei einbezogen. Wenn sie auf diese Weise zusammenarbeiten, werden die verschiedenen Ergebnisse der Gruppen gleichzeitig geordnet. Das Nachgespräch ist effektiver und angenehmer, weil die Schüler mehr einbezogen sind und Teile der Auswertung bereits in den Gruppen besprochen wurden.

Mögliche Schritte

- **Die Gruppe hat einen Auftrag gemeinsam gelöst. Wenn sicher ist, dass jedes Gruppenmitglied das Ergebnis der Gruppe anderen erklären und verteidigen kann (Individuelle Ansprechbarkeit), beginnt die Gruppenreise.**
- **Geben Sie den Mitgliedern jeder Gruppe eine Nummer (von 1 bis 4).**
- **Lassen Sie die „Einsen" einen Tisch weiter wechseln, die „Zweien" zwei Tische weiter, die „Dreien" drei Tische weiter, die „Vieren" bleiben sitzen.**
- **In den neuen Gruppen tauscht jeder Schüler sein Wissen aus (entsprechend der kooperative Lernform „Runde" oder „Runder Tisch") und sammelt Kenntnisse der Schüler der anderen Gruppen. Jeder Schüler fasst die Kenntnisse kurz für sich selbst zusammen, damit er das seinen eigenen Gruppenmitgliedern später berichten kann.**
- **Jeder Schüler geht in seine eigene Gruppe zurück und bringt die während der „Gruppenreise" erworbenen Kenntnisse in seine Gruppe ein. Jeder schreibt sich das Resultat auf und rundet den Auftrag ab.**
- **Der Auftrag wird mit der ganzen Klasse kurz zu Inhalt und Arbeitsweise nachbesprochen.**

■ **Beispiele für Fragen**

- Was sind die wichtigsten Fakten dieses Kapitels?
- Welche Herangehensweisen hast du für diese Aufgabe?
- Mache eine Zusammenfassung von dieser Geschichte.
- Welche Argumente sind für bzw. gegen diese These?
- Welche Sicherheitsvorkehrungen musst du beachten, wenn du eine derart gefährliche Arbeit ausführen sollst?
- Was könnten Gründe für … sein?

16 Runder Tisch

Diese kooperative Lernform ist mit der Struktur „Runde" vergleichbar. Auch hier kommen die Schüler nacheinander an die Reihe. Der Unterschied zwischen beiden: Bei der „Runde" äußern sich die Schüler mündlich, bei „Runder Tisch" äußern sie sich schriftlich. Es ist eine „stille" Arbeitsweise, in der Schüler auf ihre gegenseitigen Standpunkte und Ergebnisse reagieren können (gute „Individuelle Ansprechbarkeit").

Mögliche Schritte:

- **Formulieren Sie den Auftrag im Vorfeld. Es müssen für diesen Auftrag mehrere Antworten möglich sein.**
- **Jedes Gruppenmitglied sollte mit einer anderen Farbe schreiben, damit die individuellen Beiträge dem jeweiligen Schüler zugeordnet werden können. Lassen Sie die Farbverteilung durch die Schüler vornehmen.**

- **Erteilen Sie den Auftrag und geben Sie den Schülern Bedenkzeit. Lassen Sie danach individuell eine Reaktion auf den Auftrag auf einem losen Blatt notieren, welches im Uhrzeigersinn weiter gereicht wird.**
- **Der erste Schüler schreibt auf das Blatt. Der zweite Schüler reagiert auf den ersten Beitrag, indem er z. B. Unterschiede oder Übereinstimmungen angibt oder er fügt Ergänzungen hinzu. Der Sinn dieses Vorgehens besteht darin, dass die vier Schüler einer Gruppe individuelle Beiträge leisten können.**
- **Nach dieser Runde folgt ein Abschlussauftrag. Das könnte ein individueller Auftrag oder ein Gruppen- bzw. Klassengespräch sein.**

Diese Struktur kann in verschiedener Weise eingesetzt werden. Zum Beispiel sollen die Gruppen innerhalb einer kurzen Zeitdauer möglichst viele Antworten notieren, oder die Schüler dürfen intensiv aufeinander reagieren. Dazu brauchen sie viel Zeit. Eine Variante dazu wäre: Jeder Schüler löst den Auftrag ausführlich auf einem losen Blatt und gibt das jeweils seinem rechten Nachbarn, der diese Lösung mit einem Kommentar versieht. Dann wird jedes Blatt wieder nach rechts gegeben, wo dasselbe erfolgt. Der Schüler bekommt seine eigene Lösung (Antwort) mit Kommentaren versehen zurück.

Eine weitere Variante kann sein, jeweils zwei Schüler der Gruppe gemeinsam die Frage beantworten zu lassen. Danach vergleichen die beiden Schülerpaare ihre Ergebnisse. Sie stellen dann fest, dass vier Schüler mehr wissen, als zwei.

■ **Beispiele für Fragen**

- Wie kann die Arbeitslosigkeit in Deutschland bekämpft werden?
- Wie kannst du feststellen, ob eine Pflanze auf Licht reagiert?
- Welche Frage gehört zu dieser Antwort?
- Wie kannst du dahinter kommen, was …?
- In welcher Weise würdest du Modetrends in der Schule vorführen?
- Wozu sind diese Regeln für das gemeinsame Lernen gut?

18 Gruppenuntersuchung

Bei dieser Struktur werden die Schüler selbst einen Unterrichtsgegenstand untersuchen und können dabei gleichzeitig viele unterschiedliche Lernerfahrungen machen.

Merkmal der Gruppenuntersuchung: Sowohl der Untersuchungsprozess, als auch das Ergebnis dieses Untersuchungsprozesses sind offen (manchmal sehr offen).

Das Wesentliche dieser Struktur:

- die Schüler arbeiten in Gruppen
- der Auftrag hat für die Schüler Bedeutung
- der Auftrag hat Bezug zum Unterrichtsthema
- die Schüler verteilen Aufgaben und Rollen innerhalb der Gruppe selbst und planen selbst

- den Schülern stehen unterschiedliche Quellen zur Verfügung (Zeitungen, Videos, Mediathek usw.)
- die Schüler erstatten Bericht
- der Lehrer coacht die Gruppen systematisch, um sie zum Erzielen eines guten Endproduktes anzuregen
- zu Inhalt und Prozess wird gut evaluiert

Diese Struktur ist besonders geeignet, wenn die Schüler viele Fragen haben, die nicht alle unbedingt vom Lehrer beantwortet werden müssen und wenn sie selbstständig im Team etwas untersuchen sollen.

Die kooperative Lernform ist eine der schwierigsten für Lehrer und für Schüler. Von beiden Parteien wird viel verlangt, weil nahezu vollkommen selbstständig gearbeitet (gelernt) werden muss. Das Training des Lernens auf höherem Niveau ist mit dieser Struktur besonders effektiv.

Folgende Schritte können Lehrer ausführen:

1. **Die Schüler geraten in der Klasse oder außerhalb der Schule in überraschende Situationen (geplant oder zufällig). Daraus ergeben sich Fragen, die der Lehrer nutzt und daraus (evtl. gemeinsam mit den Schülern) einem Unterrichtsgegenstand macht, der Bedeutung für die Schüler hat. Er sorgt dafür, dass die Schüler in Gruppen eingeteilt werden oder sie selbst die Einteilung vornehmen.**
2. **Die Schüler verteilen die Aufgaben in der eigenen Gruppe und machen die Planung. Die Schüler legen dabei selbst fest, was sie wie untersuchen wollen. Die Ziele, welche sie sich stellen, bewegen sich innerhalb des festgelegten Themas.**
3. **Die Schüler führen die Untersuchung aus. Sie sammeln Informationen, analysieren diese, evaluieren Resultate und Gruppenprozesse und ziehen Schlussfolgerungen.**
4. **Die Schüler bereiten eine Form der Berichterstattung vor. Das können z. B. Präsentationen vor der ganzen Klasse oder beim Lehrer abzugebende Gruppenberichte sein. Folgende Darstellungsarten sind unter anderem möglich: Video, Präsentation eines Gastredners, Theaterstück, Power-Point-Präsentation, Wandzeitung oder Gemälde.**
5. **Zuletzt werden das Produkt und der Prozess gemeinsam von den Schülern und dem Lehrer evaluiert.**

Diese offene Struktur verlangt sehr viel von Lehrer, Schüler und Schule. Es muss eine Mediathek mit vielen Quellen vorhanden sein. Die Schüler werden sicher auch außerhalb der Schule versuchen, Informationen zu erhalten, z. B. durch Interviews und Besuche in Institutionen. Der Lehrer muss über gute Coachqualitäten verfügen und die anderen Lehrer müssen viel Verständnis zeigen können (wenn z. B. die Schüler derart motiviert sind, dass sie andere Fächer eine Weile vernachlässigen).

Lehrer können diese Struktur bewusst mehr lehrergesteuert handhaben. Die Freiräume für die Schüler werden dann geringer - an Produkt und Prozess werden mehr Bedingungen gestellt. Das ist besonders dann funktionell, wenn die Schüler noch nicht mit dieser Struktur umgehen können.

■ **Beispiele für Fragen/Aufträge:**

- Wie steht es mit dem Gegensatz Arm-Reich in der Welt?
- Welche Weltorganisationen gibt es und in welchem Verhältnis stehen sie zueinander?
- Wie kommt es, dass Menschen süchtig werden?
- Welche Minderheitengruppen gibt es in Deutschland und warum sind sie Minderheiten?
- Welcher Route folgt der Wein, um z.B. von Frankreich nach Deutschland zu gelangen?
- Welche Möglichkeiten gibt es, um nach Abschluss dieser Schule eine technische Ausbildung zu beginnen?
- Wirb für deine eigene Ausbildung in der Nachbarschaft, in der Straße, im Dorf, in der Stadt usw.

19 Zusammen-Zusammen

Wichtigstes Merkmal dieser Struktur: Auf der Basis eines gemeinsamen Themas arbeiten die Schüler in Gruppen an Teilthemen, um bestimmte Kenntnisse zu erwerben (Produktgruppen). Ihre Produkte teilen sie dann mit ihren Gruppenmitgliedern. Die Schüler bekommen durch alle diese verschiedenen Beiträge eine gute Übersicht über das ganze Thema. Es ist also ein mit der Struktur „Gruppenuntersuchung" eng verwandtes Klassenprojekt. Der Unterschied zur „Gruppenuntersuchung" besteht darin, dass bei der Struktur „Zusammen-Zusammen" die Unterthemen von der ganzen Klasse gemeinsam mit dem Lehrer festgelegt werden.

Diese Struktur kann vom Lehrer gesteuert, von den Schülern gesteuert oder von den Gruppen gesteuert sein. Das gilt sowohl für das Festlegen des Grundthemas, als auch für das Festlegen der Teilthemen für die Gruppen. Der Lehrer bestimmt dabei die Freiheitsgrade. Diese kooperative Lernform wird auf jeden Fall effektiver, wenn die Schüler auf die Wahl der Teilthemen Einfluss nehmen können (siehe Abbildung 10.11).

	vom Lehrer gesteuert	**aktivierend**	**von Schülern gesteuert**
Themenwahl Klasse (Hauptthema)	Lehrer	zusammen	von den Gruppen gesteuert
Teilthemenwahl Gruppe innerhalb des Hauptthemas	Lehrer	zusammen	Gruppe innerhalb des Hauptthemas

Abb. 10.11 Wahl bei der Festlegung von Thema (Hauptthema) und Teilthemen

Wenn viele Freiheitsgrade zugestanden sind, dann ergeben sich aus dieser kooperative Lernform die meisten Lernmöglichkeiten für das Lernen in einer Lerngemeinschaft (verglichen mit den anderen in diesem Kapitel besprochenen kooperative Lernformen).

Die wichtigsten Schritte:

1 **Am Anfang der Unterrichtslernsituation stimulieren die Lehrer die Schüler, ihr Interesse für den Unterrichtsgegenstand auszudrücken. Das kann mit einem Klassengespräch oder einem Lerngespräch erfolgen. Eventuell kann Hintergrundmaterial ausgegeben werden, damit die Schüler sich mögliche Teil- oder Unterthemen vorstellen können. Es ist nicht Ziel diese Gespräches, die Schüler bereits eine Wahl treffen zu lassen, sondern sie für den Gegenstand zu interessieren. Sie sollen sich durch das Gespräch ein Bild von möglichen Teilthemen machen können, die sich aus dem Thema ergeben. Dann können die Schüler auch selbst auf schülergerechte Weise Teilthemen wählen.**

2 **Lehrer müssen festlegen, wie die Gruppen gebildet werden: entweder setzt der Lehrer die Gruppen zusammen oder die Schüler haben freie Wahl (auf Basis gleicher Interessen). Wird schülergesteuert gearbeitet, dann sollten die Gruppen Interessengemeinschaften darstellen. Wenn heterogene Gruppen erforderlich sind, muss der Lehrer auf die Teambildung innerhalb der Gruppen achten. Er sollte der Gruppe Zeit geben, sich einen Namen auszudenken oder die Schüler etwas über sich selbst erzählen lassen, was andere noch nicht wussten.**
In dieser Phase muss ebenfalls festgelegt werden, welche Teilthemen die Gruppen wählen können. Durch das erste Gespräch haben die Schüler eine Vorstellung von möglichen Teilthemen bekommen. Nun werden sie gebeten, ihre Ideen zu konkretisieren. In einer schülergesteuerten Unterrichtssituation machen die Schüler das selbst. In einer lehrergesteuerten Unterrichtssituation bestimmt der Lehrer die Teilthemen. Auf jeden Fall müssen die Schüler motiviert sein, ihr Teilthema zu bearbeiten. Der Unterrichtsgegenstand muss für sie bedeutungsvoll sein.

3 **Jetzt müssen die Aufgaben in der Gruppe verteilt werden. Was wird jeder tun? Beginnen die Schüler individuell zu arbeiten, arbeiten sie zu zweit oder zu viert? Gehen sie in die Bibliothek oder steht im Klassenraum Material zur Verfügung? Wie sorgen sie dafür, dass sie bald gemeinsam ein Produkt abliefern können? Wie ist die „Individuelle Ansprechbarkeit“ in den Gruppen organisiert? In dieser Phase kann man von einer „Gruppenuntersuchung“ sprechen.**

4 **Haben die Gruppen ihren Auftrag erfüllt, müssen sie die Ergebnisse der ganzen Klasse präsentieren. Das können sie in verschiedener Weise tun (abhängig von den Freiheitsgraden, die der Lehrer zugesteht): mündlich, mit einem Video (das ist zeitraubend), ein Theaterstück aufführen usw. Ein Schüler kann im Namen der Gruppe die Präsentation durchführen. Die Gruppe kann aber auch geschlossen auftreten. Die Schüler müssen Zeit für die Vorbereitung der Präsentation bekommen. Die „Individuelle Ansprechbarkeit“ ist hier sehr wichtig.**

5 **Während der Präsentation bestimmt die präsentierende Gruppe, was die übrigen Schüler tun müssen. Die Gruppen denken sich Aufträge aus, legen die Informationen fest, bestimmen, wann die anderen Fragen stellen können und nutzen die**

Einrichtung des Klassenraumes. Sie übernehmen die Rolle des Lehrers. Sie können auch den Lehrer einschalten, z. B. bei der Nachbesprechung. Es ist günstig, einen Zeitwächter innerhalb der Gruppe zu benennen, weil bei Präsentationen oft die zur Verfügung stehende Zeit überzogen wird.

6 **Am Ende findet eine Evaluation auf drei Ebenen statt: zum Inhalt der Präsentationen, zu den individuellen Beiträge der Schüler bei der Präsentationen oder dem Gruppenprodukt und zu den Beiträgen der einzelnen Schüler innerhalb des Prozess der Erarbeitung in den einzelnen Gruppe.**
Auch kann noch formell zum Inhalt evaluiert werden, z. B. kann man einen Test zum Wesentlichen (Kern) der präsentierten Inhalte durchführen. Ist das Testblatt zuvor ausgeteilt worden, wissen die Schüler auch, auf was sie während der Präsentation besonders achten müssen. Das kann durch den Lehrer erfolgen. In einer von Schülern gesteuerten Situation funktioniert das, wenn die verschiedenen Gruppen den Kern ihrer Darlegung zuvor abgegeben haben. Bei der Schülersteuerung können die Schüler den Ablauf der Präsentation mitbestimmen.

Eine Variante der Struktur „Expertenpuzzle“(Zusammen Zusammen): Der Lehrer lässt die Schüler nicht vor der ganzen Klasse Bericht erstatten, sondern in kleinen heterogenen Gruppen.
Der Lehrer legt das Thema und die Teilthemen fest. Danach sind folgende Schritte möglich:

1 **Der Lehrer leitet das Thema ein und macht es bedeutungsvoll für die Schüler, indem er darüber mit ihnen spricht, ihre Vorkenntnisse aktiviert, sie dazu Geschichten erzählen lässt usw.**

2 **Der Lehrer teilt die Lektionen in drei bis sechs Teilgebiete, Teilthemen oder Aufgabengebiete ein, lässt entsprechend der Anzahl der Teilgebiete die Schüler Dreier- bis Sechsergruppen bilden. Die Gruppen sollten heterogen sein.**

3 **Es muss pro Gruppe ein Gruppenleiter bestimmt werden. Der Lehrer kann anweisen, dass dazu der lernstärkste Schüler einer Gruppe zu benennen sei. Haben die Schüler mehr Erfahrung mit dem gemeinsamen Lernen, kann der Lehrer für jede Gruppe einen beliebigen Schüler als Gruppenleiter benennen oder er lässt dann die Schüler selbst einen Gruppenleiter bestimmen.**

4 **Der Lehrer bittet jeden Schüler der Gruppe eines der Teilthemen zu studieren. Er gibt ihnen ausreichend Zeit, ihren Part durchzulesen, damit sie mit dem Thema vertraut werden. Danach bekommen sie Gelegenheit, sich mit den Schülern anderer Gruppen auszutauschen, die dasselbe Teilthema studieren. Das sind dann die Expertengruppen. Dadurch entsteht mehr „Tiefgang“. Der Lehrer lässt den Schülern dazu genügend Zeit und bittet sie, eine kleine Präsentation für die eigene Gruppe vorzubereiten.**

5 **Der Lehrer lässt die Schüler nun in ihre ursprüngliche Gruppe zurückkehren, wo sie den anderen Gruppenmitgliedern über ihre Erkenntnisse zum jeweiligen Teilgebiet berichten.**

■ **Beispiele**

- Eine Klasse bekommt im Biologieunterricht den Auftrag, alles Leben in einem die Schule umgebenden Gebiet zu kartieren. Eine Gruppe übernimmt das Leben im Wasser, eine das Leben auf der Weide, eine nächste das Leben auf den Bäumen usw.
- Die ganze Klasse erhält den Auftrag, die Autobiographie einer berühmten Person zu studieren. Die Aufgaben können wie folgt verteilt werden: 1. die Kindheit, 2. das Familienleben, 3. die Periode der Krankheit, 4. die Phase, in der die Person bekannt geworden ist, 5. die Periode, in der etwas schief ging, 6. wie die Autobiographie endete.
- Die ganze Klasse erhält den Auftrag, politische Ideologien wie Sozialismus, Liberalismus, Faschismus, Kommunismus auszuwählen. Jede soll bei der Berichterstattung Folgendes formulieren: die der Ideologie zugrunde liegende Basisphilosophie; in welcher Weise diese Ideologie Form bekommt; Beispiele von Ländern mit dieser Ideologie und deren Geschichte und einen eigenen Standpunkt zu dieser Ideologie.
- Die Klasse bekommt den Auftrag, die Jahreszeiten zu untersuchen. Sie können das ergänzen mit saisongerechten Nahrungsmitteln, Urlaub in den Jahreszeiten, Wetter in den Jahreszeiten usw.
- Folgende Themen kann man ebenso untersuchen: Planeten, Länder, Landschaftsformen, Nahrungsmittel, Zukunftschance, Kunstströmungen, Romanfiguren oder Theaterstücke.

10.6 Aufbau der kooperativen Lernformen

Kooperative Lernformen müssen für Schüler strukturiert werden. Lehrer können nicht erwarten, dass die Schüler ohne Vorbereitung gleich beim ersten Mal mit einer komplexen kooperative Lernform zurechtkommen. Die Schüler müssen das, ebenso wie die Lehrer, lernen.

Aufbau von einfach zu komplex (bei der Anwendung)

In diesem Abschnitt haben wir die kooperativen Lernformen nach steigendem Schwierigkeitsgrad betreffs der Verwendung in der Unterrichtslernsituation geordnet (siehe Abb. 10.12). Das Unterrichtslerngespräch haben wir nicht mit aufgenommen, weil das kurz oder lang, offen oder geschlossen gehalten werden kann.

- Check-in-Duos
- Eigene Geschichten erzählen
- Denken-Austauschen-Besprechen
- Aufstehen und Teilen
- Runder Tisch
- Nummerierte Köpfe
- Runde
- Brainstorming
- Suche jemanden, der ...
- Vier Ecken
- Drei-Schritte-Interview
- Aufstellung an der Linie
- Team-Mind-Map
- Gruppenreise
- Team-Turnier
- Expertenpuzzle
- Zusammen-Zusammen
- Gruppenuntersuchung

Abb. 10.12 Kooperative Lernformen, geordnet von einfacher bis komplexer Anwendung

Baut man die Zusammenarbeit der Schüler bewusst nach dem steigenden Schwierigkeitsgrad der kooperative Lernformen auf und beachtet man dabei die fünf Schlüsselbegriffe, werden die Schüler zunehmend besser kooperativ lernen können.

Aufbau nach dem Lernniveau

Man kann die verschiedenen kooperativen Lernformen auch unter einem anderen Blickwinkel betrachten: Für welche Lernebene (Behalten/Verstehen, Verknüpfen, flexibel Anwenden) sind die einzelnen Formen besonders geeignet. In Abbildung 10.13 zeigen wir Möglichkeiten dazu auf (siehe dazu auch die Beilage).

Beim „Lernen, gezielt auf flexibles Anwenden" sollten Lehrer neben den sozialen Fertigkeiten und Gruppenprozessen auch die Art und Weise, wie Schüler ihr Lernen selbst steuern, beachten. In der Literatur wird das als Selbstregulieren bezeichnet. Hierauf können wir nicht ausführlich eingehen, weil das den Rahmen dieses Buches sprengen würde. Die Arbeitsweise ist die gleiche, wie bei der Evaluation von Gruppenprozessen. Jetzt lautet die Frage jedoch: „Wie seid ihr gemeinsam zu eurem Arbeitsergebnis gekommen?" Der Prozess ist hier ebenso wichtig, wie das Produkt der gemeinsamen Arbeit. Aus der Literatur geht hervor, dass derartige Regulierungsfertigkeiten sich bei den Schülern herausbilden können. Dazu lässt man die Schüler regelmäßig mit den Strukturen „Experten",

„Zusammen-Zusammen" und „Gruppenuntersuchung" arbeiten, vorausgesetzt, es ist für das Lernen funktionell, es ist gut vorbereitet, es werden die fünf Schlüsselbegriffe beachtet und es wird eine intensive Interaktion in der Gruppe realisiert. Siehe dazu Ebbens & Ettekoven (2005a).

1	Lernen abzielend auf das Einprägen: Behalten und Verstehen	Check-in-Duos, Denken-Austauschen-Veröffentlichen, Nummerierte Köpfe, Team-Turnier
2	Lernen abzielend auf das Verknüpfen: Wissen verarbeiten, Integrieren	Drei-Schritte-Interview, Denken-Teilen-Austauschen, Brainstorming, Ecken, Runder Tisch, Team-Mind-Map, Experten, Gruppenreise, Zusammen-Zusammen, Gruppenuntersuchung und Unterrichtslerngespräch
3	Lernen, gezielt auf flexible Konstruktion: kreativ anwenden	Experten, Zusammen-Zusammen und Gruppenuntersuchung

Abb. 10.13 Aufbau kooperative Lernformen nach Niveau der Lernaktivitäten

Zusammenfassung

Wir fassen diese Kapitel in Form von Empfehlungen für Lehrer zusammen:

- Es ist nicht einfach, das kooperative Lernen in der Schule systematisch einzuführen. Man kann nicht von den Schülern (und auch nicht vom Lehrer) erwarten, dass sie komplexe kooperative Lernformen im Handumdrehen erlernen.
- Die Unterrichtslernsituationen müssen, besonders wenn man mit dem gemeinsamen Lernen beginnt, sehr gut vorbereitet werden. Die Schüler benötigen eindeutige Instruktionen und klare Vorstellungen, was erwartet wird und was nicht. Das unterstützt die Entwicklung eines effektiven Lernklimas. Im ersten Hintergrundkapitel haben wir für die Planung der Unterrichtslernsituationen Hinweise gegeben.
- Geben Sie den Schülern (sofern es angebracht ist) immer Freiräume betreffs des Inhaltes und ihrer Arbeitsweise, damit sie ihr eigenes Lernen entwickeln können. Nach unseren Erfahrungen motiviert das die Schüler. Aus dem zweiten Hintergrundkapitel erkennt man, dass die Entwicklung des Lernens der Schüler effektiver ist, wenn Lernen auf höherem Niveau im Mittelpunkt steht. Wird der Lehrer beim gemeinsamen Lernen fortwährend den fünf Schlüsselbegriffen gerecht, dann wird das Lernen der Schüler sich ständig entwickeln.
- Wenn man einige Erfahrungen mit den verschiedenen kooperative Lernformen gesammelt hat, kann man die entsprechenden „Gebrauchsanweisungen" weglassen und in eigener Weise damit umgehen. Die in diesem Kapitel

beschriebenen Beispiele stellen nur einige wenige Möglichkeiten dar. Unsere Idealvorstellung ist: Jeder Lehrer sollte das Lernen der Schüler auf seine eigenen Weise unterstützen und entwickeln. Entsprechend diesem Standpunkt kann man dieses Buch, besonders dieses Kapitel, als eine Quelle von Inspirationen zur Entwicklung des eigenen Lehrstils betrachten.

Nachwort

In diesem Buch haben wir die Instruktionsstrategie „kooperatives Lernen" beschrieben. Diese Strategie sollte zum Handlungsrepertoire eines jeden Lehrers zählen, da durch ihren Einsatz wichtige (Lern-)Kompetenzen entwickelt werden können. Dabei müssen die vorgestellten Lernformen nicht ausschließlich wie im Buch beschrieben eingesetzt werden. Je nach Schule, Klassenstufe und Lehrstil des Lehrers sind viele Varianten möglich. Wir haben versucht, in den Texten und Beispielen möglichst viele Alternativen anzubieten.

Mit der in diesem Buch beschriebenen Instruktionsstrategie können die Lehrer:

- ihren Unterricht variabel gestalten. Sie können Abwechslung in den Unterricht bringen, indem sie die Stoffdarlegung kurz halten und die Schüler danach gemeinsam (mehr oder weniger) selbstständig lernen lassen.
- die Verantwortung für das Lernen zunehmend auf die Schüler übertragen, indem sie die dafür benötigten Fertigkeiten bei den Schülern herausbilden.

Beim kooperativen Lernen werden die Schüler selbst zunehmend aktiv. Damit schlägt diese Lernform eine Brücke zwischen dem Lernen, abzielend auf Beherrschen und Verstehen und dem Lernen, abzielend auf flexible Konstruktion. Unter 10.6 haben wir diesbezügliche Möglichkeiten der Nutzung verschiedener kooperativer Lernformen aufgezeigt.

Wird der Lehrer den fünf Schlüsselbegriffen für das gemeinsame Lernen in seiner Unterrichtslernsituation gerecht, dann können auch die beschriebenen positiven Effekte in der Klasse erreicht werden. (Es gibt sehr viele positive Effekte. Siehe dazu die Untersuchungsergebnisse im Anschluss an Kapitel 9).

Diese Strategie kann der Lehrer nicht einfach im Handumdrehen realisieren, denn kooperativ Lernen beinhaltet eine große Anzahl von untereinander verbundenen Fertigkeiten. Diese verschiedenen Fertigkeiten bestimmen die Effektivität dieser Strategie, nicht eine Fertigkeit allein. Dadurch ist es eine Strategie und keine Arbeitsform. Das erfolgreiche Praktizieren dieser Strategie setzt einen gut vorbereiteten Unterricht voraus. Diese Erfahrung haben die Lehrer gemacht, die regelmäßig mit dieser Instruktionsstrategie gearbeitet haben. Das haben wir im ersten Hintergrundkapitel gründlich besprochen. Im zweiten Hintergrundkapitel sind wir auf die Untersuchungsergebnisse und die Hintergründe des Zusammenarbeitens intensiv eingegangen. Wir hoffen, dass die Lehrer die

Prinzipien dieser Instruktionsstrategie erkennen und sie nicht als eine nette Sammlung von Arbeitsformen betrachten.

Letzteres wäre der Fall, wenn Lehrer zwar die diversen Tipps und Empfehlungen aus dem Buch übernehmen, jedoch die fünf Schlüsselbegriffe außer acht lassen. Für sie besteht dieses Buch aus einer Sammlung schöner didaktischer Tipps, mit denen man sicher den Unterricht variabler gestalten kann. Diese Lehrer sind möglicherweise zufrieden. Wir sind das aber nicht. Uns geht es vor allen Dingen um das bewusste und gezielte Verbessern des Lernens der Schüler. Und das ist bei dieser Arbeitsweise nicht selbstverständlich.

Werden die Schlüsselbegriffe beachtet, dann ergeben sich dementsprechende Effekte. Viele Lehrer möchten dann nicht wieder ausschließlich zur direkten Instruktion übergehen, obwohl diese beim Vermitteln von Basisinformationen und beim Anlernen von Grundfertigkeiten sehr effektiv ist. Das stellen wir auch nicht in Abrede, aber die Direkte Instruktion allein reicht nicht aus (siehe auch Ebbens & Ettekoven, 2005).

Der Lehrer in der Schule

In diesem Buch sprechen wir den einzelnen Lehrer und die Frage an, wie Lehrer kooperatives Lernen erfolgreich in der Praxis umsetzen können.

Wir wissen aus Erfahrungen und Untersuchungen, dass die Chance auf Erfolg des Einsatzes dieser Strategie im eigenen Unterricht sehr viel größer ist, wenn Lehrer:

- diese Strategie an konkreten Beispielen voneinander lernen, z. B. miteinander über das kooperative Lernen sprechen oder sich gegenseitig vorstellen, in welchen Formen sie diese Strategie in ihrem Unterricht umsetzen,
- bei der Installation kooperativer Lernformen kollegial zusammenarbeiten und regelmäßig ein Lehrer bestimmte Situationen oder Probleme beim Zusammenarbeiten in den Mittelpunkt stellt, diese aus verschiedener Sicht gemeinsam besprochen und Alternativen dazu aufzeigen werden (Kollegiale Beratung),
- ein Tagebuch während des Trainings führen und mit Kollegen darüber reflektieren.

Für die Einführung der Strategie „kooperatives Lernen" gibt es zahlreiche Empfehlungen für Lehrer. Dazu zählen: mit einfachen Lernformen beginnen; sich Zeit lassen; am Anfang gut strukturieren; Unterstützung suchen; stolz auf kleine Erfolge sein. Solche Absprachen können Lehrer gemeinsam machen. Dadurch werden zu Beginn allzu hohe Erwartungen eingedämmt und die Chance auf Erfolg wird größer.

Lehrer, die gemeinsam an dieser Instruktionsstrategie arbeiten, sind füreinander eine große Stütze. Wir wissen auch, dass ein ganzes Lehrerteam, welches gemeinsam im Sinne der Lernauffassung ihrer Schule arbeitet, die meisten Effekte erzielt. Dann lernen die Schüler in vielen verschiedenen Situationen gemeinsam und die Beweislast für die Effizienz dieser Lernform liegt nicht beim einzelnen Lehrer.

Es ist selbstverständlich, dass das gemeinsame Herangehen viel effektiver ist. Das wird durch die Theorie von Vygotsky bestätigt (zweites Hintergrundkapitel). Vygotsky behauptet, dass das Lernen einen Dialog erfordert, ein Gespräch zwischen Lehrern über die Anwendung des kooperativen Lernens, besonders wenn dabei Schwierigkeiten auftreten. Dann sprechen die Lehrer betreffs dieser Instruktionsstrategie eine gemeinsame Sprache und sie werden diese Strategie besser verinnerlichen. Vygotsky sagt dazu, dass „jede psychologische Funktion im Zuge der Entwicklung eines Erwachsenen zweimal auftritt. Das erste Mal in der Form einer sozialen Aktivität zwischen Erwachsenen, das zweite Mal in Form einer individuell verinnerlichten Aktivität." Entsprechend dieser Theorie ist der Dialog das wesentliche Element für Lehrer, um sich das kooperative Lernen zueigen zu machen: „Was ein Lehrer heute gemeinsam tun kann, kann er morgen allein tun."

Erwarten Lehrer von Schülern, dass diese zusammenarbeiten, dann ist es selbstverständlich, dass auch die Lehrer zusammenarbeiten. Die Lehrer sind Vorbild für die Schüler. Untersuchungen (Ebbens, 1994) haben gezeigt, dass Fertigkeiten im Unterricht effektiver eingesetzt werden können, wenn die Herangehensweise aus den Erfahrungen eines Teams erwächst, statt aus einer individuellen Vorgehensweise. Das entspricht auch der Auffassung von van Emst (1999) über eine professionelle Kultur. Er sagt, dass in einer professionellen Kultur Unterschiede zwischen den Lehrer bestehen und anerkannt werden. Es ist nicht einer wie der andere. Die Kollegen haben unterschiedliche Qualitäten. Diese Qualitäten können für die gegenseitige Entwicklung eingesetzt werden. So lernen die Lehrer voneinander. Das haben wir im Kapitel 9 mit Lernen in einer Lerngemeinschaft beschrieben, wobei das Unterrichtsthema kooperatives Lernen lautet. Lehrer lernen durch die Zusammenarbeit von-, mit- und übereinander.

Wir wissen aber auch, dass die Umsetzung der Instruktionsstrategie „kooperatives Lernen" als Lehrerteam für einige Leser nicht möglich sein wird. Sie müssen diesen Weg zunächst alleine gehen und sich Verbündete suchen.

Wir wünschen dem Leser viel Erfolg beim Erproben der Anregungen dieses Buches. Wir hoffen, dass der Leser unsere Aussagen in diesem Buch auf seine Weise interpretiert und mit Freude und Erfolg umsetzt.

Beilage 1

Drei Lernformen, vier Niveaus von Lernaktivitäten

In dieser Beilage gehen wir intensiv auf die in der Einleitung genannten und in diesem Buch verwendeten drei Lernformen und vier Lernaktivitäten ein. Die drei Lernformen sind: „Lernen gezielt auf Einprägen“, „Lernen gezielt auf Verknüpfung“ und „Lernen gezielt auf flexible Konstruktion“. Die vier Lernaktivitäten betreffen vier Lernniveaus: „Behalten“, „Verstehen“, „Integrieren“ und „Kreativ anwenden“. Abb. 1 zeigt den Zusammenhang der Lernformen und Lernaktivitäten.

Lernen gezielt auf flexible Konstruktion: Kreativ anwenden
Lernen gezielt auf Verknüpfen: Integrieren
Lernen gezielt auf Einprägen: Behalten und Verstehen

B1 Abb. 1 Drei Lernformen, vier Lernaktivitäten

Unsere Gliederung in drei Lernformen und vier Lernaktivitäten kann man als eine direkt an die Lernweise der Schüler gekoppelte Lerntheorie ansehen. Diese Einteilung basiert auf dem Modell von Boekaerts und Simons (2003, Kapitel 9). Herausragend ist die Lernaktivität „Integrieren“, die ein Bindeglied zwischen „Behalten“/„Verstehen“ und „Kreativ anwenden“ darstellt. Mit Hilfe der Lernaktivität „Integrieren“ aktiviert der Schüler zunächst Vorkenntnisse, die benötigt werden um neue Informationen zu verstehen und einzuordnen. Danach verknüpft der Schüler die neuen Informationen mit dem bereits vorhandenen Wissen und speichert dies an einem bestimmten Platz (nicht an einem willkürlichen) im Gedächtnis. Wird Wissen auf diese Weise „bewusst“ im Gedächtnis gespeichert, wird das kreative Anwenden viel leichter sein. Die Lernaktivität „Integrieren“ stellt somit die Verbindung zwischen den Lernaktivitäten „Behalten“/ „Verstehen“ und „Kreativ anwenden“ dar. Ohne diesen Zwischenschritt würde das kreative Anwenden (und damit auch eine flexible Konstruktion) nur weniger gut gelingen können.

Lehrer können diese Einteilung in vielerlei Hinsicht einsetzen, z. B. beim Formulieren des Niveaus einer Frage oder beim Festlegen des gewünschten Niveaus für einen Test in der Unterrichtslernsituation. Sie können sie ebenso innerhalb ihres Fachbereiches für das gemeinsame Analysieren einer Lehrplansequenz hinsichtlich des Niveaus der Aufgaben und Fragen für die Schüler einsetzen. Werden lediglich einzelne, immer wieder gleiche Lernniveaus angestrebt oder finden alle Lernniveaus Beachtung? Im Abschnitt 1 dieser Beilage beschreiben wir die vier Lernaktivitäten etwas ausführlicher. Im Abschnitt 2 bekommt jeder Leser die Möglichkeit, sich selbst zu testen und zu untersuchen, ob er die verschiedenen Lernniveaus auch gut verstanden hat.

1 Die vier Niveaus der Lernaktivitäten

Für uns ist es wichtig, dass Schüler auf verschiedenen Lernniveaus lernen und denken. Wir benutzen darum die vier Lernaktivitäten und hoffen, sie regelmäßig in Unterrichtslern-situationen anzutreffen.

In Abbildung 2 sind die vier Lernaktivitäten aufgelistet.

Lernaktivitäten	Beschreibung
4 Kreativ anwenden	*Kreativ anwenden* bedeutet die Verwendung des Wissen in einer neuen, unbekannten Situation, die Konstruktion von neuem Wissen
3 Integrieren	*Integrieren* bedeutet das Abrufen und Aktivieren vorhandenen Wissens (der Vorkenntnisse) und das Verbinden des neu erworbenen Wissens mit den Vorkenntnissen
2 Verstehen	*Verstehen* bedeutet mit eigenen Worten wiedergeben, was der Lehrer (oder das Lehrbuch) ausgesagt hat und das Erkennen von Zusammenhängen zwischen den Informationen
1 Behalten	*Behalten* bedeutet Behalten und Erinnern von Information

B1 Abb. 2 Vier Lernaktivitäten von verschiedenen Niveaus

Diese vier Lernaktivitäten stehen in engem Zusammenhang. Die Lernaktivitäten „Behalten“ und „Verstehen“ brauchen die Schüler beim Erwerben von Grundkenntnissen. Die Lernaktivität „Integrieren“ wird benötigt, um bereits vorhandenes Wissen zu aktivieren und neues Wissen an die aktivierten Vorkenntnisse zu koppeln. Die Lernaktivität „Kreativ Anwenden“ benötigen die Schüler für das Verwenden des Erlernten in neuen Situationen. Diese vier Lernaktivitäten können nicht losgelöst voneinander angewendet werden. Jede leistet ihren Beitrag zum Lernen. Die Lernaktivitäten 1 und 2 bezeichnen wir mit Lernen auf niedrigem Niveau, die Lernaktivitäten 3 und 4 mit Lernen auf höherem Niveau.

Lernaktivität Typ 1: Behalten

Lehrer erwarten, dass die Schüler zu Beginn einer Themenserie, eines Moduls, die Lernaktivität *Behalten* (Typ 1) ausführen: sie erteilen den Schülern die Informationen oder lehren sie die Basisfertigkeiten, mit denen die Schüler nach ihrer Meinung vertraut sein müssen und lassen sie oft Übungen dazu durchführen. Gleichzeitig sind sich die Lehrer bewusst, dass die Schüler einen großen Teil des neuen Lernstoffs binnen kurzer Zeit wieder vergessen haben werden, wenn sie nur diese Lernaktivität nutzen.

■ **Beispiele für die Lernaktivität „Behalten"**

- Hör die Kassette und beantworte die Fragen. Die Fragen können nur beantwortet werden, wenn man gut zuhört.
- Mache noch einige Übungsaufgaben, um ... zu beherrschen. Übe die Grundaufgaben der Multiplikation (das Kleine Einmaleins).

zuhören, Informationen bekommen, lesen, benennen, aufsagen, erzählen, definieren, Schritte angeben, aufzeigen, ...

B1 Abb. 3 Operatoren für die Lernaktivität „Behalten"

Lernaktivität Typ 2: Verstehen

Danach fordern Lehrer die Lernaktivität „Verstehen" (Typ 2) von den Schülern. Sie erläutern diejenigen Informationen, welche die Schüler verstehen sollen, weil diese Informationen Schlüsselbegriffe aus ihrem Fachgebiet betreffen oder Ideen beinhalten, welche die Schüler (wie die Lehrer wissen) später in einem anderen Zusammenhang verwenden sollen. Sie bitten die Schüler: „Gebt diese Informationen mit eigenen Worten wieder". Mit seinem Feedback macht der Lehrer den Schülern deutlich, ob sie die Informationen richtig verstanden haben.

● **Beispiele für die Lernaktivität „Verstehen"**

- Fasse kurz mit eigenen Worten zusammen, was wir gerade besprochen haben.
- Nenne zwei Gründe, warum diese Person das getan haben könnte.

erkunden, diskutieren, mit eigenen Worten wiedergeben, unterscheiden, erläutern, eine Erklärung geben, ableiten, begründen, verteidigen; zusammenfassen; angeben, was nicht dazugehört; Tendenzen aufzeigen, ...

B1 Abb. 4 Operatoren für die Lernaktivität „Verstehen"

Lernaktivität Typ 3: Integrieren

Danach erwarten die Lehrer oft die Lernaktivität *Integrieren* (Typ 3) von den Schülern. Sie geben den Schülern einige Aufträge, wodurch diese die Gelegenheit bekommen, die neue Information mit der bereits in ihrem Kopf vorhandenen Information (Vorkenntnis) zu verbinden. Die Lehrer stellen Fragen, wie z. B.: „Was sind die wichtigsten Aspekte dieser Information?“ Oder: „Womit steht diese neue Information in Zusammenhang?“ Oder: „Was bedeutet diese neue Information für dich?“ Der Typ 3 zielt vor allen Dingen auf die Teile der Information, welche die Schüler nach Meinung der Lehrer auch nach längerer Zeit noch wissen, welche sie „festhalten“ müssen. Das wird oft die zugrunde liegenden Prinzipien einer Theorie oder wichtige, häufig zu verwendende Fertigkeiten betreffen.

- **Beispiele für die Lernaktivität „Integrieren“**

- Bereite Fragen für ein Interview mit dem Leiter eines Chores zu seiner Musikauswahl vor.
- Vergleicht die Antworten, die ihr gemeinsam gefunden habt, mit den Antworten im Buch. Zeigt die Übereinstimmungen und Unterschiede auf. Besprecht besonders die unterschiedlichen Antworten, argumentiert und findet Alternativen.

vergleichen, zueinander ins Verhältnis setzen, analysieren, vorhersagen, beurteilen, nachweisen, „wenn, - dann“- Begründungen, argumentieren, zeigen, wie ..., Muster festlegen, abwägen, klassifizieren, Merkmale analysieren, ...

B1 Abb. 5 Operatoren für die Lernaktivität „Integrieren“

Lernaktivität Typ 4; Kreativ anwenden

Der Lehrer erwarten nun, dass die Schüler ihr integriertes Wissen in neuen Situationen anzuwenden lernen. Er erteilt den Auftrag, mit den bisher erlernten Informationen ein neues Problem zu lösen. Der Lehrer weist die Schüler darauf hin, dass dieses Problem für sie unbekannt ist. Die Schüler sollen selbst nach originellen und kreativen Lösungen suchen. Dazu dienen solche Fragen: „Wie kannst du das aus deiner Sicht am besten lösen?“ Sind Elemente der Lösung bereits gegeben: „Wie tragen diese Elemente zur Lösung des Problems bei und was muss noch geschehen?“ Oder: „Wenn ... und ... die Situation ist, welche Schlussfolgerung wäre daraus zu ziehen?“ Diese Lernaktivität betrifft solche Informationen, welche die Schüler nach dem Dafürhalten der Lehrer immer wieder brauchen, auch nach Abschluss ihrer schulischen Ausbildung, z. B. bei der Berufsausbildung.

- **Beispiel für die Lernaktivität „Kreativ anwenden"**

- Denk dir eine Antithese aus und versuche, diese zu beweisen.
- Entwerfe eine (Phantasie) Maschine, mit der du eine Zeitreise machen kannst.

selektieren, spekulieren, kreieren, entwerfen, Beweisen von Schlussfolgerungen, erfinden, evaluieren, Hypothesen aufstellen und dazu einen Plan zum Testen der Hypothese machen, bauen, entwickeln, eine Wahl treffen und diese rechtfertigen, beschließen auf der Basis von Argumenten, …

B1 Abb. 6 Operatoren für die Lernaktivität „Kreativ anwenden"

Zusammenfassung

Unsere Erkenntnisse zu den vier Lernaktivitäten sind in Abbildung 7 zusammengefasst.

Niveaus Lernaktivitäten	**Beispiele für spezifische Lernaktivitäten (Operatoren)**
4 Kreativ anwenden	selektieren, spekulieren, kreieren, entwerfen, Beweisen von Schlussfolgerungen, erfinden, evaluieren, Hypothesen aufstellen und dazu einen Plan zum Testen der Hypothese machen, bauen, entwickeln, eine Wahl treffen und diese rechtfertigen, beschließen auf der Basis von Argumenten
3 Integrieren	vergleichen, einen Plan entwickeln, zueinander ins Verhältnis setzen, analysieren, vorhersagen, beurteilen, nachweisen, „wenn, … dann-Begründungen", argumentieren, zeigen, wie … „Muster festlegen, abwägen, klassifizieren, Merkmale analysieren
2 Verstehen	erkunden, diskutieren, mit eigenen Worten wiedergeben, unterscheiden, erläutern, eine Erklärung abgeben, ableiten, begründen, verteidigen, zusammenfassen, angeben, was nicht dazu gehört, Tendenzen aufzeigen
1 Behalten	zuhören, Informationen bekommen, üben, lesen, beschreiben, benennen, aufsagen, erzählen, definieren, Schritte aufzeigen, anweisen, …

B1 Abb. 7 Vier Denkstufen mit den spezifischen Lernaktivitäten (Operatoren) der Schüler

2 Selbsttest

Sie können durch Beantwortung der folgenden Fragen nachprüfen, ob Sie die verschiedenen Lernniveaus nach dem Lesen des Textes gut verstanden haben. Gleichzeitig können Sie dabei erfahren, wie die Komplexität beim Lernen auf höherem Niveau zunimmt.

Lernen auf niedrigem Niveau, „Lernen gezielt auf Beherrschen"

Lernaktivität 1: Behalten

Schließen Sie das Buch und nennen Sie die vier Lernaktivitäten. Beschreibe Sie diese kurz.

Lernaktivität 2: Verstehen

Es folgen drei Fragebeispiele. Nennen Sie zu jeder Frage die entsprechende Lernaktivität.
„Vergleiche die wichtigsten Strömungen der Popmusik der 50er und 90er Jahre."
„Sind Glaubenskriege zu rechtfertigen? Begründe deinen Standpunkt".
„Definiere mit eigenen Worten: das Ohmsche Gesetz, Parallelschaltungen und Serienschaltungen."

Zwischenform zwischen Lernen auf niedrigen und hohen Denkstufen: „Lernen gezielt auf Verknüpfen"

Lernaktivität 3: Integrieren

- Welche der vier Lernaktivitäten verwenden Sie am meisten in Ihrem Unterricht, welche am wenigsten? Was meinen Sie: Sprechen Sie die Schüler auf dem richtigen Niveau an? Wenn nicht, was fehlt?
- Vergleichen Sie die Einteilung der vier Lernaktivitäten mit den sechs Lernniveaus (Taxonomie) nach Bloom. Diese finden Sie im Internet (in einem Suchprogramm „bloom, taxonomie" eingeben). Worin gleichen sich die beiden Einteilungen, worin unterscheiden sie sich? Ist es sinnvoll, diese beiden nebeneinander zu verwenden? Eine spezifischere Frage: Ist Analyse oder Synthese identisch mit der Lernaktivität „Integrieren" oder nicht? Was ist es sonst?
- Wie kommt es, dass wir aus manchen schulischen Fächern viel behalten haben, aus manchen wenig? Beruhte das lediglich auf Interesse? Lag es am Lehrer? Hat es etwas mit dem Niveau zu tun, auf dem der Lernstoff angeboten wurde? Oder?

- Sehen Sie sich die unterschiedlichen Beispiele in den verschiedenen Kapiteln noch einmal an und analysieren Sie, welche Niveaus der Lernaktivitäten genutzt werden. Erklären Sie, warum.

Lernen auf höherem Niveau: Lernen gezielt auf flexible Konstruktion

Lernaktivität 4: Kreativ anwenden

- Erklären Sie auf verschiedene Weise, wie Kenntnis und Verständnis der Einteilung in die vier Lernaktivitäten das Unterrichten verbessern könnte.
- Sollten alle Lehrer die Einteilung in die vier Lernaktivitäten kennen, verstehen und anwenden? Sollte das z. B. bei der Ausbildung aller künftigen Lehrer zur Pflicht werden? Sollte dieses Thema zum Bestandteil der allgemeinen Lehrerweiterbildung werden? Warum? In welcher Hinsicht hilft dieses Wissen den Lehrern? Beantworten Sie diese Fragen und argumentieren Sie.
- Die Einteilung in die vier Lernaktivitäten erweist sich beim Gebrauch nicht immer als eine schöne, eindeutige und klare Einteilung. Manchmal gehen die Aktivitäten ineinander über. Manchmal ist es schwierig, ein Beispiel sauber einzuteilen. Die Einteilung in die vier Lernaktivitäten ist z. T. unvollkommen. Entwerfen Sie deshalb eine neue, bessere Einteilung der Denkniveaus und geben Sie an, warum (worin) diese neue Einteilung besser ist. Verwenden Sie dazu eventuell die Taxonomie von Bloom, die wir oben bereits erwähnt haben.
- Bei der Lernaktivität „Integrieren" wurde vorgeschlagen, die unterschiedlichen Beispiele in den verschiedenen Kapiteln durchzugehen und zu analysieren, welche Niveaus der Lernaktivitäten genutzt worden sind. Formulieren Sie einige der Beispiele derart um, dass der Auftrag auf einem höheren beziehungsweise auf einem niedrigen Lernniveau zu lösen ist.

Beilage 2

Eine kurze Erweiterung: Fertigkeiten

In dieser Beilage ist meist von zu verarbeitenden Informationen die Rede. Unter „Informationen" verstehen wir auch (soziale) Fertigkeiten. In der Literatur wird eine Fertigkeit im allgemeinen „Prozesskenntnis" genannt. Verfügt man über solche Kenntnisse, dann kennt man Prozeduren oder Aktionspläne. Es handelt sich um Abfolgen von Handlungen, um Regeln oder Routinehandlungen. Das können für einen bestimmten Prozess festgelegte Handlungen sein, die in einer bestimmten Reihenfolge ausgeführt werden müssen. Dann erzielt man mit großer Sicherheit eine richtige Lösung. In diesem Fall werden Prozesskenntnisse auch als Algorithmen bezeichnet. Wird der Handlungsablauf nur in groben Zügen festgelegt, erfordert das von den Schülern mehr Kreativität. Diese Prozesskenntnisse werden als Heuristika (Suchprozesse) bezeichnet, weil es nicht sicher ist, ob sie zu einer Lösung führen können. In diesem Buch werden beide Arten der Prozesskenntnisse besprochen.

Romiszowski (1989, 1992) unterscheidet zwei Arten von Fertigkeiten, die reproduktiven und die produktiven Fertigkeiten. Die *reproduktiven* Fertigkeiten sind mit den Algorithmen verwandt. Das sind aufeinanderfolgende Handlungen oder Gewohnheitshandlungen (Routine). Sie reproduzieren das im Unterricht Gelernte. *Produktive* Fertigkeiten verlangen mehr von den Schülern. Diese Fertigkeiten ähneln den Heuristika und setzen Beschlussfähigkeit und ein höheres Planungsniveau voraus.

Reproduktion bedeutet, die Schüler können die Fertigkeit in der Weise reproduzieren, wie sie diese vom Lehrer gelernt haben. Produktion bedeutet, die Schüler können die Fertigkeit in einer neuen komplexen Situation anwenden.

Reproduktive Fertigkeiten kann man der Lernaktivität „Behalten" (Typ 1: reproduzieren) oder der Lernaktivität „Verstehen" (Typ 2: bei gleichgelagerten Aufgaben verwenden) zuordnen.

Produktive Fertigkeiten kann man den Lernaktivitäten „Integrieren" und „Kreativ anwenden" zuordnen.

Es folgen einige Beispiele entsprechend der Einteilung von Romiszowski.

■ Beispiele für reproduktive Fertigkeiten

Eine schriftliche Division durchführen, einen grammatikalisch richtigen Satz aufschreiben, das richtige Argument bringen, Schreibmaschine schreiben, schalten nach Instruktion, einer Bedienungsanleitung folgen, rennen, gute Manieren zeigen, das Spiel genau nach den Spielregeln spielen, ...

Fertigkeiten, die beim gemeinsamen Lernen gebraucht werden: bei der eigenen Gruppe bleiben, zusammenfassen, was der andere gesagt hat, planen der Arbeit mit einem Formular, anderen helfen, sich zu erinnern …

- **Beispiele für produktive Fertigkeiten:**

eine These beweisen, kreativ schreiben, ein Problem lösen, die Aufmachung einer Seite entwerfen, vorausschauend fahren, ein Spiel bewusst spielen, Leitungsfähigkeit zeigen, Regeln flexibel handhaben, Teile einer Bedienungsanleitung bewusst auslassen, wenn das als nötig erscheint …

Fertigkeiten, die beim gemeinsamen Lernen gebraucht werden: weiterfragen, nachbohren, die Arbeit planen (ohne Formular), Begründungen erfragen, Schlussfolgerungen durch Erteilen anderer Informationen herausfordern …

Zusammenfassung

Die vier Lernaktivitäten mit den spezifischen Lernaktivitäten der Schüler sind in Abbildung B1, Bild 8 zusammengestellt.

Niveaus Lernaktivitäten	**Beispiel für spezifische Lernaktivitäten**
4 Kreativ anwenden	selektieren, spekulieren, kreieren, entwerfen, Schlussfolgerungen beweisen, erfinden, evaluieren, eine Hypothese aufstellen und einen Plan für deren Test machen, bauen, entwickeln, eine Auswahl treffen und diese rechtfertigen, etwas beschließen auf der Grundlage von Argumenten beschließen
3 Integrieren	vergleichen, einen Plan entwickeln, zueinander ins Verhältnis setzen, analysieren, beurteilen, vorhersagen, nachweisen, „wenn … dann" – Begründungen formulieren, argumentieren, zeigen, wie …, Muster festlegen, abwägen, klassifizieren, Merkmale analysieren …
Produktive Fertigkeiten	**Verwendung der Fertigkeit in einer neuen, unbekannten Situation**
2 Verstehen	erkunden, diskutieren, mit eigenen Worten wiedergeben, unterscheiden, erläutern, eine Erklärung abgeben, ableiten, begründen, verteidigen, zusammenfassen, angeben, was nicht dazu gehört, Tendenzen aufzeigen …
1 Behalten	zuhören, Informationen bekommen, üben, lesen, beschreiben, benennen, aufsagen, erzählen, definieren, Schritte aufzeigen, anweisen …
Reproduktive Fertigkeiten	**Reproduzieren einer Fertigkeit (1) oder Verwenden der Fertigkeit in einer nahezu identischen Situation (2)**

B1, Bild 8 Vier Denk-/Lernniveaus mit den spezifischen Lernaktivitäten für Schüler

Literaturverzeichnis

Aarnoutse, C. (2000). Sprache gemeinsam verstehen. In: J. van der Linden & E. Roelofs (red). *Lernen im Dialog: eine Diskussion über Zusammenarbeitend lernen in Unterricht und Ausbildung.*(pp. 91–116). Groningen: Wolters-Noordhoff.

Bennet, B., Rolheiser-Bennet, C., & Stevahn, L. (1991). *Cooperative Learning, where Heart meets Mind.* Toronto: Interactive Resource Book, Educational Connections.

Bershon, B.L. (1992). Cooperative Problem Solving: A Link to Inner Speech. In Hertz u.a. (Ed.): *Interaction in Cooperative Groups, The Theoretical Anatomy of Group Learning* (pp. 36–48). Cambridge: University Press.

Boekaerts, M. & Simons, P.R.J. (2003). *Leren en Instructie, psychologie van de leerling en het leerprocess.* (Lernen und Instruktion, Psychologie des Schülers und des Lernprozesses) Assen: van Gorcum.

Bolhuis, S. & Simons, P.R.J. (2001). *Leren en Werken.* (Lernen und arbeiten). Alphen aan de Rijn: Samson.

Brandt, R. (1992). On Cooperative Learning: a Cnversation with Spenser Kagan.In: *Educational Leadership, Volume 47, number 4* (pp. 8–15).

Brown, A.L., & Palincsar, A.S. (1989). Guided, Cooperative Learning and Individual Knowledge Acquisition. In L.B. Resnick (Ed.) Knowing, *Learning and Instruction, Essays in Honour of R. Glaser* (pp. 393–451). Hillsdale: Erlbaum.

Cats, J. (1577–1660). Januarius, Lou-maent. *Uit: Al de werken van Jacob Cats.* (Aus: Alle Werke von Jacob Cats). Roelants: Schiedam, 1872–1876.

Cohen, E. (1994). Restructuring the Classroom: Conditions for Produktive Small Groups. *Review of Educational Research. Spring 1994, Vol. 64, no 1* (pp. 1–35)

Du Four, R. (2004). What is a „Professional“ Learning Community? *Educational Leadership,* Volume 61, No 8, pp. 6–11.

Ebbens, S. (1994). *Op weg naar zelfstandig leren, effecten van nascholing.* (Auf dem Weg zum selbständigen Lernen. Effekte der Weiterbildung.). Proefschrift. Groningen: Wolters-Noordhoff.

Ebbens, S. & Ettekoven, S. (2005). *Effectief leren, basisboek.* (Effektiv lernen, Basisbuch). Groningen: WoltersNoordhoff.

Ebbens, S. & Ettekoven, S. (2005a). *Actief leren, bronnenboek.* (Aktiv lernen, Quellenbuch) Groningen: WoltersNoordhoff.

Emst, A. van (1999). *Professionele cultuur in onderwijsorganisaties.* (Professionelle Kultur in Bildungseinrichtungen). Utrecht: APS.

Emst, A. van (2002). *Koop een auto op de sloop* (Kauf ein Auto bei der Autoverwertung).Utrecht: APS.

Froumin, I. (1995). Vygotsky: from the developmental Theory to new Vision of Schooling, Introduction for the Montessori Vygotsky Conference 1995. Zeist: Herman Jordan Lyceum.

Gallego, M.A. (1992). Collaborative Instruction for Reading. In M. Pressley, K.R. Harris, & J.T. Guthrie (Eds.), *Promoting Academic Competence and Literacy in School.* (pp. 223–242) . San Diego: Academic Press Inc.

Gallego, M.A., Cole, M. & the Laboraorty of Comparative Human Cognition (2001). Classroom Cultures and Vultures in the Classroom. In V. Richardson (ed.).*Handbook of Research on Teaching* (pp. 951–997). Washington: AERA.

Gallimore, R. & Tharp, R. (1990). Teaching mind in society: Teaching, schooling and literate discourse. In L.C. Moll (Ed.), *Vygotsky and Education, Instructional Implications and Applications of Sociohistorical Psychology* (pp. 175–205). New York: Cambridge University Press.

Good, L.T. & Brophy, J.E. (1987). *Looking in Classrooms.* New York: Harper and Row.

Haberman, M. (2004). Can Star Teachers Create Learning Communities? *Educational* Leadership, Volume 61, No 10, pp. 52–56.

Hedegaard, M. (1990). The zone of proximal development as basis for instruction. In Moll (Ed.): *Vygotsky and Education, instructional Implications and Applications of sociohistorical Psychology.* (pp. 349–371). Cambridge: Univercity Press.

Hertz-Lazarowitz, R., & Miller, N. (1992). *Interaction in Cooperative Groups, The Theoretical Anatomy of Group Learning.* Cambridge: University Press.

Hertz-Lazarowitz, R., Kirkus, V.B. & Miller, N. (1992a).Implications of Curent Research on Cooperative Interaction for Classroom Application. In Hertz-Lazarowitz, R. & Miller, N. (Ed.): *Interaction in Cooperative Groups, The Theoretical Anatomy of Group Learning* (pp. 253–275). Cambridge: University Press.

Honig, M.I., Kahne, J. & McLaughlin, M.W. (2001). School-Community Connections: Strengthening Opportunity to Learn and Opportunity to Teach. In V. Richardson (Ed.). *Handbook of Research on Teaching* (pp. 998–1024). Washington:AERA.

Hoogeveen, P. & Winkels, J. (1986). *Het didactisch werkvormenboek, variatie en differentatie in de praktijk.* (Das didaktische Arbeitsformenbuch, Variation und Differenzierung in der Praxis.) Nijmegen: Dekker en van der Vegt.

Jannsen-Vos, F. (1997). *Basisontwikkeling in de onderbouw.*(Basisentwicklung in der Unterstufe.) Assen: Van Gorcum.

Jannsen-Vos, F. (2001). *Basisontwikkeling,. Ontwikkelingsgerichte onderwijspedagogiek voor jonge kinderen.* (Basisentwicklung, Entwicklungsgerichtete Unterrichtspädagogik für kleine Kinder.) Te vinden op: http://www.aps.nl/onderbouw/basistekst.doc.

Johnson, D., Johnson, R. & Stanne, M. (1990). Impact of goal and ressource interdependance on problem solving succes. *Journal of Social Psychology,* 129 (pp. 507–516).

Johnson, W.D., Johnson, R.T. (1989). *Cooperation and Competition, Theory and Research* Edina: Interaction Book Company.

Johnson, D.W., Johnson, R.T., & Holubec, E.J. (1991). *Cooperation in the Classroom.* Minnesota: Interaction Book Company.

Kagan, S. (1992).*Cooperative Learning, Resources for Teachers.* San Juan Capistrano: Ressources for Teachers.

King, A. (1989). Verbal interaction and problem-solving with computer-assisted cooperative learning groups. *Journal of Educational Computing Research* 5 (pp. 1–15).

Knoers, A.M.P. (1971). *Algemene onderwijskunde voor het Voortgezet Onderwijs.* (Allgemeine Unterrichtskunde für den erweiterten Unterricht.) Assen: van Gorcum en Comp.

Koning, P. de (1987). *Programmadifferentiatie in voortgezet onderwijs, Een studie naar de achtergronden en problemen van programmadifferentiatie in de eerste fase van het voortgezet onderwijs.* (ProgrammDifferenzierung im erweiterten Unterricht. Eine Studie zu den Hintergründen der ProgrammDifferenzierung in der ersten Phase des erweiterten Unterrichts.) Proefschrift. Lisse: Zwets en Zeitlinger

Liefde, W.H.J. de (2002) African tribal leadership voor managers. Von Dialog bis Beschluss. Deventer: Kluwer.

Linden, J. van der & Roelofs, E. (Red.).(2000). *Leren in dialoog, een discussie over samenwerkend leren in onderwijs en opleiding.* (Lernen mit Dialog. Eine Diskussion über zusammenarbeitendes Lernen in Unterricht und Ausbildung.). Groningen: olters-Noordhoff.

Lipman, M. (2003). *Thinking in Education.* Cambridge: University Press.

Love, N. (1992). *Cooperative Learning Services, Training for Trainers.* Andover: the Network, Inc.

Lucebert (2002). *Verzamelde gedichten.* Amsterdam: de Bezige Bij (Die emsige Biene).

McCarthey, S.J. & McMahon, S. (1992). From Convention to Invention: Three Approaches to Peer Interaction During Writing. In Hertz e.a. (Ed.): *Interaction in Cooperative Groups, The Theoretical Anatomy of Group Learning* (pp. 17–35). Cambridge: University Press.)

Meer, B. van der (1992). *De zondebok in de klas.* (Der Sündenbock in der Klasse.). Den Bosch/Nijmegen: KPC/Berkhout.

Moll, L.C. & Greenberg, J.B. (1990). Creating zones of possibilities: *Combining social contexts for instruction.* In Moll (Ed.): *Vygotsky and Education, instructional Implications ans Applications of sociohistorical Psychology* (pp. 319–348). Cambridge: University Press.

Moll, L.C. (Ed.) (1990). *Vygotsky and Education, Instructional Implications and Applications of Sociohistorical Psychology.* New York: Cambridge University Press.

Oers, B. van, Janssen-Vos, F., Pompert, B. & Schiferli, T. (1998). *Teaching as a joint activity.* Utrecht: APS

Oers, B. van (2001). *Ontwikkelingsgericht werken in de bovenbouw van de basisschool.* (Auf Entwicklung gerichtetes Arbeiten in den höheren Klassen der Grundschule.) Alkmaar: Academie voor OGO.

Palmer, P.J. (1998). *The Courage to Teach, Exploring theIinner Landscape of a Teachers Life.* San Franzisco: Jossey-Bass Publishers.

Palmer, P.J. (2005).Leraar met hart en ziel. (Lehrer mit Leib und Seele.) Groningen: Wolters-Noordhoff (Niederländische Übersetzung von „The Courage to Teach“).

Perkins, D.N. (1999). The Many Faces of Constructivism. *Educational Leadership,* November 1999.

Perrenet, J.Chr., Herfs, P.G.P., & Terwel, J. (1991). Handleiding voor het onderwijs in heterogene groepen. (Anleitung für den Unterricht in heterogenen Gruppen). AGO: een werkwijze die met alle leerlingen rekening houdt. (Eine Unterrichtsform, die alle Schüler einbezieht). De Lier: ABC.

Richardson, V. (Ed.) (2000). *Handbook of Research on Teaching.* Washington: AERA.

Roelofs, E., Linden, J. van der & Erkens, G. (2000). Introductie Leren in dialoog: een discussie over samenwerkend leren in onderwijs en opleiding. (Einführung Lernen mit Dialog: Eine Diskussion über zusammenarbeitend lernen in Unterricht und Ausbildung). In J. van der Linden & E. Roelofs. (red.), *Leren in dialoog: een discussie over samenwerkend leren in onderwijs en opleiding* (pp. 7–36). Groningen: Wolters-Noordhoff.

Romiszowski, A.J. (1989). Ontwikkelen van opleidingen. Instructie: de integrative benadering. (Entwickeln von Ausbildungsarten. Instruktion: integrative Vorgehensweise.) In J.W.M. Kessels & C.A. Smit (red.). *Handboek opleiders in organisaties.* (Handbuch Ausbilder in Lerneinrichtungen) Deventer: Kluwer.

Rowe, M.B. (1974). Relation of Wait-time and Rewards as Instructional Variables, their Influence on Language, Logic and Fate-Control. Part 1 and 2. *Journal of Research in Science Teaching. Volume* 11, no 2 and 4 (pp. 81–94 resp. 291–308).

Salomon, G. & Perkins, D.N. (1998). Individual and Social Aspects of Learning. In Pearson en Iran (Ed.). *ieview of Research in Education. …*

Schmidt, W. (2003). „Zin“ dat is ons immuunsysteem. („Sinn“ (Bedeutung), das ist unser Immunsystem) *Filosofie Magazine*. Nummer 10, jaargang 12, pp. 16–18

Schoor, C. (1997). De opkomst van het neoklassikaal onderwijs, interview met Adri Treffers. In: Didaktief en School (Aufschwung des neoklassischen Unterrichts, Interview mit Adri Treffers). (pp. 4–8). Oktober 1997.

Silberman, M. (1996). *Active Learning, 101 strategies to teach any subject.* Boston: Allyn and Bacon.

Slavin, R.E. (1992). When and Why does Cooperative Learning increase Achievement? Theoretical and Empirical Perspectives. In Hertz-Lazarowitz, R. & Miller, N. (Ed.): *Interaction in Cooperative Groups, The Theoretical Anatomy of Group Learning* (pp. 145–173). Cambridge: University Press.

Socrates (469–399). *Zijn verdedigingsrede.* (Seine Verteidigungsrede). Aus: http//:home.wanadoo.nl/kees.koopman/socrates.html.

Swing, S. en Peterson, P. (1982). The relationship of student ability and small-proup interaction to student achievement. *American Educational Research Journal*, 19 (pp. 259–274).

Tharp, G.T. & Gallimore, R. (1988). *Rousing Minds to Life, Teaching, Learning and Schooling in social Context.* Cambridge: University Press.

Tobin, K.G. (1980). The Effect of an extended Teacher Wait-time on Science Achievement. *Journal of Research in Science Teaching*, 17, No. 5 (pp. 469–475.)

Vugt, J.M.C.G. van (2002) *Cooperatief leren binnen adaptief onderwijs.*(Kooperativ lernen im adaotiven Unterricht). Baarn: Hbuitgevers.

Vries, A. de (1992). *Hoe breder, hoe beter? De effecten van heterogeen groeperen in het voortgezet onderwijs in Nederland.* (Je breiter, desto besser? Die Effekte der heterogenen Gruppenzusammenstellung im erweiterten Unterricht in den Niederlanden.) Proefschrift. Groningen: RION.

Vygotsky, L.S. (1978). *Mind in Society: the development of higher psychological processes.* Cambridge, MA: Harvard University Press.

Vygotsky, L.S. (1986). *Thought and Language.* Cambridge: MIT Press.

Webb, N. (1991). Taak-related verbal interactions and mathematical learning in small groups. *Journal of Research in Mathematics Education*, 22 (pp. 366–389).